民國文化與文學研究文叢

六 編

李 怡 主編

第 3 冊

桌子的跳舞

「清末民初赴日中國留學生與中國現代文學」
日中學術研討會論文集(下)

岩佐昌暲 李怡 中里見敬 主編

國家圖書館出版品預行編目資料

桌子的跳舞 「清末民初赴日中國留學生與中國現代文學」日
中學術研討會論文集（下）／岩佐昌暲 李怡 中里見敬 主編
-- 初版 -- 新北市：花木蘭文化出版社，2016〔民105〕
目 2+214 面；19×26 公分
（民國文化與文學研究文叢 六編：第 3 冊）
ISBN 978-986-404-679-9（精裝）
1. 清末留學運動 2. 中國當代文學 3. 文集
541.26208   105012784

ISBN-978-986-404-679-9

9 789864 046799

特邀編委（以姓氏筆畫為序）：

丁　帆	王德威	宋如珊
岩佐昌暲	奚　密	張中良
張堂錡	張福貴	須文蔚
馮　鐵	劉秀美	

民國文化與文學研究文叢
六　編　第三　冊　　　　ISBN：978-986-404-679-9

桌子的跳舞 「清末民初赴日中國留學生與中國現代文學」
日中學術研討會論文集（下）

編　　者　岩佐昌暲　李怡　中里見敬
主　　編　李　怡
企　　劃　四川大學現代中國文化與文學研究中心
　　　　　北京師範大學民國歷史文化與文學研究中心
總 編 輯　杜潔祥
副總編輯　楊嘉樂
編　　輯　許郁翎、王　筑　美術編輯　陳逸婷
出　　版　花木蘭文化出版社
社　　長　高小娟
聯絡地址　235 新北市中和區中安街七二號十三樓
　　　　　電話：02-2923-1455／傳眞：02-2923-1452
網　　址　http://www.huamulan.tw　信箱 hml 810518@gmail.com
印　　刷　普羅文化出版廣告事業
初　　版　2016 年 9 月
全書字數　283334 字
定　　價　六編 24 冊（精裝）新台幣 44,000 元

桌子的跳舞
「清末民初赴日中國留學生與中國現代文學」
日中學術研討會論文集(下)

岩佐昌暲　李怡　中里見敬　主編

目次

中國現代文學作品中的日本因素

清末民初旅日文人與中日「武俠」因緣

吳　雙

〔摘要〕在中日文化語境中都有「俠客」一詞，它在不同的文化背景中形成各具特色的「俠文化」觀念，且在漫長的歷史文化交流中互爲觀照。然而，受近代學人的影響，在中日俠文化比較研究領域，學者們往往選擇以「東洋武士」或「武士道」作爲中國俠義精神的參照對象。筆者認爲，將「俠客」與「武士」這兩種身份截然不同的群體並列共舉，實乃特殊歷史背景下的文化誤讀，二者的行爲模式、精神內涵屬於不同的文化範疇，不可等量齊觀。如若能回到中日「武俠」因緣形成之源頭，關注兩種文化形態形成過程中相互關聯的具體文化語境，不失爲一種更有意義的探討。

〔關鍵詞〕中日文化、武俠、武士道、押川春浪、《武俠世界》

　　「武俠現象」在中國存在已久。從歷史的縱線而觀，上起先秦，下至當代，所謂「俠」的蹤影，不僅從未斷絕，且在各個時代轉型易貌，對中國人的心理構造發揮著深刻而顯著的影響。唐代以來，俠客文學興旺，歷宋、元、明、清以迄民國，體有代變，而精神則一脈相承；民初而下，「武俠」穎秀，蓬勃興旺，更極於一時。在這不絕如縷的發展脈絡中，「武俠」援引、吸收了中國儒、釋、道三家思想，并結合民間武術、雜學之長，在文學作品的渲染下，形成了一套相對獨立的文化體系，在中國小說發展史上以其獨具特色的題材內容、敘事結構及生命情調自成一類，可謂一種獨立的小說類型。然而，武俠小說在中國雖然由來已久，在古代文獻中雖也有「游俠」、「劍俠」、「豪俠」、「義俠」等種種名目，但直至清末之前，都尚未出現「武俠」一詞。「武俠」作為一個複合詞開始使用卻始自日本，經清末民初赴日留學生譯介而傳遞回中國。來源於日本的「武俠」與中國本土的「俠客」在內涵與外延上都有相當大的差異。然而遺憾的是，學界在進行中日俠文化比較研究中，常常將二者混為一談，實為對日本「武俠」的誤讀。本文擬依據相關史料，圍繞中日兩國文化領域的「俠客」虛象與實象展開深入探討。

一、日本「武俠」概念之由來

　　臺灣的葉洪生乃較早注意到「武俠」乃舶來之詞的學者。他在《論劍‧武俠小說談藝錄》中談道：「其實，『俠以武犯禁』固寓有武俠之義，但『武俠』之成為一個複合詞，卻是日本人的傑作；而輾轉由近代旅日文人、學者相繼採用，傳回中國。」〔註 1〕此處葉先生所指「日本人的傑作」，即明治時代後期曾經名噪一時的通俗小說家押川春浪（1876～1914）及其所創辦的《武俠世界》雜誌上所刊載的「武俠」系列小說。押川氏在其作品中大力鼓吹東洋之「武俠精神」，受其影響，清光緒二十九年（1903），流亡日本的梁啟超在橫濱創辦的雜誌《新小說》專欄中，登載了一篇署名「定一」的評論文章，稱《水滸傳》「為中國小說中之錚錚者，遺武俠之模範」〔註 2〕，第一次援引了「武俠」這一外來語以頌揚《水滸傳》開武俠小說風氣之先的重要地位。1904 年，梁氏在所著《中國之武士道》的自序中，也曾兩度提及「武俠」一詞。此後，「武俠」一詞便隨押川春浪小說的翻譯而流傳至中國，並在

〔註 1〕 葉洪生：《論劍‧武俠小說談藝錄》，學林出版社，1997 年，第 9 頁。
〔註 2〕 《中國歷代小說論著選》（下），江西人民出版社，1985 年，第 64 頁。

梁啓超等人沿用揄揚之下，取中國傳統俠義小說之長，迎來了近代武俠小說的黎明。

　　將押川春浪其作品引介到中國的第一人，要數時任《小說林》編輯長徐念慈（1875～1908），筆名「東海覺我」。在〈余之小說觀〉中徐氏略謂：「日本蕞爾三島，其國民咸以武俠自命、英雄自期。故博文館發行之《武俠之日本》、《武俠艦隊》一書之出，爭先快睹，不匝年而重版十餘次矣。」〔註3〕徐念慈更親自翻譯了《武俠之日本》、《新造艦隊》、《武俠艦隊》三部作品，并開始嘗試創作帶有科幻色彩的小說〔註4〕。在翻譯的過程中，《武俠艦隊》被改名爲〈新舞臺三〉，從《小說林》第二期開始連載到十二期。此後，海天獨嘯子繼續翻譯《日歐競爭・空中大飛艇》（1902 年 3 月），譯爲《空中飛艇》。由此可見，中國近代武俠小說之路，受到明治時代日本近代文學之影響，殆無可疑。

二、押川春浪及其「武俠世界」

　　然而此押川春浪究竟何許人也，其所著之「武俠小說」與中國近代以來所指的「武俠小說」到底有何聯繫？內容上有何異同？葉先生並沒有作進一步闡述。實際上，關於押川春浪及其作品的專門研究，在日本學界也寥寥無幾。押川氏所開創的「武俠小說」，並沒有能夠像中國的武俠小說一樣，自成派別、百花齊放，而僅僅只是曇花一現，很快就被湮沒在明治文壇的萬花鏡象之中。究其原因，筆者認爲乃在於其作品的思想內核，僅僅是特殊時代背景驅使下的產物，純粹地宣揚明治時代的武士道精神和忠君愛國精神，因而注定不能歷久彌新，其在形式與內容上與中國之武俠小說有本質的差別。

　　押川春浪（1876～1914），本名押川方存，出生於愛媛縣松山市，少年時代曾熱衷於閱讀《水滸傳》、《三國志》等中國古典名著，時常向《少年文庫》雜誌投稿。後經海軍少校肝付兼行、少佐上村經吉的引薦，與嚴谷小波〔註5〕

〔註3〕　東海覺我：〈余之小說觀〉，《小說林》1908 年第 9 期，第 7～10 頁。

〔註4〕　我國清末最早的科幻小說是東海覺我的《新法螺先生譚》，題「昭文東海覺我戲撰」，全文共一萬三千字，刊於光緒三十一年（1905）。

〔註5〕　嚴谷小波（1870～1933 年），活躍於明治至大正期間的作家，日本近代兒童文學開拓者，本名季雄，別號漣山人。其父嚴谷一六爲明治政府貴族院議員，因擅長書法而被譽稱爲「明治三筆」。嚴谷小波 1887 年加入硯友社，與尾崎紅葉交往，開始投身文學創作。其作品多反映兒童文學題材，有〈桃太郎〉、〈花咲爺〉等民話和英雄譚傳世。

相識，結成師徒關係，由此開始了文學創作之路。明治三十三年（1900），押川春浪以《海島冒險奇譚・海底軍艦》（文武社）登上文壇，次年即由大學館再版發行，并相繼創作了六部續篇，集成「海底軍艦」系列，一時間在日本文壇成爲小有名氣的作家。明治三十七年（1904），日俄戰爭爆發，嚴谷小波推薦押川春浪擔任《日露戰爭寫眞畫報》（博文館）的編輯，針對時事撰寫時評和小說。戰後，該雜誌的性質由戰時時評轉向了《寫眞畫報》，直到明治四十一年（1908）廢刊，押川春浪在該社擔任編輯長並從事小說創作。對他的創作歷程稍加考察我們會發現，從 1902 年開始至 1914 年間，押川春浪都一直在從事「武俠小說」的創作，並且還創辦了《武俠世界》雜誌作爲宣揚「東洋武俠精神」之陣地。如下表所示：

押川春浪「武俠」系列作品

時　間	「武俠」系列作品	出版社或刊物名
1902 年	英雄小說《武俠之日本》	東京：文武堂
1904 年	戰時英雄小說《武俠艦隊》	東京：文武堂
1907 年	英雄小說《東洋武俠團》	東京：文武堂
1909 年	武俠小說《萬國武者修行》	雜誌《冒險世界》7～9 月連載，未完
1911 年	武俠小說《怪風一陣》	東京：本鄉書院
1912 年		《武俠世界》雜誌創刊
	武俠小說〈空中夜叉〉	雜誌《武俠世界》1～2 月
	武俠小說〈日美之決鬥〉	雜誌《武俠世界》5～9 月
	武俠偵探小說〈世界之巨盜〉	雜誌《武俠世界》10～11 月
1913 年	武俠偵探小說〈大奈勃翁的金冠〉	雜誌《武俠世界》1～3 月
	武俠少年小說〈雪中的大血鬥〉	雜誌《武俠世界》增刊
	武俠少年小說〈空中的大血鬥〉	雜誌《武俠世界》2 月
1914 年	武俠冒險小說〈恐怖塔〉	雜誌《武俠世界》1 月
	〈懸賞奇題　日本武俠士的命運〉	雜誌《武俠世界》1 月
	武俠怪談〈米人幽靈屋敷〉	雜誌《武俠世界》2 月
	武俠冒險小說〈後來的恐怖塔〉	雜誌《武俠世界》5～6 月

（該圖表根據日本國立國會圖書館館藏情況整理而成）

其中，《海底軍艦》、《武俠之日本》、《武俠艦隊》、《東洋武俠團》等作品最爲人稱道。然而，究其實質，押川春浪所謂的「武俠小說」，卻與中國武俠小說的內容相距甚遠，也不同於後來興起的日本「時代小說」，其實質更接近於西方的冒險小說。受歐美文學影響，明治日本文壇中流行一種冒險小說的風氣。押川春浪也根據當時的講談師眞龍齋貞水的〈空中大飛行艇〉，撰寫了速寫作品〈空中奇譚〉，並且在其後所創辦的《冒險世界》、《武俠世界》雜誌上，將這一寫作潮流大肆發揚。日本學者岡崎由美曾經指出：「因其深受法國作家維恩（凡爾納・儒勒，Jules Verne）的影響，故在類型上更近似於科幻驚險小說，大都以現代的冒險家漫遊各國、探索秘境爲主要內容。他作品中的主人公都是體育運動的全才，勇猛果敢，還富有正義感與愛國精神，這才是他所謂『武俠』的眞正內涵」〔註 6〕。的確，正如《武俠之日本》中主人公柳川所說：「武俠是爲維護自由、獨立和人權而徹底對抗壓制的精神，也是除掉橫霸之徒而保護弱者的精神。爲自己的利欲侵犯他國和別人的權利，這就是武俠的大敵。」〔註 7〕在此，「武俠」之意被上升到日本與歐美列強相競爭過程中所激發的民族精神——「武」由劍道和柔道的日本傳統武術來發揚，而「俠」則表現爲武士道德精神的高度自律，而將兩者完美地結合在一起的希望則寄予在作品中走向海外世界的冒險家身上。在當時，押川春浪作品中強烈的愛國主義精神在振奮日本國民的同時，也影響到在日流亡的中國知識分子。他們殷切地希望中國亦能從中汲取精神的能量，喚醒沉睡的國民精神，與外來強敵相對抗。這一點，從晚清以降的翻譯文學作品的選材及文學創作實踐中都有明顯的體現，最爲顯著的例證則是早期中國武俠小說，如平江不肖生《近代俠義英雄傳》、《江湖奇俠傳》等所表現的強烈民族自尊與抵禦外侮的召喚。

三、想像與誤讀中的「日本武俠」

最早將中國的俠客與日本有機地聯繫在一起的，可追溯於黃遵憲。《日本雜事詩》中言日本武士以喻中國之俠客：「解鞘君前禮數工，出門雙鍔插青虹。無端一語差池怒，橫濺君衣頸血紅。」黃氏自注云：「士大夫以上，舊皆佩雙

〔註 6〕〔日〕岡崎由美：〈「劍俠」與「俠客」——中日兩國武俠小說比較〉，《縱橫武林——中國武俠小說國際學術研討會論文集》，學生書局，1998 年，第 301 頁。

〔註 7〕〔日〕押川春浪：《武俠の日本》，博文館，1902 年。

刀，長短各一，出門橫插腰間，登席則執於手，就坐置其旁。《山海經》既稱倭國衣冠帶劍矣。然好事輕生，一語睚眥，輒拔刀殺人，亦時時自殺。今禁帶刀，而刺客俠士猶縱橫。史公稱『俠以武犯禁』，惟日本爲甚。」〔註8〕顯然，在黃氏文中，「衣冠帶劍」、「好事輕生」的武士被冠以了「俠士」之名，並將其作爲一種異國風俗向國人介紹。時至今日，學者們在論及其影響時仍不禁贊稱：「對日本人游俠習氣的歌詠，對時人影響尤大。」〔註9〕

　　相對於日本以「富國強兵」、「尚武興國」爲口號走向比肩西歐強國的捷徑，當時在日本及西歐人之間卻流傳著「中國之歷史，不武之歷史也，中國之民族，不武之民族也」〔註10〕的論調。爲反駁「中國乃不武之文弱民族」之傳言，梁啓超企圖從中國歷史長河中尋找中華民族「尚武」的證據，而此時，他的目光恰好落在了千百年前自由行走的「俠」身上。梁啓超大力稱揚《春秋》、《史記》中所載之俠客，以俠客之行徑比擬所謂的武士道，認爲俠客雖在後世專制的「統一時代」銷聲匿跡，而其精神在今日仍然具有感化社會之力：「果爾，則豫讓之目的，蓋已達矣，就使不達也。而其義聲之今日，猶令讀者振蕩心目，其所以感化社會者，亦深矣。」而關於日本的武士道，雖有人稱乃日本獨有之理念，而梁啓超卻願意借用它來宣揚中國之尚武精神。在梁啓超看來，「尚武」首先是出於與外族作戰的需要，各國之間都力圖通過尚武以求自保，到後來發展成爲一種進取精神。關於戰國時期的武士精神，梁氏列舉了很多方面，尤其強調以國家利益爲重，敢於舍生忘死的氣概。梁啓超認爲，就中國的精神教育而言，武士道不失爲一個有效的補充，故而試圖爲這個外來的概念，尋找中國固有傳統中的對應文化因子，期待將其轉化爲中國之固有，完成文化概念上的轉換。至此，中國之俠與日本之武士，俠客道與武士道則被更加緊密地聯繫在了一起。

　　很明顯，梁啓超的寫作思路和當時的日本思潮是緊密聯繫在一起的。在他眼中，日本幕府末期志士都是抱有「任俠尚氣」的改革意志的形象，尤其是當他親赴日本後，面對日本國民「祈戰死」的風潮，給他很大的震撼。他在〈中國魂安在乎〉一文中指出日本魂就是武士道，中國因爲自古重文抑武，造成了今日文弱之現實，當務之急就是要創造「祈戰死」、「從軍樂」的中國

〔註8〕黃遵憲：〈日本雜事詩〉，《黃遵憲集》上卷，天津人民出版社，第48頁。

〔註9〕陳平原：〈晚清志士的游俠心態〉，《中國現代學術之建立：以章太炎、胡適之爲中心》，北京大學出版社，1998年，第276頁。

〔註10〕梁啓超：《中國之武士道》，中國檔案出版社，2006年，第21頁。

魂。雖然在章太炎與權藤成卿（1868～1937）的筆談中，權藤早已指出梁啓超將日本魂與武士道聯繫在一起是有失妥當的，而章卻認為梁書在國內應時而作，即有疏漏也只能遺憾了。因此，梁啓超在特定時代背景之下所建構的「中國武士道」理論思想的片面性，並沒有得到及時的反思，而且隨著其它認同的觀點繼續延續下去。

然而，究竟何謂武士道？梁啓超所提出的「中國之武士道」概念，是否在具體實踐中得到了廣泛的推廣？產生了哪些影響？筆者認為這些問題在今天仍然值得探討，尤其是對武士道與俠義精神之間的聯繫和區別應作仔細辨別。因為從結果上來看，梁啓超欲以「中國武士道」之精神喚起中華民族強國強種的期望，雖然在一定層面上得到了響應，但是，於革新國民精神方面，卻可以說收效甚微。梁氏編訂《中國之武士道》的初衷，是將其作為高等小學及中學教材，但最終卻未能得到執政者的大力推廣，因而其所欲喚起尚武精神的措施也同樣沒有能夠在全國各地得到廣泛的實施。相較而言，日本於明治二十八年（1895）成立的武德會，卻旨在「振興武道」、「涵養國民武德」、「提倡武士道精神」。他們不僅每年定期舉辦武德祭與大演武會，且在學校和其它教育機構設立演武場，號召編撰武德、武術、武器等方面相關史籍。這些精神層面的活動在中國武術團體中幾乎未能得到踐行。從成員上看，日本武德會推舉當時的陸軍參謀長小松宮彰仁親王作為總裁，之後相繼入會者有海軍大臣西鄉從道、內閣總理大臣伊藤博文、甲午戰爭時第一軍司令官山縣有朋、第二軍司令官大山巖、大藏大臣松方正義、司法大臣芳川顯正、內務大臣野村靖等。這使得武德會逐漸蛻變成政府的外圍團體，而成為可深入各州郡的全國性組織。由上述事實可知，中日武術團體不僅在精神教育上所收到的效果大相逕庭，而且在自上而下的推廣過程中，兩國官方所給予的重視程度亦有天壤之別。是什麼原因阻礙了梁啓超所倡導的俠客之道在中國成為強國興民的精神綱領？俠客之道在實踐層面為何難以達到全民普及的效果？筆者認為，首先，必須正視中國文化土壤中的「俠」所存在的先天局限性，及其在近代化進程中受挫的必然；第二，要意識到所謂俠客道與日本武士道在行動指南上所存在的本質差異，以及日本明治時代之所謂「武士道」在特定時代的被誤讀與被塑造的根源。

四、「武士道」與「武俠」之實相與區別

「武士道」一詞，是經由新渡戶稻造《武士道》（原題 *BUSHIDO*，*the*

Soul of Japan，1900 年）一書而爲世界所知。它作爲讓人們瞭解在日俄戰爭（1904～1905 年）中打敗強大俄國的「新興國家」日本秘密的著作，不僅在美國，在歐洲各國也成爲暢銷書。一般的受眾及政治家、評論家對「武士道」的理解及印象，幾乎都是通過新渡戶稻造著作中關於「武士道」的闡述而獲得。然而在日本國內，早已有學者開始反思，作爲基督教徒的新渡戶稻造在美國寫下的「武士道」與實際的「武士」行爲之間究竟存在怎樣的關係。

　　新渡戶稻造於江戶時代末期出生於盛岡的一個藩士家庭，但是在他 7 歲時日本即進行了明治維新，宣佈取締了武士階級。所以在他的成長過程中，可以說幾乎未曾有過眞正作爲武士的生活體驗。受明治時代風氣影響，他在年輕的時候就將主要的精力放在學習歐美文化方面。在《武士道》的序言中，他敘述了創作《武士道》的初衷，是因爲在美國期間，自己的妻子及周圍的朋友時常向他打聽日本的生活習慣和宗教信仰，爲了回答這些問題，他寫作了《武士道》。他首先想到的是，美國人所熟悉的「騎士道精神」，爲與它作對比，他想闡明日本的「武士道」。他嘗試向他們灌輸這樣一個理念：在歐美社會已經不復存在的「騎士精神」，在日本以「武士道」的形式保存下來。新渡戶稻造博聞強記、旁徵博引，不僅在書中引述了孔子、老子、王陽明的思想，還結合了尼采、馬克思的觀點。他論述了仁（惻隱之心）、禮、忠義等儒家道德觀，美國人比較容易接受的勇氣、名譽等英勇準則，以及他們極其好奇的異國風俗（剖腹）等。與此相反，日本歷史上眞正存在過的武士，如德川家康、西鄉隆盛等卻一帶而過。實際上，當時身在加利福尼亞的新渡戶稻造身邊毫無可資借鑒的歷史資料，他本人也並非專門研究日本歷史的專家，甚至，他對自己是否將眞實的「武士」形象傳遞給美國人亦並不關心，他所希望達到的最終目的，即在於作爲基督教徒的他希望能夠讓歐美國家的人知道，日本，也存在著可以接受基督教的「文化土壤」。於是他運用了東方主義加工過的「武士」形象塑造了理想中的「日本人」，創造了暢銷於世的「武士道」。

　　《武士道》在創作完成之後之所以能夠迅速在日本國內外博得廣泛關注，既離不開「武士」與日本歷史源遠流長的根源，同時也與當時日本政府的先導作用關係密切。《太陽》、《中央公論》等雜誌上，武士道是一個熱門的話題，其形成淵源一直被追溯到「神國創立」的神武時代。在渴望民族獨立

強大的土壤中，武士道不僅被視爲日本固有之精神和道德、大和魂的象徵，而且迅速膨脹擴大，自上而下彌漫於時代風氣之中。作爲明治知識界代表人物之一的井上哲次郎於 1904 年 11 月 1 日的《太陽》上針對日俄海戰中的「常陸丸」事件發表了評論。他批評其它反對自殺的意見，稱全體官兵具有可貴的「武士道精神」而大加讚美。梁啓超在讀到井上的〈時局雜感〉後，於同月在《新民叢報》上發表了〈子墨子學說〉，公開表示支持井上的看法。梁啓超在《呂氏春秋》中找到孟勝子爲陽城君而死的事來類比「常陸丸」事件。他認爲人首先要輕生死，其次要能夠忍受痛苦。在梁氏看來，孟勝子用死的意義踐行了墨家精神，即是拯救當時中國的一劑良方，所以他希望新民讀者都能夠感悟到日本和西方在談到尙武時所提到的「祈戰死」的重要性。但是當我們在進一步思考其理論源泉的時候卻會發現，他的學說缺乏清晰的理論支撐，除了墨子的輕生死忍苦痛之外，別無其它了。

在此起彼伏的「武士道」論調之後，有一個顯著的歷史事實卻往往爲人們所忽略，那就是當時所謂的「武士道」與作爲當事者的「武士」之間究竟存在怎樣的聯繫？1868 年的明治維新的開始卻宣告了武士時代的終結。明治六年（1873），明治政府宣佈取締武士階級，發布徵兵令，由普通市民組建的「百姓軍」取代了武士階級充當國家正統的武裝力量。在明治七年（1874）的佐賀之亂及明治十年（1877）的西南戰爭中，殘存的舊武士集團敗給了「百姓軍」，從此日本歷史上存在千年之久的戰鬥集團正式退出了歷史舞臺。伴隨著當事者武士的消亡，傳統的武士道也被所謂的「軍人精神」所取代，演變爲近代戰鬥者的思想雛形。至明治中葉，那些並非武士出身，卻自以爲自己的思想是武士道的暢論者大有人在，爲了對二者區別進行明確的劃分，日本學界將這一時期的思潮稱之爲「明治武士道」〔註 11〕。日本在近代化的過程當中，打破了幕府時代建立的等級嚴格的身份制度，曾經高居統治地位的武士階層被將爲與庶民同等，失去了昔日榮光。但是對於過去以服從於具體的主公爲己任的人們來說，私有的主從觀念在明治時代之初仍然根深蒂固，要使他們接受新的近代國家軍隊的統制原理，並非易事。因爲「國家」並非像「主公」那樣具備可觸摸的實體，要向如此抽象的概念致以足夠的忠誠，似乎與江戶以來向具有獨立人格的主公盡忠相背離。況且，明治以前的武家社會，並不存在「國家軍隊」的概念。對於軍隊的認識，往往首先讓人聯想到

〔註11〕 〔日〕菅野覺明：《武士道之逆襲》，東京：講談社，2004 年，第 13 頁。

的還是江戶時代的御家武裝集團，而所謂的「國家軍隊」，則更像是特殊時期由於某種政治需要臨時組合的諸藩聯合軍，即江戶時代的合縱連橫。在這種合縱連橫的軍隊模式中，雖然諸藩軍隊進行臨時組合，但人們仍分別受制於各自私人武裝集團內部運作規律，遲早會各奔東西回到各藩的領域中。所以，人們所能理解的「統制」概念，乃是以主從關係為核心的御家，上下秩序關係。這是近代國家意識建立初期不可避免的問題，而如何順應傳統的「盡忠」觀念，將抽象的國家概念轉化為實體，則是當時明治政府考慮的關鍵。山縣有朋在《軍人訓誡》中將明治陸軍的現狀比喻為「青春期正在發育中的少年」，雖然外在的體格日益強健，內在的精神卻還未成熟。這裡山縣有朋所謂的「外形」，具體則指「陸軍的法度紀律規則」，而「內在精神」則是指貫穿軍隊內部的「軍人精神」還遠未成熟。明治政府花費大量人力財力拼命學習借鑒西洋先進軍事技術，力求打造與西方各國列強並肩的近代軍隊。但是明治政府面臨的最大問題卻在於軍人的內在精神修養上。近代的裝備、戰術技巧可以讓軍隊變得強大，然而即使擁有同樣武力裝備的軍隊，其戰鬥力也不盡相同。若不能擁有貫穿始終的士氣，再先進的軍事技術也不能得到有效的運用。至此，我們可以清楚的看到，所謂「明治武士道」的實質，乃是一種以戰鬥為目的的軍隊精神，它借助「武士」之外殼，融合「忠君」、「輕生死」等武士的思想，在陽明心學思想指引下，倡導知行合一，大大推動了日本近代化的進程。如果離開了這一前提，孤立地談「尚武」或者「崇俠」，都難免流於虛無。因為即便明治時代已經取締了武士這個階級，從鎌倉幕府時期至江戶時代幾百年間孕育的武士倫理仍然可資當時的執政者依循，故不需重新建立所謂的武士品德或倫理秩序。執政者只需訂出一套辦法，即可對武德修養與武道優良者進行表揚與優待，即可推而廣之。

　　相對而言，中國因為沒有居於統治者的武士階級，也未形成武士的規範之道，因之若要追究習武者之規範，則僅能由游俠故事建立。然而，由於游俠之行為，其本質仍脫不了「以武犯禁」，由於極端重視自由、個體行動價值，故而很難在民族危亡時刻團結一心，也形成不了革命所需的精神指南。雖然俠具有某種革命暴力的潛質，但是憑藉單打獨鬥的一己之力，要戰勝西方強大的現代軍事武器，只可謂天方夜譚而已。所以我們寧願說，梁啟超所談「中國之俠」與日本的「武士道」是在特定歷史背景下，為激發國民愛國情操而作出的時代性解讀。俠追求「捨身取義」、「殺身成仁」的人生價值取向，但

卻受到歷代統治階級打壓，在重文抑武的文士社會中，長期處於被打擊、排斥的邊緣狀態。可以說，中國俠的生命姿態更多存在於文學的塑造與想像當中，成為人們茶餘飯後娛樂、消遣的談資或抒憤的工具。然而日本的武士卻是作為日本的統治階級，將武士的思想、行為準則自上而下地在日本進行推廣。與儒學、佛教思想相結合，形成豐富的理論源流。所以「武士」與「俠客」在特殊的歷史時期曾被並舉共稱，但是在今天看來，這兩種身份截然不同的群體，從本質上來說，應該屬於不同的文化範疇，其行為模式、精神內涵不可等量齊觀。將「俠客」比附為「武士」，實乃特殊時代下的一種誤讀。然而這種誤讀，卻在中日文學研究領域，占據了長時間的影響。根據梁啟超等人的倡導，興起於上世紀二十年代的「武俠小說」在傳統「俠義小說」的基礎上，大大增進了「武」的表現和愛國主義內涵。作為以上觀點的延伸的學術論文、時評觀點仍常見諸各大學術期刊、媒體等。以「東洋武士」或「武士道」作為中國俠客及其精神的對應參照，已然成為中日俠文化比較研究的思維定式。如：〈日本的武士文學——兼與中國武俠文學比較〉﹝註12﹞；〈中國游俠與日本武士之文化差異〉﹝註13﹞；〈淺析中國的俠與日本武士復仇文化異同——以「聶政刺韓傀」和「赤穗四十七義士」為例〉﹝註14﹞；〈孤傲之劍與忠誠之刀——中國俠士同日本武士的文化比較〉﹝註15﹞等。即便在新近出版引進的日本時代小說的序言中，亦時常見到如下介紹：「時代小說最大的魅力在於俠，在於活得非同尋常的人物，例如機龍之助、鞍馬天狗、錢形次平、眠狂四郎、木枯紋次郎」﹝註16﹞。

很明顯，從以上的論述中我們可以得知，當代的學者已然順著黃、梁二氏指引的方向將日本的「武士」想像成了「俠」，或直接用「俠客」來指代日本「武士」，用「武俠小說」來對應日本的「時代小說」，并形成了一種值得

﹝註12﹞關立丹：〈日本的武士文學——兼與中國武俠文學比較〉，載《中國社會科學戰線》，2007年第2期。

﹝註13﹞何小清：〈中國游俠與日本武士之文化差異〉，載《社會科學家》2006年第2期。

﹝註14﹞王盟：〈淺析中國的俠與日本武士復仇文化異同——以「聶政刺韓傀」和「赤穗四十七義士」為例〉，載《安徽文學》（下半月）2008年第3期。

﹝註15﹞劉大先：〈孤傲之劍與忠誠之刀——中國俠士同日本武士的文化比較〉，載《克山師專學報》2002年第2期。

﹝註16﹞李長聲：〈劍波閃亮一池波〉，載池波正太郎《劍客生涯》，高詹燦譯，上海人民出版社，2011年。

商榷的固定思維模式。因為多數學者忽略了一個最為重要的問題，那就是「武士」到底能不能被稱為「俠客」，除了在表現「武」的方面與文學中的「俠」有所類似，在其行為實質、身份性質上是否符合「俠」的精神？實際上，在劉若愚撰寫《中國之俠》的時候就已經注意到二者的差別，但是劉先生並沒有就這一問題展開深入的探討，只是指出「或許日本的浪人更接近中國的俠客」〔註17〕。順著這一思路，筆者發現武士與俠客不僅在社會地位上有顯著的差別，日本歷史上另一個實存的「俠客集團」更是導致他們二者不能隨意混用的原因。從江戶時代開始，日本庶民社會中出現了被稱作「俠客」的群體。「俠客」一詞，亦被用來作為稗史、傳記的標題吸引讀者的眼球。他們代表了庶民階層的利益與統治階層奮力抗爭，其身份遠遠低於武士。他們在思想層面深受中國「俠義精神」的影響，從司馬遷的〈游俠列傳〉、〈刺客列傳〉中汲取「俠義精神」的行為規範，奉行「捨身取義」、「鋤強扶弱」的信仰法則，雖然身份卑微，但卻能在危難之中挺身而出，置生死於不顧。在日本民眾心目中，他們是「男伊達」（有俠氣的男子漢）、是「江戶之子」（地道的東京人）。其共同的特徵即是：代表弱者的勢力，作為對立面向武士構成的統治階層進行反抗。

綜上所述，俠客與武士顯然是兩個不同的類型概念。所以我們在關注中國俠文化在海外的影響時，首先不能忽略的就是深受俠義精神影響的日本俠客階層，尤其不能將俠客與武士相混淆。在日本亦是不論多麼劍術高明的武士，都只能被稱作「劍客」或「劍豪」，不稱為「劍俠」。因而筆者認為，與其生搬硬套他國文化中的文化意象進行對比，倒不如以中國俠文化在海外傳播及影響為線索，關注其在接受國的本土文化語境中如何被吸收、融合，以及在接受國的諸多文化表現形式中如何演繹、再現，回到「武俠」因緣之源頭，才能打通兩種文化形態之形成背後的文化語境及傳統。

參考文獻

1. 葉洪生：《論劍・武俠小說談藝錄》，上海：學林出版社，1997 年。
2. 《中國歷代小說論著選》（下），江西人民出版社，1985 年。
3. 岡崎由美：〈「劍俠」與「俠客」——中日兩國武俠小說比較〉，載《縱橫武林——中國武俠小說國際學術研討會論文集》，臺灣：學生書局，1998 年。

〔註17〕劉若愚：《中國之俠》，上海：三聯書店出版社，1992 年，第 67 頁。

4. 黃遵憲：《黃遵憲集》，天津：天津人民出版社。

5. 陳平原：《中國現代學術之建立：以章太炎、胡適之爲中心》，北京：北京大學出版社，1998 年。

6. 梁啓超：《中國之武士道》，北京：中國檔案出版社，2006 年。

7. 菅野覺明：《武士道之逆襲》，東京：講談社，2004 年。

8. 劉若愚：《中國之俠》，上海：三聯書店出版社，1992 年。

（作者單位：西華師範大學）

中國的「革命文學」與日本普羅文學
——《小說月報》《語絲》考察

王雲燕

〔摘要〕革命文學於二十世紀二十年代在中國文學界興起，并迅速形成強大的熱潮席捲了整個文壇。究其起因，與當時的一批留日學生，特別是創造社成員們有著不可分割的關係。他們在日本接觸并吸收了普羅文學這一新生日本文學思潮，并作爲一種新生事物把它帶入了中國文壇。事實上，創造社的這種拿來主義式的引進，導致了以魯迅爲主的一批文學家自主或不自主地介入和接受了外來的普羅文學，繼而走上了革命文學之路。本書通過對二十年代兩大文學刊物《小說月報》和《語絲》的實證性考察，瞭解到當時文學者對革命文學的不同解讀和認知。大量的日本普羅文學被分爲兩類譯介紹到中國。一類是文藝理論，主要通過重譯介紹了蘇俄普羅文學理論，和通過翻譯日本的理論文章來介紹日本文學界的普羅文學觀。另一類是翻譯日本的普羅文學作品本身，以及對日本普羅文學界的介紹和分析。

本文通過對二十年代中國文壇兩大主要刊物的考察，得出了以下結論：中國革命文學的興起不但與留日學生和日本普羅文學有著密不可分的關係，而且它的發展還受到了日本普羅文學的巨大影響。

〔關鍵詞〕留日學生、日本普羅文學、革命文學

一

　　從 20 世紀初開始，日本文學隨著近代化的發展逐漸受到了中國文學者們
的關注。日本近代文學先後流派紛呈，不但新秀輩出，也成就了一大批名人。
然而，日本近代文學對 20 世紀 20 年代中國文學本身影響最大且最深遠的，
非日本普羅文學莫屬。這種影響的突出性標誌，就是使得當時中國主要文學
流派和組織最終都彙聚在了「中國左翼文藝聯盟」旗下。這種對日本文學的
吸收，給中國文壇帶來了前所未有的新思想和新觀念。細究其原因比較複雜，
概而言之，筆者認爲主要有以下兩方面的原因。

　　其一，中國留日學生，（尤其是「創造社」成員）起到了很大的作用。他
們不但是中日兩國普羅文學的橋梁，也是左翼思想的播種人。圍繞其原因，
筆者將 20 年代最具代表性的文藝雜誌《小說月報》和《語絲》作爲第一手資
料，從整體上對普羅文學在中國文壇的介紹狀況做了較爲細緻的考察。

　　眾所周知，「創造社」是 1921 年 3 月由數名留日學生在東京自由結成的
中國現代文學社團。他們生活在日本，吸收了日本大正時代民主主義思潮的
新鮮空氣，對同時代的日本文學有著最直接的感受。這批文學青年以他們敏
銳的感覺迅速地捕捉到了日本的、或在日本看到的時代大潮、文學發展趨勢
以及文學新思想。在此過程中，他們自然不會目睹日本普羅文學從大正到昭
和初期風靡整個文壇而無動於衷。

　　日本的普羅文學濫觴於大正 10 年 2 月《播種人》的創刊。「普羅列達利
亞文學」是後來成爲日本普羅文學理論支柱的平林初之輔最早使用的一個新
名詞。當時日本普羅文學剛嶄露頭角，即刻引起了在日本留學的郭沫若、郁
達夫、成仿吾等「創造社」同人的密切關注。緊接著，郭沫若在《創造周刊》
第 3 期上發表了〈我們的文學新運動〉一文，明確提出了「我們反抗資本主
義的毒龍，我們的運動要在文學之中爆發出無產階級的精神和精赤裸裸的人
性」的宣言。此文激情四射，充滿了反抗精神。雖具有朦朧的反資本主義意
識，但卻明顯帶有將普羅列達利亞精神與「人性」相提並論的不足。然而，
儘管此文表現出對普羅文學認識上的淺薄，並且對其感興趣的動機和目的都
不甚不明確〔註1〕，但「文學中的普羅列達利亞精神」這個說法，由郭沫若第
一次提了出來。這對當時中國文學的發展有著極其重要的意義。成仿吾也在

〔註 1〕參克昂：〈文學革命之回顧〉，《文藝講座》1930 年 4 月。

《從文學革命到革命文學》〔註2〕一文中表現出了對馬克思唯物論初步的認識。另外,《創造週報》上還刊登了郁達夫的論文《文學上的階級鬥爭》。過去,在「革命文學」這一說法究竟是由誰最早提出來的這一問題上可謂眾說紛紜。有人說是蔣光慈最早在 1925 年 1 月發表的〈現代中國社會和革命〉中首次提出,也有人認為是由郭沫若在 1925 年 4 月〈革命和文學〉中首次提出,還有人認為是李初梨在 1923 年 2 月發表的〈怎樣建設革命文學〉中首次提出。此外,日本學者還認為是沈雁冰、堯代英、鄧中夏〔註3〕。然而,我個人基本贊同認為郁達夫最早將馬、恩的階級鬥爭學說帶進文學裡的說法。雖然當時他並沒有深入研究馬、恩的階級鬥爭理論,而且把文學現象與政治經濟學上的階級鬥爭混為一談。但他憑著文學家特有的敏感嗅覺和對世界文學的宏觀把握,在當時已經感覺到普羅文學一定會獲得巨大的發展。

關於在日中國留學生對日本普羅文學運動關注,夏衍就曾在回憶錄《懶尋舊夢錄》中披露出當時的積極參與姿態。由此得知他們這一批人大多數是在日本先接受馬列或社會主義思想,因此才有了接受普羅文學的思想基礎。

當時河上肇是留日學生接受馬克思唯物論的中介人。「京都大學有像河上肇那樣的思想進步的名教授,在留學生中間影響力很大。」〔註4〕河上肇的政治經濟學理論讓不少留日學生開始信奉馬克思主義。1924 年 4 月,郭沫若翻譯了河上肇的《社會組織和社會革命》。之後他「對文藝開始抱有不同的見解」,并「得到理性的背光」〔註5〕,可以說這是使郭沫若的早期文藝思想急遽轉向普羅文學的最大原因之一。同年 6 月(翻譯〈社會組織和社會革命〉後僅兩個月),郭沫若發表了論文〈盲腸炎與資本主義〉(《洪水》周刊 1 期),可以說其中的觀點與河上肇的《社會組織和社會革命》有著驚人的相似。這篇文章涉及的是資本主義社會與共產主義的社會形態問題,可以認為是郭接受馬克思主義思想的出發點。

日本普羅文學的發展,幾乎同時間在創造社的文學活動中得到反映。他們觀察中國國內大革命前後的大動蕩,認為應該不失時機向國內吹入普羅文學的新風,并隨之開始了行動。黃藥眠在〈在上海〉一文中回憶道:「1928 年

〔註2〕 1923 年 11 月寫的此文五年後才刊載在《創造》第 1 卷第 9 號上。

〔註3〕 〔日〕佐治俊彥「三十年代に思う」,『野草』1971 年第 4 號。

〔註4〕 夏衍:《懶尋舊夢》,香港三聯書店,1985 年 7 月初版。

〔註5〕 郭沫若:《文藝論集續集・孤鴻一一致成仿吾的一封信》,上海光華書局,1931
年 9 月。

前後，成仿吾從日本回國。他帶回來一批『左傾』的名將，如李初梨、彭康、馮乃超、朱鏡我、李鐵生一夥人。他們認為創造的『洪水』時代已經過去，應朝普羅列塔利亞（proletariat）文學的方向前進。……原來都在創造社出版社吃飯的蔣光慈、段可情，白薇等人也都不來了。創造社出版部變成了日本帝大學生的大本營。」〔註6〕另外，夏衍也回憶說：「後期創造社同人和我們這些人剛從日本回來，或多或少地都受到過一些左傾機會主義的福本主義的影響」〔註7〕。

就這樣，從普羅文學的「前線」──日本歸國的留學生們受到福本主義影響，試圖把「分裂結合」的理論帶入中國文壇。他們發行了很多刊物，特別是通過《文化批判》，和太陽社同人一起刮起了中國現代文學史上著名的「革命文學」論爭之旋風，和以魯迅為首的一批活躍在中國文壇的文人們展開了激烈的論戰。在論戰中，他們從提倡「革命文學」轉向倡導「普羅列達利亞文學」。目的是為了促使「資產階級」和「小資產階級」作家「奧伏赫變」及「方向轉換」。把「小資產階級」中的不純分子剔除出去，然後「奧伏赫變」，最終由具有純粹革命意識的分子組成普羅文學的陣營。

另一方面，一貫堅持「啟蒙文學」的魯迅受到了當時「革命文學」提倡者們猛烈抨擊，於是魯迅不得不面對嶄新且具有時代感的「普羅列達利亞文學」的問題。魯迅當時認識到無論是有關普羅文學的思想還是理論，自己都沒有足夠的知識。為了迎接和面對挑戰，他大量地閱讀了有關普羅文學的文章書籍，在這個過程中還翻譯了的其中一部分。有關當時的情況，魯迅這樣寫到：「我有一件事要感謝創造社的，是他們『擠』我看了幾種科學底文藝論，明白了先前的文學史家們說了一大堆，還是糾纏不清的疑問。」〔註8〕

可見魯迅加入當時論戰純屬身不由己。魯迅在大量閱讀翻譯蘇俄及日本普羅文藝理論的過程中有關知識和觀念都得到了補充，從而導致他成了一名普羅文藝理論的宣傳者和將之運用於文藝批評的先驅。可以說是創造社把魯迅「逼」進了左翼文學的陣營。魯迅顯示出來的思想變化，以及他的言行和翻譯作品給當時的文學界會帶來什麼影響就不言而喻了。隨著文學論爭的深入展開及左翼隊伍的不斷壯大，這種量的積累到了1930年，終於導致了中國

〔註6〕《新文學史料》1988年第1期。
〔註7〕同注4。
〔註8〕魯迅：《三閒集·序言》。

「左聯」的應運而生。

在「左聯」的綱領中，明顯可以看到日本普羅文學的影響和滲透。左聯「籌備會的成員，多半只懂日文而不懂其它外文，他們參考的主要是日本納普的綱領。」並且，由他們起草的綱領「就像從外文翻譯過來的一樣」〔註9〕。就這樣，20 世紀 20 年代錯綜複雜的文學思潮被淹沒在了普羅列達利亞文學之中。

二

從提倡「革命文學」到「左聯」的成立，當時中國國內的政治背景和社會狀況也為接受日本普羅文學提供了必要的條件。反封建、反帝國主義、反因襲，特別是「五卅運動」以及「四・一二事件」的發生，都加速了馬克思主義思想和普羅文學在中國的傳播和發展。俄國革命的勝利也加速了蘇俄普羅文學對中國文學的影響。到底蘇俄普羅文學哪些作品通過日本這個窗口，被翻譯介紹到了中國？其動機又是如何？圍繞這兩個問題，筆者對《小說月報》和《語絲》進行了詳細的考察。

《小說月報》和《語絲》上刊載的有關蘇俄普羅文學的作品大體上分兩類，一類是日本人所著的有關蘇俄的作品，另一類是從日文重譯過來的蘇俄普羅文學作品。

1. 〈最近之高爾基〉，昇曙夢著，李可譯，《小說月報》19-8。
2. 〈藝術與階級〉，ALuracharsky 著，「芸術論」第三章，昇曙夢譯，魯迅重譯，《語絲》4-40。
3. 〈竪琴〉，VladimirLidin 著，村田春海譯，魯迅重譯，《小說月報》20-1。
4. 〈蘇俄十年間的文學論研究〉，岡澤秀虎著，陳雪帆譯，《小說月報》20-3；5、6、8、9；21-8。
5. 〈蘇俄文壇近事一馬克思派與非馬克思派的文學論爭〉，金田常三郎著，不文譯，《語絲》5-11。
6. 〈新興藝術論的文獻〉，藏原惟人著，不文譯，《語絲》5-15。
7. 〈葉賽寧傾向底清算——蘇聯文壇底一問題〉，茂森唯士著，不文譯，《語絲》5-23。
8. 〈海外文學者會見記〉，I：同高爾基談話——昇曙夢著，III：和伊凡諾

〔註 9〕 同注 4。

夫會見，米川正夫著，畫室譯，《小說月報》30-8。

9. 〈最近的蘇聯文學〉，米川正夫著，索原譯，《語絲》5-33。

10. 〈蘇俄普羅文學發達史〉，岡澤秀虎著，楊浩譯，《語絲》5-44。

11. 〈革命十年間蘇俄的詩的輪廓〉，黑田辰男著，楊騷譯，《語絲》5-4。

12. 〈文學及藝術底意義一車勒芮綏夫司基底文學觀〉，普力汗諾夫著，蔵原惟人譯，雪峯重譯，《小說月報》21-2。

13. 〈勞動者〉，馬拉西金著，太田信夫譯，楊騷重譯，《語絲》5-52。

以上均爲有關蘇俄普羅文藝的作品。不難看出當時的中國文學界追隨蘇俄普羅文學的傾向十分明顯。至於其中的原因，筆者認爲有以下幾個方面。

首先是蘇俄十月革命勝利的刺激。中國進步知識分子認爲當時的社會狀況跟蘇俄近似，故試圖介紹蘇俄文學以探求中國新文學的發展之路。

第二，「無產階級文學是蘇俄文壇的主流」〔註10〕這樣的認識在當時占主導地位。他們認爲普羅文學不但是蘇俄文藝的發展方向，同時也是包括中國文藝在內的世界文藝發展的方向。普羅文學一定會風靡全世界。這種認識正好與以追求世界文藝新潮爲時髦的心理相吻合。

第三，當時中國的知識分子認爲日本的普羅文學源於蘇俄，世界普羅文藝理論的大本營在蘇俄。他們反對只從日本普羅文學中移植口號而不去加以理解和消化，另一方面認爲要從根本上瞭解普羅文學的發展史，必須尋根溯源。在「革命文學」論爭中，魯迅等人用作武器的，幾乎都是源自蘇俄的文藝理論。

第四，從掌握外語的人數來看，會日語的人數大大超過會俄語的人。20世紀頭 10 年，留日的人員遠多於留歐美，尤其是留俄。「在那時的中國人看來，俄國是落後的，很少人想學俄國。」〔註11〕。1925 年莫斯科建立了中山大學後〔註12〕，俄國才開始接納中國青年赴俄留學。據調查，1924 年到 1928 年的文學研究會成員的總人數爲 152 人〔註13〕，其中會日語的 33 人，占21.4%，在八種外語（英、日、法、德、俄、西班牙、世界語，挪威語）中，英語占第二位。其中，會俄語的僅僅 5 人，占總人數的 3.2%。20 世紀 20 年

〔註10〕 畫室：「（昇曙夢著）《新俄羅斯的無產階級文學》譯者序言」。

〔註11〕 毛澤東：〈論人民民主專政〉，《毛澤東選集》第 4 卷，第 1407～1408 頁。

〔註12〕 爲紀念孫中山先生，中山大學於 1925 年 10 月在莫斯科創立。

〔註13〕 舒乙：〈文學研究會和它的會員〉，《中國現代文學研究叢刊》1992 年第 2 期。

代很多蘇俄普羅文學作品都是從日語重譯過來的。

從被翻譯過來的作品的類型來看，小說兩篇、人物介紹採訪文兩篇，而評論文九篇，發表的時間都在 1928 年到 1930 年這幾年之間，即「革命文學」論爭到「左聯」的成立之間。魯迅翻譯和介紹蘇俄普羅文學理論，顯示了他對創造社成員的感情衝動以及對其「口號文學」方式的批判態度。魯迅指出：「無論古今，凡是沒有一定的理論，或主張的變化並無線索可尋，而隨時拿了各種各派的理論來作武器的人，都可以稱之爲流氓」。〔註 14〕

另外，「雖然不過是一些雜摘的花果枝柯，但或許也能夠由此推見若干花果枝柯之所由發生的根柢」（中略）「明白了全世界歷來的藝術史之後，應環境之情勢，迴環曲折地演了出來的支流」〔註 15〕。

1928 年到 1930 年這短短的兩年間，魯迅出版的從日譯單行本（包括重譯）如下所示：

1. 《現代新與文學的諸問題》，片上伸著，上海大江書舖，1929 年 4 月出版。
2. 《藝術論》，ALunacharsky 著，昇曙夢譯，上海大江書舖，1929 年 6 月出版。
3. 《文藝與批評》，ALunacharsky 著，尾瀨敬業、金田常三郎、茂森唯一、杉本良吉、藏原惟人譯，上海水沫書店，1929 年 10 月。
4. 《文藝與政策》，外村史郎、藏原惟人譯，上海水沫書店，1930 年 6 月出版。
   （卷末附有馮雪峰所譯的岡澤秀虎著《以理論爲中心的俄國普羅列達利亞文學發展史》）
5. 《藝術論》，G・V・Plekhanov 著，外村史郎譯，上海光華書局，1930 年 7 月出版。

魯迅的譯作《藝術與階級》（前列表中 2）是上述第一部單行本《現代新與文學的諸問題》中的第三章。魯迅被捲入創造社同人所提倡的「革命文學」論爭後，注入了大量的時間和精力來研究普羅文學，並且在其過程中掌握了馬克思主義的文藝理論，成爲了 20 年代末到 30 年代初中國的馬克思文藝理論家和「左聯」領袖。魯迅主要從日文版把蘇俄的文藝理論翻譯介紹到國內。

〔註 14〕魯迅：〈上海文藝一瞥〉，《文藝新聞》第 20～21 期，1931 年 7～8 月。
〔註 15〕「《文藝與批評》譯者付記」、上海水沫書店出版，1929 年 10 月。

俄國文學從日文版被重譯成中文版，被選擇的主要有昇曙夢、岡澤秀虎、藏原惟人和片上伸等人的日譯版本。昇曙夢早在 1921 年就被視爲「日本當代文壇中一個最偉大的俄國文學介紹者」，他「在日本自然是文壇的奇功異勛者了，但同時也可以成爲我們東亞文壇裡的奇功異勛者」〔註 16〕；岡澤秀虎被介紹爲「新出名的俄文學專家」〔註 17〕。他的長篇文學評論《蘇俄十年文學研究》被陳曉帆譯爲中文，連載在《小說月報》20-3、6、8、9 號上。另外，《語絲》5-44 也刊登了岡澤秀虎的《蘇俄普羅文學發展史》（楊浩譯）。這兩篇文章詳細地論述了蘇俄普羅文學的發生和成長過程，特別是介紹了各流派間的論爭和各自的文藝觀。毫無疑問，這些翻譯作品對中國文學者瞭解蘇俄普羅文學起到了相當大的作用。藏原惟人介紹蘇俄普羅文藝理論的作品也被魯迅、不文等翻譯成中文介紹到了國內〔註 18〕。

綜上所述，筆者認爲，從歷史上看，把蘇俄馬克思文藝思想傳播到日本的普羅文藝理論家事實上也成爲了在中國的「革命文學」和「普羅文藝」理論的傳播人。他們客觀上刺激了中國的普羅文學，并起到了促進其發展的作用。

三

下面看看登載在《小說月報》和《語絲》上有哪些日本普羅文學作品。

1. 〈關於知識階級〉，青野季吉著，魯迅譯，《語絲》4-4。
2. 〈牢獄的五月祭〉（林房雄作），錢杏邨著，《小說月報》19-8。
3. 〈洗衣老闆與詩人〉，金子洋文著，楊騷譯，《語絲》4-45。
4. 〈洋灰桶裡的一封信〉，葉山嘉樹著，張我軍譯，《語絲》5-28。
5. 〈載著廢兵的最後電車〉，金子洋文著，端先譯，《語絲》5-29。
6. 〈日本無產階級之過去現在〉，胡秋原著，《語絲》5-34。
7. 〈英美的左傾文學〉，北村喜八著，士驥譯，《語絲》5-39。
8. 〈眼〉，金子洋文著，端先譯，《語絲》5-37。
9. 〈一九二九年的日本文藝界〉，人嵐著，《語絲》5-46。

〔註 16〕昇曙夢著、陳望道譯：〈近代俄羅斯文學的主流〉譯者後記、《小說月報》第12 卷號外。

〔註 17〕岡澤秀虎著、陳曉帆譯：《蘇俄十年間的文學研究》譯者後記；《小說月報》20-3。

〔註 18〕藏原惟人翻譯的日文版《壞滅》也被魯迅重譯爲中文。

10. 〈百合子的幸運〉，林房雄著，適夷譯，《小説月報》21-4。

11. 〈間米米吉氏底銅像〉，林房雄著，趙冷譯，《小説月報》21-7。

12. 〈愚劣的中學校〉，村山知義著，秦覺譯，《小説月報》21-8。

13. 〈汽笛〉，平林泰子著，秦覺譯，《小説月報》22-1。

14. 〈老茶房〉，村山知義著，秦覺譯，《小説月報》22-9。

在《關於知識階級》一文中，青野季吉尖銳地批判了日本文學界和思想界的所謂「知識階級」。魯迅之所以翻譯這篇短文，其意圖也許是試圖用創造社所推崇的青野季吉的語言來反諷他們所謂「革命文學」的淺薄性。

第6篇是介紹日本普羅文學的文章。作者胡秋原在文尾披露：「參考田口憲一《馬克斯主義與藝術運動》和石濱知行《日本無產作家論者》居多」〔註19〕。這篇文章主要有後面幾個部分構成。（一）日本無產文學之前景與萌芽。普羅文學的發生是產業革命、社會變革的必然結果。不過，胡秋原認爲這個「新青年」時期社會主義文學並沒有明確的階級意識。

（二）「白樺」派與《礦夫》。胡秋原說，「他們高唱人道主義與愛，詛咒戰爭，精神上的叛逆，實在破壞了過去文化上的傳統而開拓了未來無產文學的一個道路。」可見20年代中國文學家們對日本的「白樺」派文學評價頗高。宮島資夫的《坑夫》雖被公認爲是日本普羅文學的早期代表作，但在胡秋原看來只「是日本勞動階級尚未達與充分自覺之域的作品」。

（三）《種蒔人》與《一個宣言》。日本的勞動人民人數和工會急劇增加，隨著馬克思主義的廣泛傳播，普羅文學也迎來了新時代。胡秋原把大正十年創刊的《種蒔人》看做是日本普羅文學的先驅者。

（四）戰旗鮮明無產文學運動之盛衰。

（五）「文藝戰線」派

（六）「戰旗」派

（七）其它無產文學

（八）馬克思主義批評

（九）翻譯與無產詩歌等

（十）結論

胡秋原認爲日本普羅文學具備如下特徵：

〔註19〕胡秋原：〈日本無產階級之過去現在〉，《語絲》5-34。以下引胡氏話語同出處。

1.「勞動者出身作家輩出活動」

2.「無產文學向既成文壇發展」

3. 不少作家從既成文壇轉向普羅文學。有島武郎的《一個宣言》就是「有島氏晚年對於社會問題的見解與態度最貴重的文獻，而也是他在從個人主義到社會主義這個漩渦靈魂的直質的喊叫了」。

4. 日本普羅文學運動的隆盛。《文藝戰線》和《戰鬥文藝》創刊後，日本普羅文學才有了一定程度的理論和口號，而後建立了「牢固的基礎」。普羅文學身後有無產階級政黨。政黨內部的分裂造成普羅文學組織的分裂。《戰旗》派和《文藝戰線》相恃對立就是其原因造成的。

5. 其它除了《文藝戰線》派《戰旗》派，還在其它的普羅文學、馬克思主義批評、翻譯和普羅詩歌方面，介紹了一些主要作家和翻譯代表作品。在上述諸方面的介紹中，不少用語都是原般套用日文，並且還借用了日本人的觀點。那麼胡秋原為何要發表此文呢？我們可以在文中找到答案。他這樣寫道：

（原文引用）中國近年來的洶湧澎湃的革命文學潮流，其源流並不是來自北方的俄國，而是〈同文〉的日本。中國的所謂革命文學，其產生與蘇俄及日本不相同；既不如俄羅斯文學開始即帶社會底傾向，亦不如日本的〈普羅〉文藝，也經過一個長期歷史過程。在中國突起勃興的革命文藝，他的模特兒完全是日本，所以賞際上僅是日本無產文學運動的一個支流。這並不僅是因為中國革命文學的大將都留日學生（好像日本之士官學校創造了中國〈革命〉軍事領袖一樣）；就在〈普羅特利亞特〉〈意德沃羅基〉的口號以及理論及創作底形式與內容之根據上，也可以看出了。所以我們觀察日本無產文學，是無異看著中國革命文學的母親和祖母；而日本無產文學運動之今昔，或者有足以供我們參考的。

胡秋原認為「革命文學」或「普羅文學」無不源於日本。中國的普羅文學運動只不過是日本普羅文學運動的一個支流，最多不過是日本普羅文學的翻版罷了。對中國普羅文學來說，日本普羅文學的的輩分相當於「母親和祖母」。

胡秋原的觀點明顯有失於偏頗，因為他忽視了事物的內在因素。如果當時中國的社會背景以及中國人的文學意識沒有給普羅文學提供必要的生存繁衍條件，普羅文學即便在中國文壇現身，也必定很快就像潮水一般退去，絕

對不會形成那麼強大的陣營并發展為中國文學的主潮，并持續在中國湧動那麼長時間。當時日本普羅文學在中國被視為「革命文學」的範式，這一點無可否認。

中國「革命文學」勃興的原因，是受到創造社同人們從日本帶回國的日本普羅文學的影響。這在當時可謂一種共識。雖然國內不少人對創造社同人以日本普羅文學武器將中國文壇變成筆戰戰場的做法怨聲連連，但對引進的普羅文學本身卻並沒有反對。就連魯迅也只是說，「現在所號稱革命文學家者，是鬥爭和所謂超時代。超時代其實就是逃避，倘自己沒有正視現實的勇氣，又要掛革命的招牌，便自覺地或不自覺地必然地要走入那一條路的（中略）」。對於當時創造社提出來的「革命文學」，魯迅曾這樣表明自己的立場，「我以為當先求內容的充實和技巧的上達，不必忙於掛招牌。」〔註20〕此外，郁達夫也說過這樣的話，「我在此地敢斷定一句，真正無產階級的文學，必須由無產階級者自己來創造，而這創造成功之日，必在無產階級專政的時候。」〔註21〕

除了魯迅和郁達夫之外，韓侍桁也曾針對創造社同人說過，「無產階級文學與革命文學在中國今後文壇上是最有發展可能性的，不過我卻不敢希望像你們這樣淺薄底人。無產階級文學與革命文學是要等著大天才大同情者大藝術家呢」。〔註22〕

以上例舉的三人，其論點上有某種共通之處。即普羅文學於當下不宜提倡。因普羅文學不能超越時代。然而，胡秋原的觀點卻與之有所不同。他認為雖然「還覺得日本無產文壇有幾點是值得我們反省的」，但「中國革命文學家們專門抄襲日本的皮毛，總未必是一個好現象」。他在批評中國的革命文學家們的同時，又認為在以下三個方面應該向日本文壇學習。第一，親自參加實際的社會運動並體驗實際生活；第二，多做翻譯，切實提高自身素養；第三，文藝批評態度嚴肅。

整理以上觀點，整個事態的大致輪廓得以凸現：當時圍繞「革命文學」展開論爭，焦點在普羅文學的引進形式和時機問題上，跟普羅文學本身的贊成與否似乎沒有很大的關係。

〔註20〕魯迅：〈文藝與革命（冬芬）〉，《語絲》4-16，1928 年 4 月，第 42～43 頁。
〔註21〕郁達夫：〈無產階級專政和無產階級的文學〉，《洪水》3-28，1927 年 3 月。
〔註22〕韓侍桁：〈評「從文學革命」到「革命文學」〉上。《語絲》4-19，1928 年 5 月，第 5 頁。

　　1927 年，創造社同人們將他們認爲最前衛的日本普羅文學正式移植到中國，引起了世人的矚目。魯迅本人也因爲這場激烈的論爭而開始了對普羅文學的認眞研究，同時也導致了他那以後一批相關的翻譯作品的問世。這一切實際上都成爲加大普羅文學影響的因素。即便撇開當時中國國內的具體社會背景不談，從整體上看，中國現代文學肌體內部也潛在著適合普羅文學發生所必需的要素。

　　本文前面所示的一覽表中，還有一個種類是作品。從內容上看，「文藝戰線」和「戰旗」兩派作家的作品幾乎各占一半。漢譯者究竟站在哪邊的立場，究竟支持哪一方，其傾向性並不明顯。既有人道主義和反戰性格的作品（例如沈端先譯〈載著廢兵的最後電車〉和〈眼〉），也有激進且具有強勁的革命召喚力的作品。當時中國的普羅文學創作還處於習作階段，故顯示出主張在描寫技巧以及表現手法等多方面模仿日本普羅文學的傾向。

　　關於這一點，錢杏邨的《牢獄的五月祭》表達得相當明顯。《牢獄的五月祭》是針對從林房雄原作《牢獄の五月祭》裡面選譯出來的四個短篇所寫的書評〔註23〕。這四篇作品，錢杏邨對從創作方法的角度歸納出以下六條。

　　第一，用明朗的手法描寫人生的傷痕。第二，從側面捕捉黑暗的社會現實。第三，同時描寫人生的光明面和黑暗面（與異性約會的快樂描寫和失業的慘狀描寫）。第四，注重含蓄和暗示。第五，在現實描寫過程中織入追憶。第六，注重對比描寫（例如有閒階級和無產階級的對比描寫）。

　　錢杏邨不僅從創作方法的角度給予林房雄的《牢獄の五月祭》以很高的評價，而且還指出，它值得中國的普羅文學家們借鑒。

　　錢杏邨屬於太陽社同人的中堅分子。太陽社「對革命文學的理解主要是受了十月革命以後蘇維埃文學的影響。直接跟日本的革命文學發生關係，那是在中國『革命文學』論爭展開以後的事情」〔註24〕。對他們影響最大的，是藏原惟人和他提倡的「新寫實主義」。1928 年 9 月，他們在日本創建了太陽社東京支部。據說東京支部的同人多次拜訪過藏原惟人本人。這種直接的接觸，使得太陽社受到日本普羅文學、尤其是當時非常活躍的「戰旗」派理論

〔註23〕 錢杏邨在《牢獄的五月祭》的序裡寫道，從林房雄的《牢獄の五月祭》裡選譯出了四篇作爲林創作選集收入了太陽社叢書。錢所批評的是林房雄創作選集。

〔註24〕 艾曉明著：《中國左翼文學思潮探源》，湖南文藝出版社，1991 年，第 142 頁。

家藏原惟人的影響更加深刻。

從 1928 年 7 月至 1930 年間，藏原惟人的作品不斷地被太陽社同人翻譯成中文發表在太陽社的刊物上。「每當藏原惟人的論文在日本發表出來，幾乎每一篇都被翻譯成了中文。而且，特別是他的《新寫實主義》，還在上海出版了單行本。這本書不僅對日本文壇，而且被視爲在某一段時間裡對中國左翼文壇產生了強有力的指導作用。〔註25〕」

更值得關注的是，藏原惟人的「新寫實主義」被太陽社同人當作了文學創作及文藝批評的根本理論這一事實。1928 年 7 月的《太陽月刊》上，發表了林伯修署名翻譯的《到新寫實主義之路》。以此爲契機，錢杏邨開始在書評《動搖》中公開喊出提倡「新寫實主義」的口號。這個口號從「革命文學論爭」後期到「左聯」活動的初期爲止，可以說是中國左翼文學創作上最具影響力的口號。〔註26〕

1929 年《小說月報》新年號上刊載了樊仲雲題爲《通過了十字街頭——今後文藝思想的進路》的文章。這篇文章第一個小標題是「從象牙塔到十字街」。這裡的「象牙塔」和「十字街」這兩個名詞，都是從廚川白村著作裡借來的。這篇文章想要提示的是，中國業已從田園式樸素的、理想藝術宮殿般的象牙塔走到了充斥著骯髒物質文明的「世紀末」——資本主義時期。而且，在文章最後的一部分裡，即「所謂《普羅列塔利亞》文學者」這一節裡，運用唯物史觀，「用無產階級的觀點來觀察事物」的「過渡時期」的普羅文學，正在以「偉大的精神力量」通過「十字街頭」，「向著男性的果敢的唯物的樂觀的社會的現實的普羅文學邁進」。樊仲雲不僅僅主張「新寫實主義正在朝我們走來」，他作出的判斷是，世界性文學思潮的最新動向就是新寫實主義。

然而，樊仲雲認爲，新寫實主義的源流在蘇俄普羅文學，而並不在日本。關於這一點，錢杏邨也在前面提到的書評中多處借鑒了蘇俄普羅文學創作。其實，認定蘇俄才是普羅文學的眞正發源地或者大本營的不只是樊仲雲和錢杏邨二位。筆者想說明一點，通過本次考察，非常強烈地感覺到這在當時是中國文學家們的一種共識。不管中國現代文學是從哪個角度接受的「新

〔註25〕江口渙著：〈日本プロレタリア文學の支那訳とその譯者〉，《文學評論》第 1 卷，昭和 9 年 10 月號，第 64～65 頁。「新寫實主義」的翻譯出自太陽社同人馮憲章之手。

〔註26〕同注 24，第 143 頁。

寫實主義」，至少「新寫實主義」本身對當時的中國產生了某種程度的影響，這一點亦不可否認。

在《牢獄的五月祭》這篇書評裡面，錢杏邨評日本作家林房雄的作品《密會》，是一篇可以看得出「文學是表現生活、認識生活而具有 propaganda 作用的作家的最高手段」的作品。對林房雄的作品進行定位的理論標準，竟然跟藏原惟人提倡的「正確認識生活，組織生活，既要宣傳激勵，又要客觀寫實」的藝術標準幾乎同出一轍。此外，另一位譯者趙冷在林房雄的另一篇小說《閻米米の銅像》譯文後的《譯者附言》中指出，「中國作家不大注意眼前的事實，而只追寫過去。這在我覺得是不夠的，所以想以這種方式介紹國人」〔註27〕。從趙冷的這番話可以看出他的主張，就是普羅文學的創作應該取材現實中的「事實」而不是其它。

四

根據以上有關普羅文學部分的考察結果，筆者得到以下結論。

一，中國普羅文學從誕生到 1931 年 3 月「中國左翼文藝聯盟」的成立，都與日本普羅文學及俄國普羅文學有著密不可分的關係。中國普羅文學或曰「左翼文學」的濫觴，主要是因為受到了日本普羅文學的影響。這已是不爭的事實。換言之，可以說日本普羅文學對中國普羅文學起到了某種程度的示範作用。在日中國留學生團體組成的創造社將日本的普羅文學引進國內，引起了一場「革命文學」的大論爭。他們的所作所為，客觀上起到了對中國左翼文學加速發展的推波助瀾作用。

二，雖然日本普羅文學對中國左翼文學的起步產生了影響，但當時多數人認為蘇俄才是普羅文學的大本營，故經由日本引進了大量的蘇維埃馬克思主義文藝理論和作品。從這個意義上講，特別是在普羅文藝理論的移植方面，日本的普羅文學起到的是橋梁或者窗口的作用。

三，就創作方面而言，中國普羅文學有意識有選擇地從日本汲取了藏原惟人的「新寫實主義」。

（作者單位：福岡大學非常勤講師）

〔註27〕《小説月報》1930 年第 7 卷，第 1074 頁。

有關夏衍五幕話劇《法西斯細菌》的史料考察——作品主人公人物原型兼考

武繼平

〔摘要〕迄今爲止，研究界對夏衍文學的關注大多集中在創作於 20 世紀 30 年代的《包身工》（1935 年）、《賽金花》（1936 年）以及《上海屋檐下》（1937 年）等作品上，而對本文將要考察的話劇《法西斯細菌》即便有所提及，最多也是一筆帶過。夏衍爲什麼要創作這部作品？創作素材從哪裡得來？主人公的人物原型究竟是誰？這些疑問，人多數至今依然沒有答案。夏衍是劇作家，同時也是中國共產黨文化領導人。我們不難發現，夏衍文學裡面有一種性格與魯迅、郭沫若、田漢、茅盾等人截然不同的現實干預。《法西斯細菌》尤其體現了這種特色，它眞實地描寫了一位只相信「科學萬能」而對時事政治漠不關心的自然科學家俞實夫在抗日戰爭中逐漸覺醒的思想嬗變歷程。針對《法西斯細菌》這部作品，本文從創作動機、作品的結構以及主人公的人物原型等多個層面展開了實證性考察，旨在揭示作者數十年對此諱莫如深的歷史眞相。

〔關鍵詞〕抗戰文藝、夏衍、科學至上、細菌研究、陶晶孫

引　言

　　20 世紀 40 年代初，中國戲劇界一大批著名劇作家、舞臺導演以及一線演員逃離被日軍佔領了的京滬兩座文化中心城市，聚集到抗日民族統一戰線大本營的西南重鎮重慶。人才八方彙聚，加上思想的相對自由，故導致了陪都重慶以舞臺戲劇為主的文藝熱潮盛況空前。

　　直至抗戰結束為止，多達 50 多個大小劇團劇社在這裡上演了 100 多出劇目，其中當時最為轟動和影響亦頗深遠的，當屬郭沫若的歷史劇《屈原》和吳祖光的話劇《風雪夜歸人》這兩臺大戲。「七七事變」以來，中國戰爭黑雲壓頂，重慶雖說並不是抗戰的前線戰場，但作為陪都也不時遭到日軍飛機的空襲。據有關不完全統計，在 1938 年上半年至 1943 年下半年為止的 5 年裡，日軍對重慶進行了 218 次狂轟濫炸，使得大批民房被毀，無辜的市民死傷過萬。然而，儘管如此，在這段時期裡重慶戲劇界卻很少上演抗日戰爭題材的劇目。這在中國現代文學史上，也算是一個耐人尋味的現象。

　　夏衍，這位中國共產黨的高級文化官員，這段時期也在重慶。他繼 1937 年推出著名話劇《上海屋檐下》獲得轟動之後，在重慶期間又創作出五幕話劇《法西斯細菌》，并迅速將之搬上了戲臺實現了多次公演。

　　《法西斯細菌》並不是一齣直接以激勵於前線或敵後抗戰殺敵為目的的宣傳劇。它從正面描寫了一批中國知識分子於抗戰時期的焦慮與掙扎。舞臺劇的公演雖然僅限於國統區，但它的巨大影響，加上紙質文本的刊載出版流通，直接或間接導致了一批思想動搖不定的知識人作出重大抉擇，并走向人生的轉折點。

　　本文從多個方面對《法西斯細菌》這個劇本進行實證性考察，旨在揭示本研究領域多年來被忽視或未被澄清的那些隱藏於作品創作背後的歷史事實。

一、關於《法西斯細菌》的版本考察及創作動機

　　五幕話劇《法西斯細菌》的文本，初見民國 31 年 12 月桂林發行的《文藝生活》第 3 卷第 3 期〔註1〕。《文藝生活》是抗戰時期文獻出版社於桂林創

〔註 1〕　筆者推斷，民國 35 年 1 月上海開明版單行本裡收錄的《法西斯細菌》根據民
　　　　國 31 年 12 月 15 日出版刊行的《文藝生活》重排而成的可能性極大。或許懂
　　　　日語的夏衍事出有因而沒有親自校稿，作品中錯字漏字以及明顯的日文錯誤
　　　　俯拾皆是。

刊的大型文藝月刊（1941 年 9 月～1950 年 7 月），16 開 128 頁，司馬文森既是創刊人又兼主編。封面刊名題字出自郭沫若之手。夏衍的《法西斯細菌》、田漢的《秋聲賦》以及歐陽予倩的《一刻千金》等劇作，都是在《文藝生活》上首次推出并產生巨大反響的。筆者看到的原始雜誌正好該作品處殘缺不齊，故本次以民國 35 年 1 月上海開明書店出版的完整單行本爲考察史料對象。《法西斯細菌》的初出刊物《文藝生活》，只在本文末尾提供原始刊物封面圖片，以供查核確認。

首先，民國 35 年 1 月上海開明書店版單行本書後，原作者記錄了三項信息。一是該劇本由「夏衍劇作社」編輯，二是脫稿日期爲「一九四二年『八・一三』四日後」，三是封面上另有副標題，作「夏衍劇作集之一」。該單行本收錄劇作僅此《法西斯細菌》一篇劇作，除外還附有兩篇作者署名文章，題目各爲〈代跋之一——老鼠・蝨子和歷史〉和〈代跋之二——胭脂・油畫與習作〉。據此得知這兩篇文章寫作時間如後。跋（一）的執筆時間是「1942 年 10 月 17 日上演當天」，跋（二）則是同年「10 月 28 日上演中」。

劇本脫稿是「一九四二年『八・一三』四日後」，即從 1942 年 8 月 17 日將劇本改寫成舞臺演出用的腳本。然後經過一段時間的排練和彩排，到 10 月 17 日那大正式開演，這個新劇本從劇本的改寫、編劇、排練到正式舞臺公演，只用了兩個月時間。可見作者對促成實現這個劇本的舞臺化具有相當的緊迫感。

另外，該劇本創作時間作「一九四二年『八・一三』四日後」。作者採取這種特意突出「八・一三」的話語方式，無疑想揭示出以此作品紀念 1937 年 8 月 13 日上海事變淞滬大戰的深層含義。短短十幾個字賦予了作品以鮮明的抗戰性格。

儘管如此，《法西斯細菌》這篇作品卻並未直接描寫「八・一三」淞滬戰場上中日軍隊正面交戰。上海於 1937 年 11 月 12 日陷落日軍手中，在國共抗日統一戰線一方看來，被踩在日軍鐵蹄下的上海已成一座「孤島」。由於《救亡日報》等刊物已經轉入地下，總編輯夏衍等共產黨文化人於 12 月 20 日逃離上海到香港避難。在國統區，夏衍是指導文化活動並親自從事文藝創作的共產黨領導層人物。離滬後他先後在香港和桂林滯留。這幾個城市雖然先後都淪陷，但夏衍每次都在城市被佔領之前脫身離開。所以夏衍本人在這段時間跟日軍以及偽政府並沒有直接的接觸。換言之，即夏衍筆下所描述的日軍

形象，都不是出自親身感受。《法西斯細菌》不僅寫於大後方重慶，即便是編成舞臺劇以及公演，都是在大後方重慶和被日軍佔領之前的桂林。

本次通過考察民國 35 年初出單行本中收錄的兩篇跋文和有關幾位當事人的回憶錄，獲得了可靠的信息。首先，兩篇原始跋文對《法西斯細菌》這部作品的創作動機、機緣以及作為舞臺劇公演多多少少有所言及。由此得知這部作品實際創作於重慶「北溫泉」，排練成五幕話劇之後，在重慶城裡先後公演了好幾場。

至於創作機緣，夏衍在跋文中披露：

「在桂林，很巧地遇到了闊別十年的 T，他從北平協和醫院逃出來，打算到大後方去從事醫療工作，——他是一個醫生。

到了重慶，由友人 Y 的介紹，認識了 W，一直到被「接收」為止，他在香港瑪麗醫院工作，——他也是一個醫生。」〔註2〕

雖然夏衍說到此事與他自己在桂林偶然與一位學醫的舊友 T 的重逢有關，而且還在初出單行本的扉頁上特意留下了「獻給 WT」四個字，但不知為何卻迴避了透露 W 和 T 的真實姓名。

夏衍曾經寫過這樣一段文字：「許多善良的、真純地相信著醫術之超然性的醫師們，都被日本法西斯強盜從科學之宮驅逐到戰亂的現實中來了。他們被迫著離開實驗室，離開顯微鏡，而把他們的視線移向到一個滿目瘡痍的世界。我想，這一類悲劇，該不止限於醫學界吧，正像過去有過為藝術而藝術的藝術家一樣，自然科學界同樣的也會有許多為科學而科學的科學家的……。我決定了把一個善良的細菌學者作為我們悲劇裡的英雄」〔註3〕

夏衍晚年出版回憶錄《懶尋舊夢》，時隔 40 多年以後首次揭開了初版本戲劇集《法西斯細菌》扉頁上的獻詞「獻給 WT」，就是「獻給 W（吳）T（丁）」，而且還明確提到與《法西斯細菌》的創作有關的兩位自然科學家分別是「吳在東和丁瓚」。〔註4〕

然而，夏衍在《懶尋舊夢》中只說到「吳在東和丁瓚」是「幫助我寫了這個劇本」，並沒有直接道明究竟是哪一位，或者二位都是《法西斯細菌》第一主人公的人物原型。夏衍在抗戰結束以前從未提及過與這臺話劇創作相關

〔註2〕 夏衍：《法西斯細菌》，開明書店，1946 年版，第 138 頁。
〔註3〕 夏衍：《懶尋舊夢錄》，1985 年 7 月香港三聯書店初版，第 326 頁。引用文中部分文字底線筆者。
〔註4〕 同前注，第 329 頁。

的人物，直至 1946 年，借出版單行本的時候才首次提到當時是「W 和 T」為他的寫作提供了幫助，而且待到晚年才吐露出「W 和 T」的眞實姓名。

鑒於這種情況，研究界雖然不見專題論文發表，但事實上一直認定當時夏衍寫作《法西斯細菌》時的人物原型就是這二位自然科學家。筆者認為這完全是兩碼事，絕對不可以混為一談。《法西斯細菌》裡面涉及到大量醫學及化學的專業知識，夏衍完全有可能求助於「W 和 T」這兩位專家，但作品第一主人公俞實夫的人物原型究竟是誰，依然迷霧重重。作者夏衍對俞實夫這個人物細緻入微的觀察和作品中設定的無數細節都說明了一點，即背後必有其人物原型。

關於創作動機，《法西斯細菌》在刊物上發表一年之後，夏衍在一篇文藝批評文字中這樣寫道：「十幾年來法西斯毒焰傳遍了大半個世界，千千萬萬人——千千萬萬我們的同胞骨肉遭受著屠戮和奴役，顛連無告的苦楚，反法西斯主義已經成了全世界有良知的知識分子無可旁貸的天職……。俞實夫所遭遇的，正是有必然性和普遍性的一個中國科學工作者的環境」〔註 5〕。

由此看出作者的主張非常明確。《法西斯細菌》的創作動機，不外乎是「反法西斯」。因為在他看來，這是「有良知的知識分子無可旁貸的天職」。雖然這部作品的主要舞臺是日軍佔領時期的上海香港和桂林，而且並未太多地描寫主人公與侵略者的直接衝突，但作者吐露的創作動機無疑賦予了這部作品以鮮明的抗戰性格。

《法西斯細菌》這部作品與其它抗戰時期的文藝作品最大的不同之處，在於它焦距對準的非但不是一般概念上的戰爭時期對立軍事力量的衝突，就連戰爭這一極端的背景都沒有精細的刻畫，整個作品的矛盾焦點都設在了故事主人公的心理變化歷程上。這個過程，尤其對一部分對普世價值的認知超過了民族救亡意識的「洋派」知識分子來說，有時甚至會是一個相當痛苦的過程。

從這個意義上講，夏衍在 1942 年抗日大後方重慶和桂林創作并公演《法西斯細菌》這樣一部舞臺話劇儘管基本上屬於異花獨放，但它的意義和對國統區知識群體的影響，遠遠要比抗戰爭時期較為常見的極端美化己方和極端醜化敵人的超現實紅色文學深遠得多。如果說郭沫若的歷史劇《屈原》的轟

〔註 5〕夏衍：〈公式。符呪と『批評』〉——《法西斯細菌》跋（三），《邊鼓集》，美學出版社，1944.10。

動是一種國民精神鼓舞的成功，那麼夏衍的這臺《法西斯細菌》，則是在喚醒一部分自我封閉在象牙塔裡的知識分子的「民族救亡意識」這方面獲得的成功。

關於《法西斯細菌》的創作，除此之外，還有一點值得注意。夏衍原爲日本明治專門學校（現九州工業大學前身）工科留學生。夏衍跟他的前輩魯迅及郭沫若等一樣，也是在留學時期放棄「實學」轉向文學的。他的學歷和經歷都說明，他不可能具備微生物和寄生蟲研究方面的專業知識。一個文學家，如果沒有衛生生理學、病理學以及醫學方面的專業知識，根本不大可能創作出《法西斯細菌》。那麼，這部作品中的這些知識，他究竟是從哪裡得來的呢？

關於這個問題，夏衍有他自己的說法。據他披露，他寫作《法西斯細菌》時那些有關衛生生理學、病理學以及醫學方面的專業知識，都是來自「現代細菌學泰斗而同時又是一個出色的詩人的 Zinsser 教授的名著《老鼠。蝨子和歷史》（Rats，Lice and History）」〔註6〕。

坦率地說，以上作者的披露根本無法打消筆者心中的疑念。前面已經提到，五幕六場話劇《法西斯細菌》這部作品無論從對主人公的細膩觀察還是專業知識的運用來看，無不讓人感覺到主人公背後有一位眞實人物的存在。然而夏衍卻極力迴避這種具體的關聯，一直到晚年都從未明確提及過《法西斯細菌》寫的究竟是誰〔註7〕，這一定是爲了隱藏什麼。

筆者推斷，這位神秘的人物當時（1942 年）很可能就生活在日軍佔領下的某座城市（例如上海）。這齣話劇首演之地是抗日大後方、民國政府中央所在地重慶。不說公演後消息會立刻引起敵我雙方的注意，就是刊載劇本的雜誌流通到全國各地，也會引人注目。時值抗日戰爭的年代，如果透露出劇中主人公原型是誰，必然會危及到當事人的生命安危，那麼這種地方只能是日軍佔領下的淪陷區。想必那位作爲劇中主人公的人物原型難免被視爲反日分子加以追捕，弄不好一家人都性命不保。也許作者夏衍正是出於這種擔憂，才對該人物的存在秘而不宣。筆者認爲，夏衍的沉默實際上可以看作一種暗

〔註6〕 夏衍：《法西斯細菌》，開明書店，1946 年版，第 139 頁。夏衍說的 Zinsser 教授的該著作名稱不完整。英文版全名爲：《Rats, Lice, and History－A study in History》。

〔註7〕 迄今爲止，筆者未讀到任何提到這方面問題的論文，可見學界對此不甚關注。

示。即如果有這樣一位不能夠披露其存在的人物，那麼他應該在淪陷區。

　　本文對史料進行了詳細考察，發現這個被人為地包裹在謎團中的原型人物不但確實存在，而且從該人物的身世、家庭結構、學歷、職歷以及 1942 年前後的生存狀態等等方方面面，無一不與《法西斯細菌》裡的第一主人公俞實夫相吻合。

　　據筆者考察，此人跟《法西斯細菌》中的主人公俞實夫一樣，不僅有留日學醫的學歷和在日本醫療機關工作的職業經歷，而且日本軍佔領上海時期一直在「上海自然科學研究所」〔註8〕從事細菌以及寄生蟲方面的研究，直至 1945 年 8 月抗戰勝利。夏衍跟此人的交往自 20 年代末開始。新中國成立後，此人一直被視為「漢奸」，直至 1994 年在中國身居高位的夏衍一句話，冤案才得以平反昭雪〔註9〕。

二、關於《法西斯細菌》主人公的人物原型考察

　　五幕話劇《法西斯細菌》裡面一共有 20 名登場人物。本次考察按（似）有無人物原型進行分類，得出以下結果：前者（似有人物原型）只有第一主人公俞實夫和日本太太靜子二人。其它人物包括俞實夫的女兒在內皆屬虛構。

　　下面針對以下幾個問題點，對劇本對男女主人公涉及的事件描述、事件發生的場所，逐一考察哪些屬實哪些是作者的憑空虛構。

　　筆者仔細查閱了有關先行研究論文以及第一手史料。首先，對夏衍在《法西斯細菌》的跋文中言及的醫生「舊友 T」和在重慶「經朋友介紹認識的 W」這兩位人物。有學者認為就是當時從北平協和醫院逃到桂林的丁瓚（1910～

〔註8〕據日本寶島社，1995 年版《上海自然科學研究所──科學家們的日中戰爭》第 18 頁中作者佐伯修考察，1931 年 4 月 1 日，日本政府由外務省出面，利用「庚子賠款」以「對支文化事業」的名目在上海建成「支那細菌研究基地」，命名為「上海自然科學研究所」，研究人員基本上從日本國內派遣，也有極個別本地招聘的中方研究人員。

〔註9〕1994 年陶晶孫的遺屬在籌備出版《陶晶孫選集》（丁景唐編選，1995 年 5 月人民文學出版社）之際，編者懇請夏衍作序。夏衍在序言中首次以書面的形式披露當時是潘漢年讓陶在淪陷區上海隱蔽下來，是黨的秘密，故外界不知云云。對此當時潘漢年本人在逝去之前並未有所提及，夏衍披露這個秘密時潘已不在人世，此事事實上已成為死無對證的秘密。筆者對夏衍的說法存疑，主要是不大理解：潘漢年 1977 年戴著「內奸」帽子病故，但 1982 年就已被中共中央平反昭雪，為何夏衍到了 1994 年才披露陶晶孫在上海日本政府辦的細菌研究所工作是「為黨臥底」而且是黨的秘密。

1968）和吳在東（1905～1983）醫生〔註 10〕，但更多的研究者將這個問題處理得非常模糊，甚至對作品主人公有無原型的問題本身也並不在意〔註 11〕。

筆者在精讀原作的過程中，對過去的研究並沒有找到答案的幾個疑點進行了考訂，在史料的幫助下掌握了解鎖的鑰匙。

第一點，考察對象的專業。此問題筆者未見過去有先行研究成果。根據筆者考察，丁瓚與吳在東 40 年代初在中國醫療界都已是頗有名望的醫學界人士。夏衍說的闊別 10 年偶然重逢的丁瓚（T），其專業是醫療心理學，而通過別人介紹認識的吳在東（W），專業則是放射病理學。二人各是中國醫療心理學和放射病理學的創始人。雖然二者皆兼有醫生身份，但都沒有從事過像跳蚤、虱、寄生蟲一類微生物研究和傳染病防治方面的研究經歷。夏衍向他們請教這方面的專業知識的可能性儘管不能排除，但獲得的知識只可能止於相關基礎知識，或者被推薦閱讀哪些專業書籍。但如果夏衍要以他們二位為人物原型去如實刻畫一個細菌研究家的日常生活，基本上可以說不大可能。再說，認識吳在東，那也是在轉移到桂林以後。

第二點，有無日本留學經歷和抗戰時期是否跟上海自然科學研究所有瓜葛。這一點對考察《法西斯細菌》主人公人物原型來說屬於最重要最關鍵的問題，遺憾的是過去無人問津。

《法西斯細菌》第一主人公俞實夫是一位有著在日留學經歷的旅日中國研究者。在日本取得博士學位後，在東京的一家研究機關工作過。查丁瓚和吳在東二位的學歷，皆與日本無關。吳在東於 30 年代去英國和德國留學，而丁瓚只在美國芝加哥大學留學過一年。而且，二者都沒有博士學位。最說明問題的一條是二者與日本人在上海辦的自然科學研究所完全不沾邊。

第三點，主人公的家庭構成。作品中跟日本有關係的不僅僅是第一主人公俞實夫，他的妻子靜子是日本人，他們還有一個中日混血的女兒壽美子。作者夏衍安排這樣一種家庭關係來反映戰爭時期中日關係的意圖顯而易見。相比之下，丁、吳二位皆不具備這些條件。

僅從前面所例舉的三個問題點來看，筆者認為完全可以得出以下結論：雖然作者夏衍過去提到在《法西斯細菌》的創作上曾得到過丁瓚和吳在東這兩個人的幫助，但他們實際上都不可能是作品主人公俞實夫的人物原型。

〔註10〕陳堅：〈《法西斯細菌》主題辨識〉，《杭州大學學報》18-4。
〔註11〕例如魯虹：〈夏衍寫《法西斯細菌》〉，《戲劇文學》1986 年第 3 期。

　　筆者在日方相關史料的考察過程中，意外地發現了一位除了完全符合上述條件之外，還具備一項更加特殊的條件，即自 1929 年起跟夏衍一直保持交往的神秘人物。此人就是自 1931 年到 1945 年之間在上海自然科學研究所衛生課任專職研究員，抗戰結束後一直戴著「漢奸」帽子，1925 年客死於日本千葉的著名細菌研究家兼創造社同人陶晶孫（Jingsun Tao，1987～1952）。陶姓英文拼寫作「Tao」，跟夏衍最早提到的「T」姓人物亦相吻合。

　　夏衍跟陶晶孫，可以說是 1929 年在上海一起推動「大眾文學」和舞臺劇以及電影改革的文學青年夥伴。在此附上一張《夏衍全集》裡面也不見收錄、但忠實地記錄了二人當時一起從事文學活動的重要文壇史料照片。拍攝地點是 1930 年 3 月 21 日四川北路上海藝術劇社的上海演藝館（現在的上海永安歡樂廣場）。當時該演藝館正在上演根據雷馬克原作改編的話劇《西部無戰事》（村山知義潤色，夏衍擔任照明，陶晶孫負責音響），1930 年 3 月 21 日首場演出之際，夏衍跟陶晶孫二人在劇場門口拍下紀念合影（參見文末右側圖片，戴帽者陶晶孫，旁夏衍）。

　　上海自然科學研究所是《法西斯細菌》劇中的一個重要舞臺。涉及到這個問題，迄今為止尚未見有實證性考察。筆者為本課題專門走訪了中科院上海分院有關單位，并根據所查得的珍貴史料，對同時期除了陶晶孫以外是否還有其它中國研究人員在該研究所從事細菌研究的問題做了補充考證。上海自然科學研究所建成於 1931 年 4 月 1 日。陶晶孫接受招聘赴任是同年 11 月。該所剛成立時期，一共有三名中方研究人員。除了陶晶孫之外，還有一名叫楊自湃，另一名叫沈璿。楊自湃是該所籌建委員之一和該所細菌學科創始人，該所運營啟動不久患不治之症病故。另一位沈璿雖然在該所工作時間較長，但專業是天文學，與細菌研究不沾邊。夏衍雖有共產黨人和文學家的雙重身份，但無論那種身份，都與楊沈二人沒有任何關係〔註12〕。

　　再來看陶晶孫。陶晶孫在文學史上屬於早期創造社同人。1923 年 3 月從九州帝國大學醫學部學士畢業後，赴未婚妻佐藤操（郭沫若日本妻佐藤富子之妹）所在的仙臺市，同時在東北帝國大學理學部物理學研究室和醫學部生理學研究室從事音響生理學研究。其間與佐藤操結婚。1926 年陶晶孫成功考取日本行醫執照，來到東京大學醫學部任助教，不久又開始兼任東京財團法人

〔註12〕關於上海自然科學研究所的設立背景和編制，參考了佐伯修著《上海自然科學研究所——科學家們的日中戰爭》及該所內部刊物《自然》。

泉橋慈善醫院（現三井紀念醫院）的外聘醫生。1928 年東京大學醫學部助教任期到了之後，陶晶孫便攜家眷應上海東南大學之聘赴任該校醫學系教授。

《法西斯細菌》中主人公俞實夫也是由日本回國到上海自然研究所赴任，為此特意辭去了東京的某研究所的工作；而實際上陶晶孫歸國是應聘先去上海東南大學任教，並非直接應聘進自然科學研究所。筆者將此理解為夏衍為了避免對號入座而做的手腳，即在主人公主要經歷不變的情況下對細節進行了人為的變動或乾脆虛構。

陶晶孫歸國後幾度回老家無錫，有一段時間還在家鄉開過醫院行過醫。他在家鄉目睹了中國農村極端惡劣的衛生狀況，得知蒼蠅、蚊子、老鼠、跳蚤及蝨子等微生物成為媒介使得各種傳染病大肆流行，對醫學的興趣便從過去的生理學轉移到了公共衛生學方面來，并逐漸將傳染病的防治和免疫血清的研究開發作為了自己的使命。筆者認為，這就是陶晶孫為什麼放棄上海東南大學醫學系教授的社會地位（當時並不意味著穩定的高薪）在日本佔領時期去應聘日本政府在上海辦的細菌研究所的一個相當重要的原因。當然，日本官辦研究機構的穩定高薪很可能也是一個不應忽視的因素。即使潘漢年說過是他代表黨委派陶晶孫到日本人鼻子底下去「臥底」的，那也根本不能成立。因為該研究所的官辦性質決定了能否到裡面去工作，一切人事權都掌握在日本人手裡。

至於當時日本外務省管轄的這個細菌研究所為什麼開辦不久就指名招聘中國人陶晶孫做專職研究人員而沒有公開招聘，至今尚未發現直接能夠解答這個問題的可靠史料。據筆者進行周邊考察的結果及推斷，這椿招聘人事背後，極有可能是因為該研究所首任所長橫手千代之助的力薦。橫手來上海之前，任東京帝國大學醫學部衛生學研究室主任教授，僅根據當時日本帝國大學教職人員錄用的制度及相關手續來分析，他不可能不知道在自己手底下工作的助教陶晶孫。這是第一。

第二，陶晶孫在上海自然科學研究所衛生科就職期間，有一位跟他合作并共同研究出眾多成果的日本研究者叫小宮義孝。據筆者本次考察，這位小宮義孝就是橫手所長過去的直系弟子。早在陶晶孫於東京大學醫學部任職期間二人就認識。

根據以上兩項材料，筆者推斷：早在陶晶孫於東京大學任職期間，他在衛生學方面的才華就受到當時的醫學部主任教授橫手的看重。招聘他到上海

自然科學研究所工作，只是利用了研究所成立初期需要充實研究人員的機會。也就是說，陶晶孫 1931 年應聘上海自然科學研究所的工作，並非純粹屬於偶然。另外值得注意的是，該研究所爲陶晶孫提供了他畢生熱愛的微生物研究的優越環境和條件，加上東京大學任職時期以來的特殊上下級人事關係，可以說都是導致他抗戰期間一直沒有離開淪陷區上海的原因。這一點過去研究界無人提及，屬於本次考察才獲得的珍貴史料。

至於《法西斯細菌》中主人公科學家俞實夫其人跟眞實人物科學家陶晶孫之間的關聯性，筆者有幸得到了中國科學院生物化學和細胞生物學研究所（地址在原日本佔領時期上海自然科學研究所大樓內）有關人士的幫助，對陶晶孫在該所任職期間的研究內容做了比較詳細的考察，并獲得了部分日軍佔領時期的史料。

筆者將陶晶孫發表在《上海自然科學研究所彙報》的 13 篇專業學術論文（分單著和合著）按照發表時間順序全部排列如後（英文和日文題目是刊載原文，下附拙譯），可以看出其研究內容與夏衍筆下的俞實夫的專業情況幾乎完全一致。

1. A study of the smallpox prevalence and inoculation data in some districts of Kiangsu Province. (By Tao, C. S.)

   〈關於民國江蘇一帶的天花預防以及罹患之調查〉（陶熾，第 4 卷，1936.1）

2. Transmission of helminthes ova by flies. (By Tao, C. S.)

   〈蒼蠅對寄生蟲卵的傳播〉（陶熾，第 4 卷，1936.1）

3. Study on clonorchis sinensis in the district of Shanghai. 1. Epidemiology of human clonorchiasis.

   〈肝吸蟲人體感染症狀〉（小宮義孝・川名浩・陶熾，第 4 卷，1936.1）

4. On the prevalence of helminthiasis among the Japanese and Chinese in the district of Shanghai. 1. Results of Examinations of helminths ova among the Chinese children and students.

   〈中國學童及中小學學生腸內寄生蠕蟲的檢查〉（小宮義孝・川名浩・陶熾，第 5 卷，1936.7）

5. On the prevalence of helminthiasis among the Japanese and Chinese in the district of Shanghai. 2. Results of Examinations of helminths ova among

the Japanese and Chinese servants and cooks in restaurants and cafés.

〈日華人飲食店工作人員腸內寄生蠕蟲的檢查〉（小宮義孝・川名浩・陶熾，第 5 卷，1936.7）

6. On the prevalence of helminthiasis among the Japanese and Chinese in the district of Shanghai. 3. Results of Examinations of helminths ova among the Japanese primary school children.

〈日本學童腸內寄生蟲檢查成績〉（小宮義孝・川名浩・陶熾，第 5 卷）

7. On the prevalence of helminthiasis among the Japanese and Chinese in the district of Shanghai. 4. Results of Examinations of helminths ova among the Japanese students of the girls high school, commerial school and tung wen college.

〈日本人中學及專門學校學生腸內寄生蟲檢查成績〉（小宮義孝・川名浩・陶熾，第 5 卷）

8. Further statistical observations on prepuce of healthy Chinese.

〈有關正常中國人陰莖包皮的調查〉（陶熾・徐大哉，第 6 卷，1937.2）

9. Some data of vital statistics in the districts of Wusih and Wa-In in Kiangsu Province, Chian.

〈中華民國江蘇省無錫及淮陰地區的幾件生態學調查〉（小宮義孝・陶熾，第 6 卷）

10. Some Observations on onset of menstruation of the healthy Chinese.

〈有關正常中國人月經初潮的調查〉（陶熾・徐大哉，第 7 卷，1938.11）

11. 上海ノ小學校及ビ高等女學校生徒ニ就テ調查シタル麻疹罹患率ト年齡トノ關係

〈上海小學及女中學生麻疹罹患率和年齡關係〉（守山英雄・陶熾，第 10 卷，1942.2）

12. 上海ノ小學校ニ於ケル麻疹流行ノ季節的消長ニ就テ

〈關於上海小學的麻疹流行季節性消長〉（守山英雄・陶熾，第 10 卷，1942.2）

13. 1937 年上海ニ流行セル風疹ニ就テ

〈1937 年上海地區流行的風疹〉（守山英雄・陶熾，第 10 卷，1942.2）

此外，陶晶孫還在家鄉無錫地區建立「衛生實驗模範區」，並在該地區試點對整個江南地區的人畜寄生蟲現狀進行了調查。從以上研究業績和研究內容的專業涵蓋面來看，《法西斯細菌》中描寫的主人公俞實夫的研究、生活場所和對微生物研究的獻身姿態及作品中滲透出來的溫和性格各個方面，無一不與現實中陶晶孫的情況相吻合。

接下來整理一下俞、陶二人主要的共通點。

（一）為學醫留學日本，皆為醫學博士〔註13〕。

（二）所學專業是醫療衛生學。專門從事微生物、寄生蟲為媒介的傳染病的防止方面的研究以及抗體血清的研製。

（三）娶日本人為妻。孩子為中日混血兒。

至於俞、陶二人之間的不同點，細微之處撇開不計，筆者認為有兩大不同。

第一是事件發生的舞臺未必一致。作品中的俞實夫為了獲得能夠繼續從事研究的環境，從上海轉移到香港，然後又從香港轉移到桂林，為的都是逃避戰火對研究的干擾。而實際生活中的陶晶孫的情況在這一點上並非如此。自1931年11月應聘赴上海自然科學研究所工作到1945年8月抗戰勝利該研究所被國民黨軍事接管為止，他一直在該所裡工作。

第二是對戰爭的認識未必相同。作品中的俞實夫雖然持有一種超然物外的人生觀，但卻是為了「把能夠將人類從疫病中解救出來的研究繼續下去」的單純理念，結果還是被侵略戰爭逼得走投無路。故事發展到尾聲，俞實夫從過去的科學至上和科學救國的夢中覺醒，以一名醫生的身份主動投身於抗戰。

而現實中的陶晶孫由於身處日本外務省管轄的自然科學研究所內，而且地點位於徐家匯楓林橋法租界裡邊，所以那些年幾乎沒有直接受到日本侵華戰爭的危害並得以靜心專注研究。這段時間裡面，若要論及中日戰爭期間與政治有關的社會活動，有史料證明當時的陶晶孫儘管被日方指名邀請而參加了第三次大東亞文學者大會，此外並未發現有過其它活動。對待當下的中日戰爭，無論在任何公開場合，陶晶孫所表現出來的都是不置可否的態度，並

〔註13〕 陶晶孫在認識夏衍之前就已經讀完東北帝國大學醫學部博士課程，1942年夏衍認為他已經博士畢業也自在情理之中。但實際上陶晶孫的醫學博士學位是1951年11月14日千葉大學授予的，博士論文題目是《論蒼蠅對寄生蟲卵的傳播》。

未被觀察到可稱之爲「漢奸」的言行〔註14〕。

再說共產黨文化幹部夏衍在七七事變後上海變成「孤島」之前就撤離了上海，理所當然不會瞭解中日正式開戰以後上海自然科學研究所的情況。他之所以在重慶寫出《法西斯細菌》這樣一部反映有良心的中國知識分子的思想意識巨變的作品，更重要的是有著喚醒一批留在淪陷區的科學家的動機。可以說，劇中主人公俞實夫覺醒的過程和最終作爲一名醫生勇敢投身抗戰這一世界觀的變化裡面，隱藏著作者渴望向更多的知識分子讀者和觀眾傳遞的重要思想。作者要告訴人們：在這個世界上只要法西斯存在一天，戰爭和疫病就絕不會根絕。若要想拯救中華民族於戰爭的災難，除了向科學家俞實夫那樣投身抗戰，別無生存之路可循。

三、《法西斯細菌》的反戰性格

前文中已經提到，《法西斯細菌》這齣話劇是夏衍於中日兩國交戰、而且太平洋戰爭勃發之後的 1942 年在抗戰大後方重慶寫成并刊載、出版和編排成舞臺話劇上演的，雖然劇情與國家之間的軍事對抗無關，但同樣具有強烈的反戰性格。

倘若論及 1937 年至 1945 年之間的中國現代文學所反映的反戰性格，根據作者把描寫或敘事的焦點對準什麼對象而大致可分爲兩大類模式。如果敘事和描寫的焦點對準「敵人」，描寫出來的對象必定是一個個殺人不眨眼的惡魔，而當描寫或敘事的焦點對準「自己的軍隊」時，必定英勇善戰，視死如歸，極端者甚至以一擋百，刀槍不入。何況戰爭處於正在進行時狀態，宣傳性可謂抗戰反戰文學的最大特徵。其中自然不乏爲了鼓舞士氣過分醜化敵人的傾向。

然而，夏衍寫的這齣話劇《法西斯細菌》不屬於此類。

因爲作者的創作動機在於喚醒那些沉迷於自認爲大於民族救亡意識的科學至上主義的知識分子參加抗戰。主人公俞實夫是作者精心挑選出來的、非常具有典型意義的那一類知識分子。此類人物的存在不僅限於淪陷區，國統區和國外都有。這就是當時中國的現實。

〔註14〕1944 年 11 月 12～14 日，日方主辦的「第三次大東亞文學者大會」在寧召開，陶晶孫作爲華南地區文學家代表應邀出席。翌年日本戰敗投降，上海自然科學研究所被中方接管後，陶受命於國民政府主持接管了南京的日本軍醫院，隨後再次受命赴臺灣接管臺北大學。後留臺灣任教。

　　《法西斯細菌》這個話劇作品的推出，尤其是劇本的發表刊行，對淪陷區那些有良心的知識分子來說有著非常特殊的意義。他們中間的的確確有一部分人，就像抗戰時期的陶晶孫一樣，僅僅因為在侵略者的鐵蹄下工作而被國統區或解放區的人們長期視為「漢奸」〔註15〕。他們雖然看不到話劇的演出，但讀到這個劇本時受到的巨大思想衝擊是不難想像的。

　　從這個意義上講，《法西斯細菌》不僅作為一部文學作品具有很高的價值，它同時還起到了成功傳遞某種信息的作用。作者成功地塑造了一位誠實而寡言少語的科學家俞實夫，通過他的遭遇和所見所聞，通過他的思想變化，去告訴讀者：過去相信科學至上主義是一種錯誤的認識。面對惡的勢力，面對侵略者，只有抗爭，只有去跟他們鬥才有可能有真正的和平。在祖國瀕臨淪亡之際，一個人如果真心愛國，就應該奮起參加民族解放之戰。

　　只要這齣話劇在上演，只要這個劇本或單行本在流通在被閱讀，就會有這樣一種強烈的信息向世界不斷發送。事實上，當時就有許多知識青年受到反戰文藝的感染和影響而翻然覺醒的，其中有一大批進步知識青年因此而有了新的人生目標，毅然逃離淪陷區奔赴抗日前線或國統區而去。

（作者單位：福岡女子大學國際文理學部）

〔註15〕在這一點上，陶晶孫跟周作人等人經歷截然不同。陶晶孫在上海自然科學研究所工作期間，沒有出任日方委任的任何行政職務或協助過傀儡政府。此外，抗戰結束後民國政府對待周陶二人的態度也截然不同。抗戰結束後周作人在北平以漢奸罪名被國民政府逮捕，押解南京受審後被高等法院判處 14 年有期徒刑；陶晶孫抗戰結束後立刻得到民國政府重用，被委派主持南京日軍醫院及臺北大學的接管工作。

孫俍工：一個跨文化實踐個體的文學生涯

李俊傑〔註1〕

〔摘要〕本文以現代文學史未被重視的作家、翻譯家、教育工作者孫俍工為案例，闡述其跨文化實踐的過程，突出點明他在引用、譯介日本文學理論時不同的情境，說明他對所引、譯的日文理論的選擇依據，本文最後談到專業知識分子的價值和限度，以說明筆者對孫俍工的整體認知。

〔關鍵詞〕孫俍工、教育、翻譯、專業知識分子

〔註 1〕作者簡介：李俊傑，1985 年生，江蘇揚州人，北京師範大學文學院 2013 級博士研究生，主要研究中國現代文學。

引言：從一個翻譯的錯誤談起

據作家、翻譯家、教育者孫俍工〔註2〕自述，他「因在復旦擔任『詩歌原理』一課」的講授工作，在「日籍」中找到了「關於這一類的論著」多種，其中包括「荻原朔太郎」的《詩底原理》，外山卯三郎的《詩學概論》、《詩底形態學序說》、《詩底形態學的研究》、日夏耿之介的《詩歌鑒賞序論》、川路虹柳的《作詩論》、三好十郎的《普羅列塔利亞詩底內容》等著作，由於這一類「有系統的」的論著，在「目下的中國底詩論界」「不易看見」，他便籌劃「次第譯出」，「介紹於國人」。〔註3〕這一部《詩底原理》（《詩の原理》）是日本象徵主義詩人萩原朔太郎思考近十年才寫出來的詩歌理論著作，於 1928 年完成，孫俍工於 1931 年在上海江灣復旦大學時將其譯出，譯出後又攜夫人東渡日本，「九‧一八事變」後旋即回國。由於孫俍工譯本誤將「萩原」一姓為漢字字形相仿的另一姓氏「荻原」，使諸多研究者將錯就錯，也在研究過程中延續了這一錯誤〔註4〕。作為 1924 年赴日本上智大學研修德國文學的孫俍工，是他自己的疏忽將這一重要的日本詩人的名字譯錯，還是在印刷方面出現的錯誤，無從考證。除了孫俍工的這一全譯本，另一翻譯者程鼎聲也節譯了萩原朔太郎的這部論著，他譯述為《詩的原理》〔註5〕，他在翻譯作者姓名

〔註2〕 孫俍工（1894～1962）作家、語言學家。湖南隆回人。1923 年加入文學研究會。北京高等師範學校畢業。1924 年冬至 1928 年留學日本。歷任中國工學、暨南大學、復旦大學、四川教育學院等校教授。其作品多發表於《民國日報‧覺悟》、《小說月報》、《東方雜誌》。短篇小說〈前途〉、〈隔絕的世界〉、〈家風〉被茅盾選入《中國新文學大系‧小說一集》；戲劇創作多部，包括《續一個青年底夢》，編著《近代戲劇集》；翻譯文學理論多種，還著有多種文學講義、教材、詩劇等。（參看《中國現代文學辭典》，張芬、高長春、羅鳳婷等主編，吉林教育出版社，1990 年版，第 99 頁。）

〔註3〕 〔日〕荻原朔太郎（筆者注：應為「萩原朔太郎」）著，孫俍工譯：《詩底原理》，譯者序，中華書局，1933 年版，第 1～2 頁。

〔註4〕 如韓曉平：〈室生犀星與荻原朔太郎的詩歌藝術〉，載《藝術廣角》2009 年第9 期，第 89～90 頁；馮新華：〈孫俍工對外國文學的譯介與借鑒〉，載《蘇州科技學院學報》2010 年第 4 期，第 60 頁；王天紅：《中國現代新詩理論與外來影響》，吉林大學 2011 年博士學位論文，第 159 頁；劉戀：《中國現代文學理論建構三十年》，揚州大學 2014 年博士學位論文，第 119 頁；饒希玲：《20世紀初期中日象徵主義詩歌比較研究》，西南大學 2012 年碩士學位論文，第10 頁；張媚：《1927 年到 1937 年中國翻譯論文論研究》，蘭州大學碩士學位論文，第 19 頁；等。均沿用「荻原朔太郎」，而非「萩原朔太郎。」

〔註5〕 〔日〕萩原朔太郎著，程鼎聲譯述：《詩的原理》，上海行知書店，1933 年版。

時，誤稱其爲「萩原朔」，這一錯誤也影響了一些研究者。〔註6〕

　　總的來看，孫俍工的翻譯和程鼎聲的譯述，除了在「萩原朔太郎」這個名字上犯了錯誤，在譯文中尚未發現明顯錯誤，孫的譯本較忠實於原文，屬於「直譯」，程的譯本則如他自己所說，屬於「譯述」。之所以提出這一問題，正是因爲在二十世紀 20 年代中期到 30 年代中期，「中國文壇大規模譯介了日本文論」，有學者統計，從二十世紀初到 1949 年，中國文壇「翻譯出版外國文學理論有關論集、專著約 110 種」，其中日本文論「約 41 種」，日占歐美、俄蘇、日本文論總數的「40%」〔註7〕。統觀二十世紀 2、30 年代中國文壇對日本文學理論的引入，時期相近的日本大正時代（1912～1925）及其以後的著作翻譯的規模較之前明治時代的文藝理論要大得多，儘管對於二十世紀 2、30 年代中國文壇而言，明治時期日本的文藝理論經過了一定程度的積澱，其學術價值和經典性意味更爲突出。這種「不求經典」，但求「新近、時興、實用、通俗」〔註8〕的譯介取向性正可以說明爲何孫俍工與程鼎聲都將「萩原朔太郎」的名字誤譯：在這種情況下，如孫俍工等翻譯家或並不渴望通過翻譯來完成對異域文化的整體性觀照，也不渴望在譯介中獲得對他者的深刻理解，而是在譯介過程中，獲得滿足自身需要的某些需要理論資源、學術資源抑或是話語資源。換言之，對於孫俍工等譯者而言，萩原朔太郎的著作之於日本文化、文學史、詩歌史的意義並不「重要」，重要的乃是這些著作如何置換爲一種他們各自所需的資源，從而對中國文學相關問題進行觀照。站在這個角度，本文探討這樣一個問題，以孫俍工爲個案的中國的日本學術文化的譯介者，是出於何種動機與目的、追求與方法來介紹並使用日本文化的，其價值與意義是什麼。

〔註 6〕 如謝應光：〈中國現代浪漫主義詩學的發生及其命運〉，載《社會科學研究》2006 年第 5 期，第 177 頁，直接用了程鼎聲的譯名「萩原朔」。另有研究者誤以爲此書有 1924 年的初版本，這可能誤將 1925 年商務印書館出版的林孖譯美國作家愛倫‧坡的《詩的原理》當成了是程鼎聲譯述本的初版本（王天紅：《中國現代新詩理論與外來影響》，吉林大學 2011 年博士學位論文，第 158 頁），林書第 2 頁明顯標注了 1924 字樣，實爲 1925 年出版。

〔註 7〕 參看王向遠：〈中國現代文藝理論和日本文藝理論〉，載《北京師範大學學報》1998 年第 4 期。

〔註 8〕 同上。

一、作爲教育材料的日本文化因子

　　孫俍工是在日本留學期間開始他的大規模翻譯工作，在赴日留學（1924年）之前，主要從事的是文學創作和文學教育工作，其中引人注意的是教材的編撰。他編寫的《初級中學國語文讀本》於 1923 年 3 月初版〔註9〕，編撰於 1922 年在上海吳淞中學任教時期，編選的大多是新文學的理論與創作的實績，包括了魯迅、胡適、周作人等的文學創作與文論，這一教材也再版多次。除此，更爲引人注意的是他陸續寫作了一系列「做法講義」，包括留學前的《中國語法講義》（亞東圖書館，1921 年）、《記敘文做法講義》（民智書局，1923年）、《小說做法講義》（民智書局，1923 年）、《論說文做法講義》（商務印書館，1924 年）、《戲劇做法講義》（上海亞東圖書館，1925 年）、以及留學期間的《新詩做法講義》（商務印書館，1925 年）。我們可以從最初選編《初級中學國語文讀本》時他將有限的新文化運動以來的文學「實績」納入了教育的體系之中的努力中看到，作爲文學研究會成員的孫俍工，不僅積極投身文學創作〔註10〕，還渴望通過教育爲「新文學」的普及作自己的努力。

　　編寫一系列的「做法講義」的動機，據孫俍工說，是失望於新文學的教材「完善的選本底缺乏」，並在這種「悲觀失望」的「態度」中獲得動力，「反過來繼續地用在我們所願意做而又應當做的事業上來」〔註11〕，除此以外，他還積極的探索嶄新的教育方式，在《新文藝評論》（孫俍工編著，民智書局，1923 年版）中，他不僅收錄了三十餘篇「近代文學家評論新文藝」的文章，還收錄了自己的論文〈文藝在中等教育中的位置與道爾頓制〉〔註12〕與〈新文藝建設的發端〉，探討教學方式方法的問題，在《戲劇做法講義》中，更是附上了他的長文〈初級中學國文教授大綱底說明〉〔註13〕。從根本上說，他

〔註 9〕 孫俍工、沈仲九編輯：《初級中學國語文讀本》（6 冊），上海民智書局，1923年 3 月初版，爾後多次再版。

〔註10〕 1921 始孫俍工在《小說月報》上發表多部短篇小說，1924 年結集出版了短篇小說集《海的渴慕者》，三篇小說被茅盾選入《中國新文學大系第三集・小說一集》，另有劇本〈續一個青年底夢〉。

〔註11〕 孫俍工：《小說做法講義・序言》，民智書局，1923 年版，第 2 頁。

〔註12〕 孫俍工：〈文藝在中等教育中的位置與道爾頓制〉，原載《教育雜誌》第 14 卷第 12 號，轉引自孫俍工編著：《新文藝評論》，民智書局，1923 年版。道爾頓制又稱「契約式教育」，由美國海倫・帕克赫斯特女士創設，強調學生的主體作用，1922 年在上海公學創設中國第一個道爾頓制實驗班。

〔註13〕 孫俍工：《戲劇做法講義・代序》，上海亞東圖書館，1925 年版。

希望通過完善教材來介入教育的活動中，從而推動新文學在龐大的青年學生群體中產生思想啓蒙的作用，培育新文學的青年作家與讀者，在這幾部講義的編撰過程中，他通過對文本的選擇來闡明「爲人生」的文學理想，並在講義中不斷突出受教育者應如何如實反映自己的生活，也通過教學活動逐步形成了自己的教育實踐方法。在引述日本學者的研究時，他關注的主要是他們提供的理論資源。伴隨著明治維新時期「現代國家制度的基本成型和伴隨著徵兵和教育等一系列現代制度的確立以及『言文一致』運動的展開而迎來了國民時代學術文化的大發展」，「有關日本文學史的著作大量湧現」﹝註14﹞，其中就包括芳賀矢一等的著作，這些著作爲孫俍工等編寫著作提供了相當的便利，在〈文藝在中等教育中的位置與道爾頓制〉中，他就引用了芳賀矢一和衫谷虎藏合編的《作文講話及文範》（東京：富山房，1912 年 3 月）對文學的分類﹝註15﹞。在這一時期，孫俍工對日本學術的使用是實用性、技術性的，是以他專業的角度，對日本文化加以利用。

在新文化運動初期，胡適就指出：「國語不是單靠幾位語言學的專門家就能造得成的；也不是單靠幾本國語教科書和幾部國語字典就能造成的」，「眞正有功效有勢力的國語教科書，便是國語的文學；便是國語的小說，詩文，戲本。國語的小說，詩文，戲本通行之日，便是中國國語成立之時。」﹝註16﹞在普及新文化的過程中，胡適認爲學校教育是其中的關鍵。圍繞《新青年》雜誌，諸多文學家也以或撰文、或通信的形式強調新文學進入教育課本的重要性。1919 年 4 月教育部附設的國語統一籌備委員會召開成立大會，在會上，周作人、胡適、錢玄同、劉半農等提出了〈國語統一進行方法的議案〉，認爲「統一國語既然要從小學校入手，就應當把小學校所用的各種課本看做傳播國語的大本營，其中國文一項尤爲重要。」﹝註17﹞從理論、輿論與政策﹝註18﹞等幾個方面，新文學有了進入教育機制的可能，並且在此後，隨著教

﹝註14﹞ 趙京華：〈魯迅與鹽谷溫——兼及國民文學時代的中國文學史編撰體制之創建〉，載《魯迅研究月刊》2014 年第 2 期。

﹝註15﹞ 孫俍工：〈文藝在中等教育中的位置與道爾頓制〉，原載《教育雜誌》第 14 卷第 12 號。轉引自孫俍工編著：《新文藝評論》，民智書局，1923 年版。

﹝註16﹞ 胡適：〈建設的文學革命論〉，載《新青年》第 4 卷第 4 號，見《胡適文集》第 2 卷《胡適文存》，北京大學出版社，1998 年版，第 45～47 頁。

﹝註17﹞ 原載《教育公報》第 6 年第 9 期（1919 年），轉引自錢理群：〈五四新文化運動與中小學國文教育改革〉，載《中國現代文學研究叢刊》2003 年 03 期。

﹝註18﹞ 參看錢理群著：〈五四新文化運動與中小學國文教育改革〉，載《中國現代文

育部發出相關通告和商務印書館出版了「國語」、「白話文」的教科書,帶著新文化運動印記的文學作品逐步地進入了教育機制。在 1920 年與 1921 年,國語統一會審定的教科書就達兩百餘冊。〔註 19〕

　　孫俍工的一系列教材編撰工作就是對理論、輿論、政策的呼應與落實。儘管 1920 到 1921 年有兩百餘冊國語教材的審定,但他還是表達了不滿意,從而引發他自行編寫了教材和講義的願望,從編撰實績來看,不可謂不豐富。1923 年孫俍工在「南京東大南高附屬中學」時期編寫了《記敘文做法講義》,儘管作者沒有說明,但可以看到這背後有「胡梁之爭」影響的可能,梁啟超 1922 年夏天在東南大學曾發表過演講,其中談到近人白話文中,「敘事文太少,有價值的殆絕無」〔註 20〕,孫俍工顯然受胡適影響更大一點,無論是從教學設計還是從教材編撰方面,堅持強調白話文對中學生群體的重要性,這部講義的創作則是孫俍工從自己的角度在這一方面做出努力。儘管以「做法」為書名,這部書還是以賞析的形式談「做法」,以「寫景」、「敘事」、「遊記」為主題,進行創作分析,包含了古典文學、翻譯文學和新文學運動以來的文學創作,其中篇幅最大的是他摘錄了周作人的〈日本雜感〉與〈訪日本新村記〉兩篇文章。在這部書中,他參考了留日學者陳望道的《作文法講義》(開明書店,1922 年版),也參考了佐佐政一、芳賀矢一、杉谷代水等日本學者有關的「作文法」的著作中進行文體的分類的部分,包括在解說「遊記」時對周作人文章的摘編,正是在編選講義這一教育實踐活動中,孫俍工間接地接觸了與日本相關的學術與文化。如上文所述,這種實用性、技術性的影響主要表現在對於某些學術結論的引述上。

　　從這裡開始,孫俍工便開始「有意識地」開掘這一方面的相關資源,在《小說做法講義》中,他摘錄了南庶熙翻譯的日本心理學家福來友吉的《心理學審義》中的〈藝術的心裡〉一文以說明「創作」「全是作者心理上一種表現的要求」,「心理底研究在做法裡是在占很重要的位置」〔註 21〕,這裡的選

　　學研究叢刊》2003 年 03 期。

〔註 19〕參看費錦昌主編:《中國語文現代化百年記事》,語文出版社,1997 年版,第 34 頁。

〔註 20〕梁啟超:〈中學國文教材不宜採用小說〉,中華讀書報 2002 年 8 月 7 日刊載的發掘史料,同期載有陳平原的評論「胡梁之爭」的文章:〈八十年前的中學國文教育之爭──關於新發現的梁啟超文稿〉。

〔註 21〕孫俍工:《小說做法講義・序言》,民智書局,1923 年版,第 3 頁。

文可以看作是帶有一定的隨機性，即孫應該是在這一階段有意識的收集閱讀中國翻譯的日本學術書籍，才會將這一「心理學」學術文章收入這樣一部面向中學生群體的小說創作的講義之中。在東京留學過程中孫俍工編寫《新詩做法講義》，其中參考了「生田春月底《詩之做法》，生田長江底《詩與其做法》，水谷底《少女詩之做法》，橫山有策底《文學概論》等」，孫俍工自述「參考不多，例示不廣，還是要望教學這講義的諸君原諒的」〔註 22〕，這些理論資源不斷躍入他的眼簾，豐富、完善著他的思想體系。

在這一階段，儘管我們能看到許多有關於「日本」的因子不斷閃現，但在留學日本前，孫俍工可以說是片段式的接觸日本文化、日本學術研究，這些閃現的片段，和他選取別國的文學作品以作為教育的材料是沒有區別的（他在編輯課本時，用過不少外國文學經典著作），換句話說，這些片段都是為他的教育理想提供的理論資源與文學例證。他的教育理想是什麼，用他自己的話說，他的「教授底目的」是：

（1）人人都有迅速閱看國語書報的能力，以啓發思想，並瞭解現代思潮底大概。

（2）人人有精密鑒賞國語文藝的能力，以培養美的情感，並且瞭解彼底變遷和性質。

（3）人人能用國語自由地明確地敏捷地發表情思，記敘事物。〔註 23〕

在這個層面我們可以看出孫俍工追求的是教育的效率、審美的能力和表達的權力。不僅如此，孫俍工還在講義中時刻以「啓蒙」為己任，在《論說文做法講義》中，他附上了練習題，其中題目包括「青年底責任」、「改造社會的方法」、「女子應享承受遺產的權利」、「提倡孔教底我見」、「我為什麼贊成平民革命？」等，這些新鮮的「作文」話題，正是與「五四新文化運動」以後形成的文化氛圍與教育傳統是一脈相承。今天看來，以孫俍工為代表的一系列針對中學生的教育實踐，和五四新文化運動以來的文學成就，為青年學生群體創造了一個有益的社會文化空間，「全國的青年皆活躍起來了，不只是大學生，縱是中學生也居然要辦些小型報刊來發表意見」。〔註 24〕儘管皆以

〔註 22〕 孫俍工：《新詩做法講義·序言》，商務印書館，1925 年版，第 3 頁。
〔註 23〕 孫俍工：《戲劇做法講義·代序》，上海亞東圖書館，1925 年版，第 3 頁。
〔註 24〕 胡適：〈從文學革命到文藝復興〉，〈胡適口述自傳·第八章〉，引自《胡適文集》第一卷，北京大學出版社，1998 年版，第 322 頁。

「做法」爲名目，但孫俍工強調的還是如何「閱讀」，如何「理解」，最後才是如何「表達」。培養合格的讀者是這一時期孫俍工主要的教育理想，這也是他看重道爾頓制的重要原因。由於個人經歷的原因，教育理想在孫俍工的職業生涯中扮演了極爲重要的角色，充當教學資料的各種文化資源也主要是服務於他的教育理想。

二、作爲參照系的日本學術著作

在編選《中國語法講義》的例句和《初級中學國語文讀本》時，孫俍工將魯迅譯的日本作家武者小路實篤的劇本〈一個青年的夢〉作爲例句，並將他的〈與支那未知的友人〉作爲閱讀篇目，全文刊載，在《記敘文做法講義》中收錄了周作人兩篇訪「新村」的文章，列爲「遊記」的典範，表現出了對「新村」理想的神往。在1931年，孫俍工因「九・一八」中斷了攜妻子東渡日本的旅程回國，創作了一部名爲〈續一個青年底夢〉的劇本。在這部劇本中，他直言「我對於武者小路先生底這部著作不但以前是盡過了相當的宣傳責任，而且以後將要盡這我能盡的力盡量宣傳的」，「我底學生只要是眞心聽過我底講授的，對於武者小路先生這一部著作總多少有點影響。」因爲「九月十八瀋陽城頭流血」，使他「悵惘」並「頻頻地憶起了武者小路先生〈一個青年底夢〉」。他感喟道，「一個青年底夢，終竟成爲一個夢麼？世界人類竟沒有一個人認識和平女神的美的麼？」〔註25〕他用武者小路實篤的文字，來質疑戰爭，用接續武者小路實篤的創作，來延續反戰的精神。在這種狀態下，日本文化本身不再是拿來作教育的材料，而是成爲了自我思想表述的一種參照系，在對照過程中不斷的追求具有主體意識的自我。不僅如此，這本書也流傳到了日本，在巴金的〈給日本友人〉一文中提到：「一九三五年元旦後一天在你（指武田君，筆者注），你的一個年輕友人從東京拿了孫俍工著的《續一個青年的夢》來」，「孫君把書寄給武者小路氏，因爲他還尊敬〈一個青年的夢〉的著者」，「這個非戰論者辜負了異國信從者對他的信任」。〔註26〕現在看來，孫俍工的主要成就在他的教科書編撰和日本學術著作的翻譯，通過巴金的敘述，我們至少能夠看到通過這部文學作品，孫俍工爲一部分日本讀者所知，儘管這背後有諸多因歷史產生的認識上的分歧，在這種「互動」過程

〔註25〕孫俍工著：《續一個青年底夢》，中華書局，1933年版，第1～3頁。
〔註26〕巴金：〈給日本友人〉，最初發表於1937年11月7日、21日《烽火》第10、12期，轉引自《巴金全集・第12卷》，人民文學出版社，1986年，第575頁。

裡也能越發明晰地突出孫俍工這一時期的文化形象。這一時期的孫俍工，儘管有其專業從事的事業，但總的來說，是站在時代精神前沿的。

留學期間與歸國後，孫俍工集中翻譯了鈴木虎雄的《中國古代文藝論史》（《支那詩論史》選譯），鹽谷溫的《中國文學概論講話》，田中湖月的《文藝鑒賞論》（選譯），兒島獻吉郎《中國文學通論》，本田成之的《中國經學史》，以及上文中提及的萩原朔太郎的《詩底原理》這幾部較爲系統的日本學者關於中國古典文學和基礎文藝理論的著述〔註 27〕，除此，孫俍工還參考了日本作家多惠文雄編的《世界二百文豪》編著了《世界文學家列傳》〔註 28〕。這裡面除了持續突出了他的教育理念，還包含有更豐富的譯介思考。

留日時期翻譯鈴木虎雄的《中國古代文藝論史》時，孫俍工說明了他的意圖，他「並不是如現在的時流所唱的保存國粹整理國故」，而是反駁這種「『古已有之』的就是好的」、「對的」的泥古思潮。他認爲之所以整理國故的口號顯得「空洞」，是因爲沒有「切切實實去研究」。倘若切實研究，便會得到「不過如此」的看法。他認爲「日本與中國，因爲文字相同的緣故，所以日本對於中國雖然在近代有許多誤解的地方，但對於中國古代底崇拜我敢說日本人絕不後於中國人自己。但是崇拜是崇拜，批評是批評」，「日本人絕不似中國人那樣拘束，那樣用感情」，翻譯這部著作，「對於現代的熱心整理國故的人們，多少該有點貢獻吧！」他說「口口聲聲高唱著整理國故保存國粹的口號，但數年的時間過去了，成績究在什麼地方呢？怕只有慚愧可告人吧」，「現在這種工作卻要借力於別家人，這哪能不使我臨筆而增加了無限的慚愧呢」。這一著作翻譯於東京留學時期，在目睹日本學界諸多「對於中國文學研究的著作」，深感「整理國故」口號下的「盲目的崇拜古人」而「頭腦空洞」，比喻國人在面對古典文化時猶如荒廢先人留下的土地，任讓他人耕耨，使他感到「慚愧」。〔註 29〕從晚清到民國，「整理國故」中暗藏的在差異性文化中如何確立自身文化的主體性並參與世界文化潮流的討論層出不窮，「泥

〔註 27〕孫俍工譯，〔日〕鈴木虎雄著：《中國古代文藝論史》，北新書局，1928 年版；〔日〕鹽谷溫著：《中國文學概論講話》，開明書店，1929 年版；〔日〕田中湖月著：《文藝鑒賞論》，中華書局，1930 年版；〔日〕萩原朔太郎著：《詩底原理》，中華書局，1933 年版；〔日〕本田成之著：《中國經學史》，中華書局，1935 年版；〔日〕兒島獻吉郎著：《中國文學通論》，商務印書館，1935 年版。

〔註 28〕孫俍工編：《世界文學家列傳》，中華書局，1926 年版。

〔註 29〕孫俍工譯，〔日〕鈴木虎雄著：〈中國古代文藝論史〉（《支那詩論史》)，北新書局，1928 年版，第 2～5 頁。

古、疑古、釋古的分野，是不同知識分子在文化轉型期對待國故的自然選擇」〔註30〕，不同的文化策略和學術方法層出不窮，在這一背景下上，孫俍工選擇的面向古典文化的方式為翻譯日本學術著作，藉此貢獻其對「整理國故」問題的認知。以翻譯的方式介入中國文化的發展並不鮮見，孫俍工只是其中之一，從將異域文化作為論說的材料，到將其轉變為歷史對現實發聲、與現實互動的有機部分，這是他個人文學生涯的一個明顯的轉變。在這裡，專業性的技能不僅使他為我們「翻譯」了一部日本的文學研究著作，更是他通過翻譯這一行為，說明了自己的價值立場。

在翻譯鹽谷溫的《中國文學概論講話》時，孫俍工又提及前文中打的「耕耨」的比方和「羞愧」的心理。〔註31〕這部書的出版發行，關係到一樁文壇公案。即魯迅的《中國小說史略》是否涉嫌抄襲鹽谷溫的《中國文學概論講話》。有學者認為「當年與《語絲》派交惡的陳源教授僅憑道聽途說而對魯迅的誣陷，早在 1927 年 6 月君左譯出鹽谷《支那文學概論講話》中的小說部分併刊載於《小說月報》第 17 卷號外『中國文學研究』中、以及孫俍工的全譯本於 1929 年出版之後，已經不攻自破。」〔註32〕在這裡值得我們注意的是，孫俍工此時的翻譯，已引起了作者鹽谷溫本人的關注。這部譯著中的「內田新序」提到「頃者孫俍工君譯述此書，求序於余，余受而讀之。以周密的用意逐語翻譯，雖片言隻字亦不忽略，行文亦頗平易而舒暢。」〔註33〕內田泉之助是鹽谷溫的學生，他通讀全書後，給出了比較高的評價，鹽谷溫也曾在他翻譯過程中「指正過」（譯者自序）。「公案」本身不是本文探討的範疇，孫俍工在譯介這部著作的過程中更加明晰了自己的學術品位。

儘管魯迅的《中國小說史略》與鹽谷溫的《中國文學概論講話》之於小說的「人民性」（「國民文學」）有所追求，對於「白話文學」的認知極具時代色彩，撰史的思路和進化論的史觀有其特色，但各自特點不一。鹽谷溫偏向

〔註30〕 秦弓：〈「整理國故」的歷史意義及其當代啟示〉，載《文學評論》2001 年 06 期。

〔註31〕 孫俍工譯，〔日〕鹽谷溫著：《中國文學概論講話・譯者自序》，開明書店，1929 年版，第 11 頁。

〔註32〕 趙京華：〈魯迅與鹽谷溫——兼及國民文學時代的中國文學史編撰體制之創建〉，載《魯迅研究月刊》2014 年第 2 期。

〔註33〕 孫俍工譯，〔日〕鹽谷溫著：《中國文學概論講話・內田新序》，開明書店，1929 年版，第 8 頁。

從音韻、文體等形式分類的角度進入中國古典文學的問題，孫俍工認識到了鹽谷溫的「雜劇傳奇爲『國民文學』」的判斷「可算把想來那種迂腐的見解完全打破了」，他認爲鹽谷溫這種「有系統的橫的說明中國文學底性質和種類的著作是未曾見」。〔註34〕孫俍工是否讀到過魯迅的《中國小說史略》無從考察，儘管他在翻譯鹽谷溫著作時說過，「耕耨」的比方「有點說的太過」，但可以明確的是，他因爲自己的文學體驗與受到鹽谷溫這一寫作思路的影響，使不僅在現實性的價值判斷層面有所選擇，更注重從文學的形式問題和賞析的角度去看待問題。也可以這麼說，30 年代以後孫俍工不僅繼續強調對文學精神性的追求，還關注文學的「知識性」問題。

他選擇翻譯田中湖月的《文藝鑒賞論》、萩原朔太郎的《詩底原理》，兒島獻吉郎的《中國文學通論》，也都能體現這一特徵。他在翻譯《文藝鑒賞論》時特地說到，這部書「系統自然詳明，方法亦甚切實，關於鑒賞底過程與應注意之點，說的非常精細周到，在文藝萌芽如雨後春筍的中國現代底文藝界」這一類書當然會「被需要」。〔註35〕認定這部著作將會「被需要」，當然是出於對這一類「知識」價值的肯定。孫所謂的需要，是平實的「被需要」用以「鑒賞」文學，而並未說明其它的目的，主要還是強調的是其在文學範疇內的作用，這是他注重文學「知識性」的一個重要表徵，從另外一個方面來看，30 年代的「文學大眾化」運動，使得更多的人，特別是年青人開始關心文藝理論問題了。激烈的文學論爭，需要新的理論武器，進一步強化了對新文學理論、對普及性、通俗性的理論著作的期待和需要。〔註36〕在《詩底原理》中，他通過譯介萩原朔太郎，說明了詩的「形式與內容」與「主觀與客觀」的關係，並強調「這種評論的方法系統的特別」，並「挑選式」引述了萩原朔太郎的原文藉此闡明自己的觀點：「民眾所悅的是詩的精神」、「民眾所讀的必定常識有詩的精神的文學」、「所謂普羅列塔利亞文藝運動，雖是稚態與笨劣，然在本質上正導日本底文壇，有一種純潔的 Humanity」，孫俍工認爲，「這書中實含有一種前進的，建設的，創造的精神哩！」這就是孫俍工認爲的這部

〔註34〕孫俍工譯，〔日〕鹽谷溫著：《中國文學概論講話・譯者自序》，開明書店，1929年版，第 10 頁。

〔註35〕孫俍工譯，〔日〕田中湖月著：《文藝鑒賞論》，序言，中華書局，1930 年版，第 1 頁。

〔註36〕王向遠：〈中國現代文藝理論和日本文藝理論〉，載《北京師範大學學報》1998年第 4 期。

書中應該取其所長的部分，〔註37〕在文藝的「主客觀」問題上孫俍工找到了與萩原朔太郎的共同的理論基點〔註38〕，在這部書背後洋溢的是譯者和著者各自生活的環境中共同的那熱烈的普羅文學關於「文藝大眾化」潮流的波濤。《中國經學史》與《中國文學通論》這兩部著作的譯介，是專門性的學術專著的譯著。這其中包含著更為深層的問題，即孫俍工逐漸疏離了日本文化資源，從國家主義的角度重構了他的文學工作。

三、疏離與重構：漸行漸遠的學術工作

在《海的渴慕者》這部小說集的序言裡，夏丏尊稱孫俍工為「一個人道主義的作家」〔註39〕，的確，在孫俍工早期的文學創作中，有從「安那其思想」向「人道主義」的變遷。茅盾認為，「雖然他缺乏透視的目光和全般地對於人生的理解，他對於人生的態度是嚴肅的，他有倔強的專注一面的個性。所以他不久就完全跳過了『敢問何故』這一階段，他就直捷痛快地選取了他認為合理的『我們應該怎樣做』。」茅盾分析他的《海的渴慕者》時認為，孫俍工塑造的主人公「大體上還沒有走到『虛無主義』而是一個『安那其』」，「這一種『安那其思想』的痕跡，在孫俍工後期的作品裡又漸漸淡了起來」，「他漸漸從『一切都要不得』變到『人道主義』了」，「他對於當前的社會變動也不深求其光明面與黑暗面的所以然，而『為人類的前途憂慮著戰慄著』了」〔註40〕，茅盾分析的孫俍工的小說創作，事實上也點出了孫俍工的人生特點。

孫俍工是個行動派，他大量的教科書編撰、講義編寫、譯介日本文學研究著作，無一不凸顯著他渴望積極投入參與改良社會的行動派本色。逐步降低表達自我的頻次，更多的是投身於具有客觀表達特徵的工作中，是他的特點。這一方面為他一心從事專業性的學術工作奠定了基礎，茅盾所謂「不深求其光明面與黑暗面的所以然」的評價。上文談到《詩底原理》譯介過程中激蕩的歷史風雲，他的譯著似乎感染著世界無產階級運動的熱度，包括他撰

〔註37〕 孫俍工譯，〔日〕萩原朔太郎著：《詩底原理》，譯者序，中華書局，1933 年版，第 1～3 頁。

〔註38〕 孫俍工在〈文藝在中等教育中的位置與道爾頓制〉（《教育雜誌》第 14 卷第 12 期，1922 年）中以圖表的形式表達過對詩歌主客觀問題的觀點。

〔註39〕 孫俍工：《海的渴慕者‧夏丏尊序》，民智書局，1924 年版，第 2 頁。

〔註40〕 參看茅盾：〈《中國新文學大系‧小說一集》導言〉，載《茅盾全集‧20》，人民文學出版社，1990 年版，第 451～493 頁。

寫的學術著作《唐代的勞動文藝》〔註41〕，其代序〈詩的革命性與藝術性〉乃是翻譯日本學者芳賀融的同名文章，從這篇譯文看來，此時的孫俍工不僅對革命與藝術之間的關係有了相關的認知，更是借日本學者之口說出了自己對資本主義的批判。但到了《中國經學史》與《中國文學通論》這兩部著作的譯介，似乎完全是學術性的工作。這兩部著作的翻譯，無疑是有相當的貢獻的，尤其是《中國文學通論》，翻譯的是日本著名漢學家兒島獻吉郎的《支那文學考——散文考》、《支那文學考——韻文考》、《支那文學雜考》（選其八篇），兒島獻吉郎是影響中日學界的中國文學研究者，魯迅編寫《漢文學史綱要》時也參考了他的著作，兒島獻吉郎可以看作中國文學史編撰體例的開創者。當我們詳細考察孫俍工翻譯這兩部書的背景時，可以發現孫俍工給出的翻譯理由很令人費解。在翻譯兒島獻吉郎的宏論時，孫俍工給出的理由是借翻譯此書「使中國文學」「得到一番大大的整理」〔註42〕，翻譯《中國經學史》時，提出「中國從來就是以所謂尊經尊孔的文教立國，但對於孔子卻從來就不完全認識」，「此書（指《中國經學史》，筆者注）論斷，大體取科學的態度」，「故此書值得介紹」，在翻譯過程中看到商務印書館打出廣告，江俠庵譯本要出，「深悔不該重譯」，儘管他深信自己「所引中國經學家言論均參考原著」而更有價值，但這裡的「深悔不該重譯」無疑顯得有些太過輕率〔註43〕，這部1934年翻譯的著作，無意默契了1934年國民黨政府掀起的尊孔運動，1934年「新生活運動」以來，民族主義與文化專制的力量日益加強，同年 7 月，國民政府規定每年8月27日孔子誕辰日為國家紀念日，通令全國各機關、學校、遵照規定舉行紀念。作為文學研究會的成員，《海的渴慕者》的作者，「絕對的自由」的渴慕者與追求者的孫俍工，或有意識或無意識的通過翻譯，表達了對這一時代「思潮」的認同。這不是突然間的思想轉變，在1933年編輯《中華學術思想文選》（中華書局，1933年，孫怒潮、孫俍工編）時，他就選編了一套以孔子、墨子、莊子、公孫龍等為主體的古典文化經典。在他編輯的《復興高級中學國文課本》（商務印書館，1935年，何炳松、孫俍工譯）中，更是將古典文學作為核心，在這套書的「編輯例言」中，孫俍工第一條就談

〔註41〕 孫俍工著：《唐代的勞動文藝》，亞東圖書館，1932年版。

〔註42〕 孫俍工譯，〔日〕兒島獻吉郎著：《中國文學通論》（上卷），商務印書館，1935年版，第2頁。

〔註43〕 孫俍工譯，〔日〕本田成之著：《中國經學史》，中華書局，1935年版，第1～2頁。

到：「本書遵照民國而一年教育部頒行高級中學國文課程標準編輯」，很難想像的是，將新文學創作於理論實績引入中學國文課本的孫俍工，竟會將中學國文課本編輯成完全由古代文學經典構成的模樣。1933 年的孫俍工加入國立編譯館，在他的職業生涯中寫入了「國家」的意志，這些編撰譯介的工作，在諸多主觀原因背後加入更複雜的因素。

因時局動蕩，日本侵略，他的精神偶像武者小路實篤幻滅，帶了巨大的精神創傷和生活變動，孫俍工青年時期選擇教育事業動搖了。這或與他辭去教職，轉投他行不無關係。1932 年 3 月 17 日，孫俍工被南京政府教育部聘任，辭去復旦大學教職，聘爲教育部編審處編審。〔註 44〕並加入了與十九路軍過從甚密的「神州國光社」的「神州函授學會」，神州函授學會是「神州與青年讀者建立聯繫的組織形式」，孫俍工是其中「教授」群體的一員。「神州」「分量最大」「發行時期也較長」〔註 45〕的《讀書雜誌》中刊載的孫俍工以第三人稱創作的〈孫俍工自傳〉說明了他內心的變化：

> 九一八事件以後，繼之以上海一二八事件。他（孫俍工，筆者）
> 激於義憤，又成《續一個青年底夢》、《世界底污點》、《血彈》三劇。
> 據他底愛人王梅痕在《血彈》底序中說「我俍師義憤之餘，既成《續
> 一個青年底夢》以暴露日本人之野心與陰謀，又作《世界底污點》、
> 以悲憫日本新青年思想底狼狽，今更作《血彈》一劇以表揚我第十
> 九路軍將士抗拒強敵之勇敢。三劇底精神是一貫的，即是以人道主
> 義爲立場，以公理與正義爲依據。〔註 46〕

從以教育出發的啓蒙主義，轉而成爲現實意義和文化意義上雙重的弱國公民自強心理，又由戰爭的「義憤」激發出「正義」嚮往，孫俍工的文學工作因中日兩國的文化交流與日本侵華戰爭不斷轉變。戰爭改變了孫俍工夫婦的學習計劃、生活計劃、工作計劃，還打破了孫俍工不斷深耕的「日本」文化資源的正義性，迫使他重新操持創作的那支筆以劇本創作調整心態，將文學創作與學術工作上升到了一種關涉「民族」前途的立場上來。在受聘入南京國立編譯館人文組做專職編輯後，孫俍工攜其弟孫怒潮編撰了一系列選

〔註 44〕《教育部公報》1932 年第 4 卷第 9～10 期，第 24 頁。
〔註 45〕陳銘樞：〈「神州國光社」後半部史略〉，摘自《文史資料選輯・第八十七輯》，北京：中國文史出版社，1999 年，第 176 頁。
〔註 46〕孫俍工：〈孫俍工自傳〉，載《讀書雜誌》1933 年第 3 卷第 1 期，第 698～701 頁。

集，包括《中華詩選》（版權信息不詳）、《中華詞選》（中華書局，1933 年出版）、《中華戲曲選》（版權信息不詳）、《中華學術思想文選》（中華書局，1933 年出版），冠以「中華」名號，選擇古典名篇，亦可視作是轉向的標誌。儘管從事的依舊是「專業性」的工作，這背後生出的另一套邏輯使得他並不停留在翻譯日本學術著作的工作本身，誠如在 1931 年初，他在演講中還以頗為抽象、藝術性地描述文藝的目的，「文藝的目的，總括起來是生的向上力，這力是生之創造，這生之創造便是文藝的最高目的。生之創造是靈的覺醒」〔註47〕，到了 1933 年他在《前途》上發表〈中國文藝底前途〉一文時，認為「中國文藝底前途」在於「題材不違背時代背景，社會思想」、「作者是革命家，工人，實行者，或奮鬥者」，「讀者是以全民眾為對象」，「無論是普羅文藝，是民族主義的文藝，抑是兩者之外的任何主義任何派，我敢說這種文藝在文藝史上必定要留下永久的榮耀的光輝的。」〔註48〕從重視文學教育活動，期望通過著譯來傳播知識、培養人格，到重視學術譯介以交流與借鑒，參與學術研究之中，再到因為戰爭生發出「救亡」的思想，呼籲文藝救國，從關注個體到關注國家、從傳播知識到傳播觀念，從教育理想的動搖與幻滅，到重塑自己的事業方向，這既是孫俍工的人生轉折，亦是思想觀念的轉向。最終他拋棄了熟悉的日本學術著作譯介又重拾創作，並參與到救國的軍政活動中，遊走於政學之間，不斷講演總裁哲學，漸漸失掉了學者的色彩。

　　當然，從中日文化交流的角度看，孫俍工的譯介充滿了學術史意義，無論如何都不能抹去孫俍工譯介日本學術著作的價值和意義。並且作為一個有教育理想的專業知識分子，或許也沒有理由強迫他承擔起他無法承擔的東西。相較於有的譯者在譯介過程中的改寫，比如高明所說的「有些地方，講的是一般中國人不很知道的日本事情，我怕反使讀者生厭，所以大膽刪去了。有些地方，用日本情形打的比仿，我也改用了中國情形」〔註49〕這種譯介方式，從相關評價來看，孫俍工的譯著本身是相對嚴謹的。作為一個專業知識分子，孫俍工可以說以大量的寫作、編撰、譯介工作在中國文學史、教育史上留下了不能抹去的一筆，他也在時代的浪潮中翻滾著，通過日本文化

〔註47〕 孫俍工講，巴諦筆記：〈文藝的目的〉，載《珠江期刊》1931 年第 1 期，第 40 頁。

〔註48〕 孫俍工：〈中國文藝底前途〉，載《前途》1933 年第 1 卷第 1 期，第 1～6 頁。

〔註49〕 高明譯，〔日〕木村毅：《小說研究十六講》中譯本序，上海北新書局，1930 年版。

為中國教育找尋方法，通過譯介對中國文壇發聲，通過創作表達自己的心聲，為中國的文學、學術發展和中日文化的交流做了自己的一份貢獻，同時又因為時代浪潮、戰爭因素等，不斷扭轉著文化觀念，為我們留下諸多對命運的感喟。

餘　論

時至今日，著述譯頗豐、對中日文化交流做出頗多回應、創作也極有特點的孫俍工，不太被人關注與研究，有的文章，著力於描述他與同鄉、同事毛澤東之間的「親密關係」，他們之間甚至被描述成師生關係（〈毛澤東與他的老師孫俍工〉，胡光曙著，載《湖南文史》2003 年 11 期），藉此說明毛澤東的「尊師重教」，也有人曾描述過 1945 年孫俍工作〈沁園春〉與主席唱和的「和諧場景」。這些當然有很大臆想的成分，木山英雄分析過〈沁園春‧雪〉的流傳過程〔註50〕，這裡不贅述，孫俍工作的「和詩」內容如下：

> 大好河山，昨方雨歇，今又風飄，痛鯨波洶湧，雷奔電掣，狼煙飛起，石爛山焦，血戰八年，屍填巨野，百代奇仇一旦銷。應記取，我黃炎神胄，原是天嬌。
>
> 男兒報國方遙，且莫把孤忠雲樣消。看樓蘭不斬，無還傳介。胡炎又熾，正賴班超。滿目瘡痍，遍地荊棘，國本何能再動搖。君且住，早回頭是岸，勿待明朝。〔註51〕

這闋詞易懂，孫俍工的基本立場在下闋中，不再贅述。這與我們上文分析他上世紀 40 年代的國家主義立場一致。這幾乎可算得上孫俍工在民國時期發表的最後一份詩歌創作。

孫俍工與 1944 年被中央監察院解職，據《隆回縣志》記載，是因為其編《抗日史料叢書》的「著述中充滿愛國主義精神」〔註52〕「被解職」，由於沒有見到相關材料，具體原因不得而知。《隆回縣志》還提到孫俍工在 1950 年冬投入湖南土改，寫有散文〈我的熱血在不斷地流〉，在 1956 年被評為中國科學院語言研究所研究員，編《毛澤東語言辭典》。還寫有《嶽麓詩草》百餘

〔註50〕木山英雄著，趙京華譯：〈《沁園春‧雪》的故事　詩之毛澤東現象〉，載《現代文學研究叢刊》2003 年 04 期。

〔註51〕孫俍工：〈沁園春〉，載《新中國月刊》1945 年第 8 期，第 61 頁，又孫俍工等：《沁園春：和毛澤東韻》，載《周播》1946 年第 9 期。

〔註52〕《隆回縣志》，北京：中國城市出版社，1994 年，第 630 頁。

首，「五四」運動敘事長詩〈黎明前奏曲〉，但未能出版。這些創作，皆離他橫跨中日兩國文化的教育者形象越來越遠，這也是風雲跌宕的二十世紀又一個身不由己的文化樣本。

（作者單位：北京師範大學文學院）

從東京回到武漢——革命文學興起的大革命背景與日本因素辨析

張武軍

〔摘要〕回到歷史語境中考察和分析革命文學、左翼文學，這已成爲左翼文學研究領域的一個新氣象，可是大家卻很少關注國民革命之於革命文學、左翼文學的意義。大革命時期武漢的《中央副刊》是一個很好的切入點，它有助於我們更好地理解革命文學、左翼文學的發生和發展，以及其豐富性和複雜性。《中央副刊》也是我們重構革命文學譜系不可或缺的一環，《中央副刊》的兩位主要參與人陳啓修和茅盾在大革命之後遠走日本，由此，我們可以通過《中央副刊》對革命文學與左翼文學興起的大革命背景和日本因素進行詳細辨析。

〔關鍵詞〕革命文學、左翼文學、《中央副刊》、大革命、日本因素

緣 起

　　革命文學、左翼文學是研究界的老話題，卻屢屢被視爲「一個學術的生長點」〔註1〕。然而，隨著革命文學、左翼文學研究的不斷深入，不少學者開始注意到了這些概念自身的含混，邊界的不清晰不確定。尤其是關於左翼文學的發生學命題，有這麼一個傾向，即從理論的角度來考察革命文學和左翼文學的發生和變遷。艾曉明的《中國左翼文學思潮探源》是這方面最具有代表性的成果，在 2007 年再版的引言中作者明確指出，「左翼文學幾乎一開始就是一場理論運動，投身於這場運動的著作家們留下了大量的理論文字」〔註2〕。當我們只是關注到革命文學理論的時候，我們很容易去把思考的中心投向這些理論的來源──蘇俄的或者日本的。艾曉明的著作就是詳細考察和分析了蘇俄、日本的文學理念如何構成了中國革命文學和左翼文學的理論來源。陳紅旗的《中國左翼文學的發生（1922～1933）》〔註3〕，也著重分析了「俄蘇體驗」、「日本體驗」之於中國左翼文學發生發展的意義。尤其是日本的福本主義和後期創造社的轉變，藏原惟人的新寫實主義和太陽社的理論建構，這常常被視爲革命文學發生的主要依據，不少學者都會援引胡秋原的說法，「在中國忽然勃興的革命文藝，那模特兒完全是日本，所以實際說起來，可以看作是日本無產階級文學的一個支流」〔註4〕。可事實上，1928 年之前，中國共產黨人大革命時期的革命組織和革命理論，革命力量和革命實踐都遠超日本。爲什麼我們卻要把中國革命文學和左翼文學的源頭追到日本的相關理論而輕視中國的革命歷史現實呢？

一、回到歷史語境的革命文學和左翼文學

　　事實上，近些年來有學者不斷提出回到中國的革命歷史現實中考察和認知中國的革命文學和左翼文學。因爲越來越多的學者注意到在民國時期的革命文學和共和國時期的革命文學所指有著很大的不同。例如，洪子誠提出：

〔註1〕王富仁：〈有關左翼文學研究的幾點思考〉，《東嶽論叢》2006 年第 5 期。

〔註2〕艾曉明：《中國左翼文學思潮探源》，北京：北京大學出版社，2007 年，第 7 頁。

〔註3〕陳紅旗：《中國左翼文學的發生（1922～1933）》，廣州：暨南大學出版社，2010 年。

〔註4〕梁若容：〈日本文學對中國文學的影響〉，《中日文化交流史論》，商務印書館，1985 年，第 30 頁。

「進入『當代』之後，左翼文學或革命文學，成為惟一的合法存在的文學。這就必須先討論中國的『革命文學』或『左翼文學』這樣的概念，究竟指的是什麼。這個問題看起來好像是不言自明的，事實上要講清楚，並不是十分容易。」〔註5〕頗有意味的是，洪子誠的這一追問是從當代文學研究的視角來提出，即提醒研究者需要正視「左翼文學」、「革命文學」等概念在現代文學和當代文學研究領域的差異。與此同時，引領新世紀以來左翼文學研究熱的王富仁也提出了這個問題，「第一個問題關於主流意識形態和左翼文學的問題」，在他看來，我們不能用1949年之後所謂主流意識形態去理解30年代的左翼文學。〔註6〕

在洪子誠和王富仁的追問提出之後，注意辨析1949年前後「革命文學」、「左翼文學」的不同內涵，并回到歷史語境對「革命文學」、「左翼文學」及其相關概念進行重新考察和界定，成為左翼文學研究領域的一個新氣象。

但是我們究竟要重返怎樣的歷史語境？左翼文學和革命文學究竟是怎麼樣的關係？除了程凱〔註7〕之外，大多數研究者也只是把左翼文學放置在左聯成立到解散這一時段之內，即在1930～1936年的文學歷史中考察左翼文學的豐富和多重所指，而把左聯成立之前的1928年開始的革命文學視為左翼文學的準備期。「左聯」成立就成了一個分水嶺，之前為革命文學，之後為左翼文學，或者說之後革命文學和左翼文學就合二為一。「左翼文學開始稱為『革命文學』，只是到了左聯成立前後，才有『左翼文學』的稱謂。從本質上來說，

〔註5〕 洪子誠：《問題與方法——中國當代文學史研究講稿》，北京：三聯書店，2002年，第259頁。

〔註6〕 王富仁：〈關於左翼文學的幾個問題〉，《中國現代文學研究叢刊》2002年第1期。

〔註7〕 迄今為止，完整而又細緻地把革命文學的譜系考察和左翼文學的發生推進到國民大革命歷史中的是程凱，他2004年的博士論文答辯稿《國民革命與「左翼文化思潮」發生的歷史考察》，到最近在博士論文基礎上大量增刪而出版的著作《革命的張力——「大革命」前後新文學知識分子的歷史處境與思想探求（1924～1930）》（北京大學出版社，2014年），都展示了他在這一命題探索上所取得的成就。不過，在程凱的論著中，他一方面試圖清晰地勾勒革命文學、左翼文學的歷史發展變遷，另一方面又沉迷於革命的張力下文學和思想的複雜性探求，所以儘管他對國民革命不同時期的革命理念和文人心態做了極其精彩的闡述，但總體框架上仍然體現出共產黨人革命觀下的革命文學到左翼文學譜系構造。

左翼文學就是革命文學，就是『無產階級革命文學』、『社會主義文學』，是『普羅塔納尼亞（proletariat）文學（簡稱普羅文學），它是與布爾喬亞（bourgeois）文學（資產階級或小資產階級文學）相對立的。」〔註8〕

事實上，不論是對 1928 年革命文學發生作爲左翼文學準備期的闡述，或是對 1930 年「左聯」成立及其之後左翼文學內部複雜性的探究，這樣的歷史語境重返都是基於同樣的史觀邏輯，即從共產黨人單一的革命史觀來審視革命文學、左翼文學，革命文學的發生到左翼文學形成和共產黨人介入文學大體同步。過去大家普遍認爲 1928 年爲革命文學的起點，其實並不在於後期創造社和太陽社的成員提供了多麼新穎的理論，而在於這個時期倡導革命文學剛好和共產黨獨立革命的歷史進程相符，儘管當時倡導革命文學的創造社諸多成員還並非共產黨員。現在也有研究者把革命文學發生的上限追溯到 1920 年代初早期共產黨人鄧中夏、惲代英、蕭楚女、沈澤民等人相關論述，但這一切都被描述爲共產黨人個體意見表達，並不是具有整體指導意義的組織行爲，同時也表明，即便如此早期的不成系統的革命文學提倡依然和共產黨人相關。「左聯」成立之所以成爲分水嶺，成爲從革命文學到左翼文學質的變化，同樣並不在於革命文學理論建構上有了多麼大飛躍，而在於共產黨黨團組織對文學的介入程度更深。據此我們就不難勾勒出一條清晰的革命文學和左翼文學發生、發展、變遷的脈絡，從共產黨人個體性、零散性地提倡革命文學到最後由黨組織系統領導和建立左聯這樣的機構從而形成左翼文學。可問題是，左聯時期並非共產黨人第一次介入文學，在大革命時期從廣州到武漢，作爲實際控制國民黨宣傳部的共產黨人，曾更系統更完整地介入和掌控了文學與宣傳，尤以武漢政府時期更爲顯著，那爲什麼我們不能回到大革命的歷史語境中重新檢視革命文學和左翼文學的來龍去脈呢？

這一切只是因爲我們接受了「大革命失敗」這一前提，所以儘管這一時期共產黨人曾系統介入文學和宣傳，也只能是反思和迴避；只因爲我們接受了「大革命失敗」這一前提，所以寧願把革命文學的興起完全歸功日本理論的輸入，也不願意在大革命的歷史中檢視中國革命文學發生、發展。這種「大革命失敗」的前提，構成了學界忽視大革命之於革命文學的重要因素，也是學界凸顯「革命文學理論」而不是革命實踐的主要原因。

〔註8〕 方維保：《紅色意義的生成：20 世紀中國左翼文學研究》，合肥：安徽教育出版社，2004 年，第 13 頁。

但是，我們真的可以把「大革命失敗」作爲一個不加質疑的前提麼？

二、民國視野與武漢《中央日報》及《中央副刊》

　　對於大革命這一複雜的歷史事件，國共雙方至今仍然分歧巨大，但雙方都不認爲大革命失敗了或者再不需要革命了，恰恰相反雙方都高舉革命的大纛，確信最後的勝利即將到來。從國民黨方面來說，1927 年 4 月 12 日，上海清黨及武漢分共是國民黨在危難時刻挽救了革命，是對革命的維護，引領中國國民大革命走向了最終的勝利。從共產黨方面來看，大家當時也並不認爲大革命失敗了，相反他們也認爲 1927 年下半年以後正處於革命的高潮期，最終的勝利即將到來。鄭超麟提到：「《布爾塞維克》創刊號裡，我寫了一篇文章，題目大意是：〈國民革命失敗後我們應當怎樣？〉從題目可以知道文章內容。我是認爲革命已經失敗了，我們應當從頭做起。出版之後，我們接到了中央通告，彷彿革命並非失敗，而是更進一層發展的。我們離勝利是更加近的。」〔註 9〕由此可見，「大革命失敗」說在當時並不爲國共兩黨所認可，或者說，在當時國共兩黨對大革命都持一種複雜的甚至是極爲混亂的態度。後來兩黨對大革命越來越清晰的評判都是建立在各取所需的遮蔽之上，因此，我們不只是回到大革命的歷史時段，更應回到多維革命史觀下的大革命中來檢視革命文學和左翼文學，即回到民國歷史視野下的大革命中去，擺脫過去單一的革命史觀，正視大革命的含混、複雜、多重可能性，這才是我們探究革命文學、左翼文學豐富性的邏輯起點。

　　回到民國歷史文化視野下重新考察大革命和革命文學的關係，避免以論代史，最好的切入點莫過於武漢國民政府時期的《中央日報》及其副刊。1926年年底國民政府及其中央黨部遷往武漢，標誌著武漢國民政府時期的開始，1927 年 3 月 20 日武漢國民政府正式宣告成立，3 月 22 日《中央日報》在武漢創刊。儘管武漢國民政府和《中央日報》存續時間並不長，但對我們瞭解當時革命的複雜性以及之後革命的走向卻至關重要。

　　然而，在後來歷史記述中，國共雙方都有意迴避武漢時期的《中央日報》，偶有論及也大都作反面評價。

〔註 9〕鄭超麟：《鄭超麟回憶錄》，東方出版社，2004 年，第 273 頁。根據《布爾斯維克》創刊號原文核對，鄭超麟發表的文章題目爲〈國民黨背叛革命後中國國民革命運動如何？〉，文章題目和鄭超麟回憶有出入，但是文章確實表達了國民革命已然失敗的主旨。

　　臺灣新聞史家只認可 1928 年 2 月 1 日上海《中央日報》作爲始刊，有意
迴避武漢《中央日報》的存在，「民國十六年三月，漢口曾有中央日報之發
刊，自三月二十二日起至九月十五日停刊，計共發行一百七十六號，因爲當
時武漢政治局勢，甚爲混淆，報紙亦無保存可供查考，故本報仍以十七年二
月一日爲正式創刊之期。」〔註 10〕很顯然，「報紙亦無保存可供查考」只是個
說辭，而「政治局勢，甚爲混淆」則是史實，更明確說，當時的大革命是那
樣的複雜和豐富，而各黨各派總是按照自己後來的需求擇取或者規避。曾經
參與過武漢《中央日報》編委會並在《中央副刊》發表過不少文章的胡耐安，
後來在臺灣回憶這份報紙時頗多尷尬。「此之所談的『中央日報』，如果仿照
朱家的『紫陽綱目』例來寫，可不應該冠之以『僭』或『僞』，才可免於有悖
乎『正統』的道統？然乎否耶？暫不苛論。轉思：此一《中央日報》（在漢口
出版的《中央日報》），確實是前乎其『時』的爲現代中央日報『先河』之導；
書僭書僞，又未免有激濁揚清的慊疚於心。」〔註 11〕

　　武漢《中央日報》是國民黨中央和國民政府創辦的眞正意義上的第一份
黨報，在國民革命即將徹底勝利並將一統全國之際，以國民黨中央的名義，
創辦一份全國性的領導報紙，是《中央日報》第一次使用「中央」之名的緣
由，也是其創辦的主旨所在。《中央日報》創刊時曾在武漢《民國日報》上刊
登啓事：「本報爲中國國民黨中央黨報，職在作本黨的喉舌，指示國民革命之
理論與實際，以領導全國民眾實行國民革命。」〔註 12〕

　　照理來說，作爲國民黨喉舌的《中央日報》不應被國民黨否認和迴避，
「指示國民革命之理論與實際」的《中央日報》，更不應該用「僭」或「僞」
的稱號，除非這個「革命」並非國民黨後來所界定的革命，或者遠比國民黨
人後來的「革命觀」更複雜、更豐富。

　　和國民黨人一樣，共產黨人和左翼人士後來的敘述中，也刻意迴避《中
央日報》。武漢國民政府時期從事報刊宣傳工作的親歷者茅盾，在後來的記敘
中這樣描述：「《中央日報》是國民黨中央宣傳部的機關報，部長顧孟餘原是

〔註 10〕上官美博：〈六十年大事記〉，胡有瑞主編：《六十年來的中央日報》，臺北中
　　　　央日報社，1988 年，第 246 頁。

〔註 11〕胡耐安：〈談漢口發行的《中央日報》〉，臺北《傳記文學》1976 年 7 月第 29
　　　　卷 1 期。

〔註 12〕武漢市地方志編撰委員會主編：《武漢市志（新聞志）》，武漢：武漢大學出版
　　　　社，1991 年，第 58～59 頁。

北京大學教授，中山艦事件後，被蔣介石請去當了宣傳部長，因此在他領導下的《中央日報》是國民黨右派的喉舌。雖然主筆陳啓修也是個共產黨員。《漢口民國日報》名義上是國民黨湖北省黨部的機關報，但實際上是共產黨在工作。」〔註13〕因為茅盾自己是《漢口民國日報》的主筆（總編），他自然無法否認《漢口民國日報》，於是就肯定其革命性，並稱讚「《漢口民國日報》是共產黨辦的第一張大型日報」。但是，茅盾由此來貶低武漢《中央日報》及其副刊，並指稱其為「國民黨右派的喉舌」，則和事實大相徑庭。要知道，茅盾自己曾在《中央日報》副刊中主編「上游」特刊，發表了〈最近蘇聯的工業與農業〉、〈《紅光》序〉、〈《楚辭》選釋〉等文章，即便在所謂的「七一五政變」發生之後，茅盾辭去了《民國日報》的工作，仍在《中央副刊》發表了不少作品，如署名「玄珠」的〈雲少爺與草帽〉（《中央副刊》1927 年 7 月 29日）、〈枯嶺的臭蟲——致武漢的朋友們（二）〉（《中央副刊》1927 年 8 月 1 日）、詩歌〈留別〉（《中央副刊》1927 年 8 月 19 日），還有署名「雲兒」的〈上枯嶺去〉（《中央副刊》1927 年 8 月 18 日）。尤其是最後一篇〈上枯嶺去〉，從目前資料來看是茅盾的一篇佚文，《茅盾全集》中沒有收錄，最近出版的《茅盾全集·補遺》也沒有，包括最後一篇文章在內的詩文是茅盾大革命時期文藝創作活動的開始，值得我們去特別關注。即便到了 1927 年的七八月，茅盾和《中央日報》及副刊關係仍很密切，因此茅盾所謂「國民黨右派的喉舌」很顯然是後來立場的主觀呈現。

事實上，從 1925 年 10 月毛澤東任國民黨中宣部代理部長以後，共產黨人就逐步掌控了文宣領域。武漢國民政府時期，隨著恢復黨權運動的展開，共產黨人就更加系統更加完整地掌控了輿論宣傳、報紙雜誌。當時負責湖北宣傳工作的鄭超麟曾說道：「當時武漢所有的報紙都是共產黨員當編輯，或者能受共產黨指揮的。」〔註14〕共產黨員身份的軍人部宣傳科主任朱其華也印證了這一說法，「武漢的中央日報與武漢民國日報，那時還全在共產黨手中」〔註15〕。

國民黨人抱怨共產黨人控制了《中央日報》從而極力迴避，共產黨人卻也因為它是國民黨的黨報而不願談及，從雙方都本該重視卻又極力迴避的姿

〔註13〕茅盾：《我走過的道路》上，北京：人民文學出版社，1997 年，第 358 頁。
〔註14〕鄭超麟：《鄭超麟回憶錄》，東方出版社，2004 年，第 251 頁。
〔註15〕朱其華：《一九二七底回憶》，上海新新出版社，1933 年，第 258 頁。

態中，我們不難看出武漢《中央日報》及《中央副刊》是中國革命史和革命
文學史上多麼複雜的一個存在。因此，在民國的歷史語境中，考察武漢《中
央副刊》既是對革命文學、左翼文學在歷史語境中的重新檢視，也是對中國
革命文學譜系的重新構造。

三、「醬色的心」：革命的顏色和心態

在討論《中央副刊》有關革命文學的論述之前，我們首先應該關注武漢
《中央日報》及《中央副刊》的主要參編人員——報紙的主編陳啓修，副刊
的主編孫伏園，副刊星期日特刊「上游」的主編茅盾。儘管他們在當時並非
純粹在文學領域活動，正如《中央副刊》並不是純粹的文藝刊物，文學家的
「茅盾」那時還只是一個叫做「沈雁冰」的政治活動家；但是他們都是我們
瞭解革命文學不可或缺的人物，從他們身上我們可以看出革命文學的豐富和
複雜，以及革命文學和左翼文學之後的歷史走向。

《中央日報》主編陳啓修曾是北大教授，和李大釗等早期共產黨人關係
密切，是中國翻譯《資本論》的第一人〔註16〕，1923 年遊學蘇聯，在羅亦農、
彭述之等人的推薦下，經由蔣介石介紹加入國民黨，後又加入中國共產黨。
武漢國民政府時期，陳啓修在國民黨中宣部工作，成為中央宣傳委員會主要
成員之一，參與武漢《中央日報》創刊并任主編。陳啓修曾在《中央日報》
發表了大量宣揚革命的社論、演講及其理論著述，內容涉及革命的方方面面，
其中也有關涉到如何認知和理解革命文化、革命文藝。

當然從直接的文學理論建構和文學實踐來看，陳啓修的這些言論並不值
得我們以革命文學的名義來展開討論，但是考慮到陳啓修從事革命宣傳和黨
報主編的經歷構成了他後來革命文學理論譯介和文學創作實踐的素材來源，
他的革命經歷以及後來的革命文學思考又極具代表性，所以，我覺得我們目
前對陳啓修之於中國革命文學和左翼文學的意義，仍缺乏足夠關注。

日本學者盧田肇曾對陳啓修有較系統的研究，他在《中國現代文學研究
叢刊》發表了〈陳啓修在東京的文學活動——關於他的詩論、文學評論和文
學作品的翻譯、「新寫實主義」論等〉，論述了陳啓修在革命文學發展中的意
義，並以此「見證中國無產階級文學與日本無產階級文學運動之間的聯繫」

〔註16〕劉南燕：〈陳啓修——第一位翻譯《資本論》的中國學者〉，《前進論壇》2003
　　　年第 9 期。

〔註 17〕。不過，讓我更感興趣的是陳啟修在對日本無產階級革命文學的譯介中明顯夾雜了自己大革命時期的個體體驗，甚至他因此對藏原惟人的新寫實主義有不少修正、不少反思。因爲他自己曾有在大革命中非常豐富的宣傳工作實踐，也歷經了 1927 政黨政策混亂而又多變的現實，這就使得陳啟修再次倡導革命文學時更多一份冷靜和全面，對文藝和革命的複雜性有著較爲清醒的思考，不像後期創造社以及太陽社一些成員那樣簡單、激進，他特別不同意把文學歸結爲宣傳或政黨政策的傳聲筒，而是小心翼翼地捍衛并追尋革命文學中的主體性建構。

尤其值得我們注意的是陳啟修圍繞著大革命時期的經歷創作了一系列小說，發表在《樂群月刊》，後結集爲《醬色的心》。陳啟修曾這樣跟茅盾解釋「醬色的心」：「『醬色的心』是比喻他自己在武漢時期，共產黨說他是顧孟餘（當時的國民黨中央宣傳部長）的走狗，是投降了國民黨的（陳原是共產黨員），所以他的心是黑的；但在國民黨方面，仍把他看成忠實的共產黨員，他的心是紅的；他介於紅、黑之間，那就成了醬色。」〔註 18〕陳啟修用力最多的一部小說《小大腳時代》堪稱是他自己大革命時期的寫實自傳，主人公姚武成曾是北大教授，遊學蘇聯，回國後在漢口擔任「中央黨報」主編，投入國民大革命，這一段經歷幾乎和陳啟修自己完全相符。更相符的是主人公在作品中大段的內心獨白，完全是陳啟修後來自我意識的完整投射，作品中姚城武因爲對過激的群眾運動和婦女運動稍有些怠慢，馬上被人攻擊爲宣傳部 G 部長的忠實走狗，很顯然 G 部長就是顧孟餘，《中央日報》的社長。

的確，顧孟餘接任宣傳部長後，啟用了不少和他一同從北京來的熟人進入宣傳領域，引起其它宣傳人員的不滿和嘲諷，如共產黨員朱其華諷刺顧孟餘「染滿了北京的官僚的習慣」，在宣傳部「完全換上了他自己的一批人」，「他所帶來的人，都是他的高足，這些人不知道幹了些什麼事，中央宣傳部簡直工作也沒有做」〔註 19〕。陳啟修以及孫伏園等人就是在這種情形下被顧孟餘拉入到宣傳和黨報的編輯工作中，因此，陳啟修不論說什麼、做什麼，都無法改變他屬於「顧孟餘的人」的事實。可是，作爲「顧孟餘的人」，甚至被罵爲顧孟餘的走狗，讓陳啟修最難釋懷的是顧孟餘並未把他眞正當作自己人，

〔註17〕 蘆田肇：〈陳啟修在東京的文學活動——關於他的詩論、文學評論和文學作品的翻譯、「新寫實主義」論等〉，《中國現代文學研究叢刊》2007 年第 1 期。
〔註18〕 茅盾：《我走過的道路》上，北京：人民文學出版社，1997 年，第 403 頁。
〔註19〕 朱其華：《一九二七底回憶》，上海新新出版社，1933 年，第 25～26 頁。

在和茅盾的交談中，陳啓修談到了顧孟餘做好隨時撤逃的準備卻讓前來打聽消息的陳啓修不要擔心，正如作品中的 G 部長自己找好了退路卻並未告知姚成武。

這種被紅的看做黑，被黑的看做紅，被後來的紅黑雙方都拋棄，淪爲不紅不黑；或者說這種紅黑分明的劃分都是後來的返觀而已，在大革命時期紅黑原本就交織在一起。革命文學就是在紅與黑的交織中發生、發展著，呈現出醬色。無獨有偶，武漢《中央日報》停刊後，1928 年上海復刊的《中央日報》也有一個非常重要的文藝副刊，名稱就是《紅與黑》〔註20〕，主編這一副刊就是大名鼎鼎的胡也頻、沈從文、丁玲。可見紅與黑交織融合的醬色在革命文學發展中是多麼重要的一種顏色，醬色的心是作家們多麼普遍的一種心態。

因爲有了對「醬色」的自我體認，陳啓修也自己選擇了脫黨，在之後的革命家和理論家眼裡，這種「醬色的心」無疑是小資產階級心態的體現，脫黨是小資產階級背叛革命的行爲。不過，陳啓修自己把這種「醬色的心」看成找回自我的開始，不再盲目的追隨所謂的紅與黑，尋找自己的道路，不再一味的服從他人或政黨政策，「醬色的心」並非只是一種幻滅的悲哀，而是一種重新發現「自己」的喜悅。「他（姚成武，筆者注）同時發見出他自己的長處了。他覺得，找出一條應走的新路了。他看見獨立走路的自己了。他看見他自己變成完全的大大腳了。他反而發見 G 部長和許多自命爲革命行家的人是小大腳了。」〔註21〕

和陳啓修同樣選擇的還有《上游》特刊主編同時也是武漢《民國日報》主編的茅盾，茅盾也選擇了脫黨。過去，學界常常認爲茅盾回到上海後，與黨組織失去了聯繫，因此思想極端苦悶，於是開始了文學的創作，這種苦悶感、幻滅感也在《幻滅》、《動搖》、《追求》等作品中集中體現，爾後引起了一些革命文學提倡者的批評，茅盾據此寫《從枯嶺到東京》來進行自我辯護和對批評的回應。這樣的描述有諸多邏輯上的錯誤。事實上，茅盾脫黨並非是聯繫不上黨組織，而是和陳啓修一樣是他自己的主動選擇，在茅盾後來的回憶錄中分明記載著他回到上海後報告黨組織處理丟失支票的事情〔註22〕，

〔註20〕具體論述上海《中央日報》文藝副刊「紅與黑」交織的意義，參見拙作〈紅與黑交織中的摩登──1928 上海《中央日報》副刊之考察〉，待發。

〔註21〕陳啓修（陳勺水）：〈小大腳時代〉，《樂群月刊》第 1 卷第 6 號，1924 年，第105 頁。

〔註22〕茅盾在回憶錄有這樣的記載：「至於我失掉的攢頭支票，當時報告黨組織，據

同時茅盾的回憶和鄭超麟的回憶都可以相互印證鄭超麟和茅盾、陳獨秀和茅盾往來的事實，由此可見和黨組織失去聯繫惟一合理的解釋就是茅盾自己的主動選擇。同時，根據趙璕的考證，「《從枯嶺到東京》乃同樣是茅盾主動選擇用以表達自己的主張的結果」〔註23〕，因為在《從枯嶺到東京》發表之前，茅盾的《幻滅》、《動搖》並未受到多少責難，自然也不存在茅盾回應批評和指責這樣的說法，它也不是茅盾被動的表達對革命文學的意見，而是茅盾追尋自我主體性的體現。

我們過去往往只是把「幻滅」、「動搖」之類的字眼用作對茅盾的批評，而事實上，和陳啓修對「醬色的心」的自覺認知并尋找獨立走路的自我一樣，茅盾對「幻滅」、「動搖」的自覺書寫，同樣有一種發現自我找回自我的喜悅感。多年以後，儘管茅盾不停地為曾經的脫黨做各種辯護的、悔恨的說辭，但仍有一種抹不掉的主體性情懷。「自從離開家庭進入社會以來，我逐漸養成了這樣一種習慣，遇事好尋根究底，好獨立思考，不願意隨聲附和。這種習慣，其實在我那一輩人中間也是很平常的，它的好處，大家都明白，我也不多講了；但是這個習慣在我的身上也有副作用。這就是當形勢突變時，我往往停下來思考，而不像有些人那樣緊緊跟上。」〔註24〕

陳啓修（陳豹隱）和沈雁冰（茅盾），武漢國民政府時代最主要的兩大報紙主編，也是同為《中央副刊》上倡導革命文化和文學的重要人物，他們相逢在日本一定有太多共同的話題和想法，當茅盾聽到陳啓修有關「醬色的心」的闡述時，他會心有戚戚焉，一個是改名取「君子豹變」而隱的陳豹隱，一個是改名為矛盾而來的「茅盾」。他們卻並不是逃避、退隱，「停下來思考」是為了再一次的前行，為了重新出發。今天我們從多維的革命視野來觀照，就可以發現像陳啓修、茅盾這樣脫黨者並沒有放棄革命的理念，他們只是無法認同當時混亂而又多變的政黨政策，由此開始通過文學上的譯介或者創作來表達自己對革命的獨立思考。中國的革命文學正是建立在這種獨立思考革

說他們先向銀行『掛了失』，然後由蔡紹敦（也是黨員，後改名蔡淑厚）開設的『紹敦電器公司』擔保，取出了這二千元。」由此可見，茅盾回到上海不存在聯繫不上黨組織一說。見茅盾：《我走過的道路》上，北京：人民文學出版社，1997年，第381頁。

〔註23〕趙璕：〈《從枯嶺到東京》的發表及錢杏邨態度的變化──《幻滅·書評》、《動搖·評論》嗯和《茅盾與現實》的對勘〉，《中國現代文學研究叢刊》2007年第1期。

〔註24〕茅盾：《我走過的道路》上，北京：人民文學出版社，1997年，第382頁。

命的基礎上，建立在對大革命實踐的深切體悟和反思基礎上，由此中國的革命文學以及後來成立的「左聯」雖受到日本的啓發，但很顯然，革命文學、左翼文學包括新寫實主義等諸多命題在日本越來越沒落，而在中國卻呈現出不斷繁榮的迥異局面，這一切均得益於中國的國民大革命，得益於像陳啓修、茅盾這樣的主體性價值追尋者。

當然，茅盾和陳啓修並非是個例，有太多和他們同樣經歷和感受的文人，例如武漢《中央副刊》的主編孫伏園、發表〈脫離蔣介石以後〉以及在隨後革命文學爭論中的重要人物郭沫若、創作《從軍日記》紅遍中國堪稱革命文學代表人物的謝冰瑩，等等。根據和茅盾一起被黨組織派往《民國日報》的張福康回憶，《中央日報》副刊主編孫伏園，「當時是中共黨員，後來也脫黨了」﹝註 25﹞。限於目前材料的匱乏，還沒有孫伏園加入共產黨的直接證據，不過根據後來很多武漢政府時期的人士回憶，共產黨在那個時候極力發展黨員，街頭群眾大會、學校工廠常有大規模集體入黨的情形，不少國民黨人士只要思想稍微激進（事實上，武漢國民政府時期不激進的國民黨太少了），也會被動員加入共產黨，成為跨黨黨員，跨黨在當時也是很普遍的情形。還有一個明顯的例子是郭沫若，他在《中央副刊》上刊登的〈脫離蔣介石以後〉中所提到：「說我是投機呢，我的確是一個投機派：我是去年五月中旬才加入國民黨的，而且介紹我入黨的是我們褚公民誼。所以我自己才僅僅是一個滿了一週年的國民黨員，或者可以說是『投機嬰兒』罷。至於說我跨黨呢，那我更不勝光榮之至了。現在『跨黨』二字差不多成了『革命』的代名。只要是革命的，便是跨黨的。」﹝註 26﹞頗有意思的是，郭沫若後來的改寫中刪掉了加入國民黨和跨黨的這些字眼，只留下他和共產黨接近的事例以證明其革命性。此外大革命時期最引人注目的作家謝冰瑩，她是被《中央副刊》捧紅的一個作家，堪稱《中央副刊》在文學方面最大的成就。如果翻閱當時的報紙雜誌，回到歷史的現場來看，革命文學中最有影響力，可以說是革命文學第一人的當屬女兵身份的謝冰瑩，尋找發現、討論分析「我們的冰瑩」是當時一個熱門的話題，其人其作都成了革命的代名詞。估計謝冰瑩在武漢大革命時期加入了共產黨，不過目前缺少這方面的直接資料，只有一些間接的證

﹝註 25﹞ 張福康〈回憶漢口《民國日報》、《中央日報》〉，《湖北文史資料》1987 年第 4 輯，第 53 頁。

﹝註 26﹞ 郭沫若：〈脫離蔣介石以後〉（七），《中央日報‧中央副刊》第 60 號，1927 年 5 月 23 日。

明，如謝冰瑩後來作爲發起人之一創建北方左聯并擔任組織領導工作，楊纖
如回憶謝冰瑩曾被「開除出黨」〔註 27〕，武漢中央政治軍事學校的絕大部分
學生都加入共產黨，著名的共產黨人左翼作家符號，即謝冰瑩的丈夫，曾多
次提到他們互稱對方爲革命伴侶。從以上諸多跡象來看，謝冰瑩的黨員身份
基本可以確定。〔註 28〕

　　郭沫若要極力剔除他在大革命時期和國民黨的關係，謝冰瑩要掩飾和迴
避她大革命時期和共產黨人的關聯，他們都只想把自我描繪爲一種單純的色
彩而非紅黑交織在一起的醬色。郭沫若、謝冰瑩、孫伏園、茅盾、陳啓修等
等在《中央副刊》常露面的重要人物，他們大革命時期的政黨身份歸屬直到
今天仍撲朔迷離。「醬色」正是當時革命顏色的一種很好的描述，它既指涉被
分裂的國共雙方都無法眞正體認的脫黨者，也指涉紅黑沒有像後來那麼涇渭
分明時國共兩黨交織的跨黨分子。他們的革命實踐、思考、心態是中國革命
文學生成、發展、演變的主導因素。畢竟，陳啓修、茅盾、郭沫若、孫伏園、
謝冰瑩這些或被記住、或被疏忽、或被改寫的人，是我們在民國的多維的革
命視野中探討革命文學所無法繞過的，他們的言行和創作也帶給我們對革命
文學和左翼文學新的認知、新的界定。

結論：從東京回到武漢

　　「從東京回到武漢」，這是錢杏邨後來批評茅盾時所用的標題，而且是不
止一次使用的標題。茅盾主動發表《從牯嶺到東京》以後，錢杏邨迅速撰寫
〈從東京回到武漢——讀了茅盾的《從牯嶺到東京》以後〉來做答覆。正如
前文所提及，錢杏邨對茅盾的《幻滅》、《動搖》評價原本多是肯定和讚揚，
但在這篇答覆文章中，則明顯是針鋒相對和嚴厲批判。頗有意思的是，錢杏
邨最後的責問是要求茅盾恢復武漢的革命精神，回到武漢時期的無產階級革
命文學倡導，並列舉了茅盾發表在《中央副刊》上的〈《紅光》序〉爲正面例
證〔註 29〕。1930 年 3 月，錢杏邨編輯出版自己的《現代中國文學作家》第二

〔註 27〕 參見楊纖如〈北方左翼作家聯盟雜憶〉中記載，「一九三一年初，謝冰瑩參加
　　　　了非常委員會領導下的北平新市委籌備處，被以籌備分子開除出黨」，《新文
　　　　學史史料》第 4 輯，人民文學出版社，1978 年，第 218 頁。
〔註 28〕 參見張堂錡：〈論謝冰瑩的左翼思想及其轉變〉，臺灣成功大學《蘇雪林及其
　　　　同時代作家國際學術研討會會議論文集》。
〔註 29〕 參見錢杏邨：〈從東京回到武漢——讀了茅盾的《從牯嶺到東京》以後〉，伏
　　　　志英編：《茅盾評傳》，開明書店，1936 年，第 313 頁，另見《阿英全集》，安

卷，涉及對葉紹鈞、張資平、徐志摩、茅盾四個人的評論，有關茅盾部分的題目是從《新流月報》上發表的〈茅盾與現實——讀了他的「野薔薇」以後〉而來，但是在本書茅盾論述的頁面頁眉上，保留了「從東京回到武漢」的字樣，並在文章後面有「附記」部分，專門解釋他直到付印前仍有使用「從東京回到武漢」作為評論茅盾的總題目的意思〔註30〕。錢杏邨結集出書時有關茅盾論的前後變化、差異以及改排、改寫，前文提到趙璣先生已經做了很好的考證，在此更值得我們關心的是錢杏邨對「從東京回到武漢」這一標題的迷戀。「從東京回到武漢」，這是「茅盾與現實」應該有的姿態和立場，也就是說即便在批評茅盾時，錢杏邨仍然和茅盾有一個共同點就是回到武漢的革命現實中來，恢復武漢的革命精神，再現大革命時期茅盾和大家共同倡導無產階級革命文學的事業中來。這再一次說明，不論我們從哪個層面來思考、辨析中國革命文學、左翼文學，我們都應該也必需「回到武漢」，回到國民大革命的歷史中來檢視。

「從東京回到武漢」，在民國的歷史中重新檢視革命文學和左翼文學，《中央日報》及其《中央副刊》的確是一個很好的切入點，在這一份時間並不長的報紙副刊上，有太多的話題值得我們進一步討論，有太多的作家作品值得我們進一步關注。除了前面提到的陳啓修、茅盾、孫伏園、郭沫若、謝冰瑩之外，《中央副刊》上倡導革命文學的作家作品我們該怎麼來重新審視和分析，并探討他們之於中國革命文學、左翼文學的意義。傅東華、顧孟、張崧年、鄧演達、淦克超、顧仲起、李金髮、曾仲鳴、樊仲雲、黃其起、採眞、符號、向培良、陳學昭、王魯彥、潘漢年、張光人（胡風）等都有不少直接關於革命文學的論述或者主題創作刊登在《中央副刊》上。而這些作家作品在我們討論 1928 革命文學或之後的左翼文學時很少被關注、被提及，由此不難看出我們的革命文學譜系建構中曾經缺漏了多少重要的東西。借用錢杏邨的標題，「從東京回到武漢」，回到國民大革命的歷史實踐中，這樣才能更好地實現對革命文學與左翼文學的歷史檢視，也定能帶給我們對這一老命題的全新理解。

（作者單位：西南大學文學院教授）

徽教育出版社，2003 年版，第 368 頁。
〔註30〕 參見錢杏邨：〈茅盾與現實‧附記〉，《現代中國文學作家》第二卷，上海泰東書局，1930 年版，第 177～178 頁。

省城，他鄉，革命：
李劼人的《大波》系列

鄭　怡

〔摘要〕從天回鎮的《死水微瀾》到成都省的《暴風雨前》至《大波》，李劼人的小說近代史寫的是省城革命。地方是清帝國消亡和中國由此開始革命不斷的現場。以方志寫近代史是李要堅持的歷史真實的必須。李劼人的歷史真實涵括翻天覆地的大事件和日常生活的漸變，地方是這種歷史觀的立足點。李劼人方志式的歷史敘事不僅將歷史敘述於鄉土上，讓大事件的史落實到日常空間的全景裡，使歷史的巨變庸常性史詩性兼備，而且更重要的是這種方志式敘事顯示出地方是歷史發生的唯一場所，無論是改天換地的遽變還是日常生活的日新月異。論文指出作為歷史現場的地方在李的敘述裡既有原鄉也有他鄉，並著重論述這不僅表現在省城作為遽變和漸變同時發生的場景早已有從政治到情感和物質生活的世界背景，還在於這場史變的主角們既是土著又和他鄉尤其是東洋有著千絲萬縷的聯繫。他鄉在這裡不是外部世界對本土的威脅，而是本土變遷的背景和在場。

〔關鍵詞〕清末、省城革命、小說近代史、地方、他鄉、李劼人

—219—

　　李劼人（1891～1962）的系列小說《死水微瀾》（1935），《暴風雨前》（1936）和《大波》（1937）被同時代的作家郭沫若稱為小說近代史，「小說的近代《華陽國志》」。「作品的規模之宏大已經相當的足以驚人，而各個時代的主流及其遞嬗，地方上的風土氣韻，各個階層的人物之生活樣式，心理狀態，言語口吻，無論男的的女的的老的的少的的，都虧他研究得那樣透闢，描寫得那樣自然。……把過去了的時代，活鮮鮮地形象化了出來」。〔註 1〕李氏三部曲的規模的確宏大，既有歷時的涵括時代主流變遷的史詩，又有空間呈現的「地方上的」日常生活，末世社會的男女眾生，以及他們的心理狀態，言語行為。李劼人自己也在《死水微瀾》的〈前記〉中解釋說他的小說系列寫的是中國近代史：「從一九二五年起，一面教書，一面仍舊寫些短篇小說時，便起了一個念頭，打算把幾十年來所生活過，所切感過，所體驗過，在我看來意義非常重大，當得歷史轉捩點的這一段社會現象，用幾部有連續性的長篇小說，一段落一段落地把它反映出來。我想，直接從辛亥革命入手太傖促了些。這個革命並不是突然而來的，它有歷史淵源，歷史上積累了很多因素，積之既久才結這個大瓜。要寫，就必須追源溯流，從最早的時候寫起。寫鴉片戰爭，我不熟習，熟習的是庚子年以後的事。聽見過八國聯軍的事情，也看見過當時成都所受的影響。第二年成都鬧紅燈教，殺紅燈教的首領之一廖觀音，打教堂，這些事我最清楚，我就從這時候寫起，從庚子年寫到辛亥革命，寫所聞，寫所見，寫身所經歷，三段一系列。這就是大家所講的三部曲。第一部叫《死水微瀾》，第二部叫《暴風雨前》，第三部叫《大波》，從書名可以看出當時革命進程的。」〔註 2〕這樣的歷史敘事追源溯流，著重展現革命作為歷史事件的進程。並且鉅細皆備，尤其重要的是作者要寫的是他所熟習，經歷過或耳熟能詳的事件，情勢。「有連續性」的系列小說是這種敘事的最好形式。對李劼人而言，這樣的歷史過程和社會情勢必須經由「地方上的風土氣韻」及「各個階層的人物之生活樣式，心理狀態，言語口吻」透視。這不僅因為他強調小說作者的歷史見證人身份，更重要的是在他的小說史中，地方是歷史的唯一現場。

　　地方於中國現代小說並不陌生。以故鄉為焦點的鄉土小說是五四新文化

〔註 1〕郭沫若：〈中國佐拉之待望〉，《中國文藝》1937 年第一卷第二期。見《李劼人選集》第一卷，四川人民出版社，1980 年版，第 5 頁。

〔註 2〕李劼人：〈《死水微瀾》前記〉，《李劼人全集》第九卷，成都：四川文藝出版社，2011 年，第 241 頁。

運動現代意識的載體，也是文化人現代焦慮的體現。在此，鄉土是「被固態化了的農業文明縮影」，成爲思想家文人各類主義思潮及價值判斷的必爭之地。〔註3〕沈從文（1902～1988）1934年創作的田園詩風的〈邊城〉是這種原鄉追憶的最好體現。小說中美麗小城和周圍鄉村中田園牧歌的消逝隱喻了現代社會人的根本流失，也顯示了沈從文的現代小說嘗試。其中不難看出他對現代主義原始田園傾向的借鑒。茅盾（1896～1981）1933年的《子夜》雖以在中國現代文學中不多的長篇城市小說著名，其中對現代中國社會之命運的思索也是通過城鄉兩個對立的範疇展示的。四面楚歌的農業文明的原鄉雖然只是工業，現代，充滿活力的上海的常常缺席的反照，卻是小說敘事和主題的起點。茅盾也寫過同時代的小鎮鄉村變化的中短篇小說。〈春蠶〉（1932）及〈林家鋪子〉（1932）的原鄉是歷史變化的場地，卻仍然是固態化了的農業文明的縮影，被外來的動態的勢力威脅破壞。在這裡和在大多數的現代鄉土小說或地域文學裡一樣，既定空間——地方上——的變化，被展示爲時間上的不同。城鄉的距離成了新舊時代的對比。兩者的差異變爲歷時的線性軌道上向新文明過渡的不同點。可以說，現代中國文學的地域敘事是一種隱喻，一種集體文化焦慮。

　　李劼人的地方是歷史的，是世界變化的直接場域。其歷時性表現在空間範疇的世事變遷中。除風土人情和現世眾生百相，還有歷史沿革，地理坐標。作爲三部曲發生地的晚清帝國邊境省府的成都和周圍鄉村城鎮以及它們的關係，在李的描述中可以歸類爲施堅雅的晚期中華帝國城市中心大區域的模式。在一個區域中不同等級的城市，城市與鄉村，與鄉市間的集鎮的關係既是階梯結構的，上下有別，又因同屬一個分工不同的政治經濟體系而結爲休戚相關的有序的一體。而省城是這個政治經濟體的中心。〔註4〕李的三部曲的世界是由天回鎮，一個城鄉間的集鎮開始的：

　　　　由四川省會成都，出北門到成都附屬的新都縣，一般人都說有
　　　四十里，其實只有三十多里。路是彎彎曲曲畫在極平坦的田疇當
　　　中，雖然是一條不到五尺寬的泥路，僅在路的右方鋪了兩行石板；
　　　雖然大雨之後，泥濘有幾寸深，不穿新草鞋幾乎寸步難行。……然

〔註3〕 丁帆，《中國鄉土小說史》，北京大學出版社，2007年，第6頁。
〔註4〕 G. William Skinner, "Urban and Rural in Chinese Society", in G. W. Skinner ed, *The City in Late Imperial China, Studies in Chinese Society*. Stanford: Stanford University Press, 1977: 253-289.

而到底算川北大道。它一直向北伸去，直達四川邊縣廣元，再走過去是陝西省的寧羌州，漢中府，以前走北京首都的驛道，就是這條路線。並且由廣元分道向西，是川甘大鎮碧口，再過去是甘肅省的階州文縣。凡西北各土進出貨物，這條路是必由之道。

以前官員士子來往北京四川的，多半走這條路。……

路是如此重要，所以每日每刻，無論晴雨，你都可以看見有成群的駝畜，載著各種貨物，參雜在四人官轎，三人丁拐轎，二人對班轎，以及載運行李的扛擔挑子之間，一連串的來，一連串的去。在這人流當中，間或一匹瘦馬，在項下搖著一串很響的鈴鐺，載著一個背包袱挎雨傘的急裝少年，飛馳而過，你就知道這便是驛站上送文書的了。不過近年因爲有了電報。文書馬已逐漸的少了。……這鎮市是成都北門外有名的天回鎮。志書上，說它得名的由來，遠在中唐。……（李劼人，《死水微瀾》，2011：13-14）

在李的筆下1900年的天回鎮並非死氣沉沉的內地鄉村的縮影。和它所屬的省會成都一樣，集鎮雖然地處龐大的清帝國的一隅，卻也是帝國遽變的一部分。它是僻鄉，也是數代中華王朝四通八達交通樞紐的重要一環。尤其是從晚清至關緊要的邊防重鎮四川省會成都至帝國各地及中心的必經之地。故事開始的時候小鎮的地位有了改變──「有了電報。文書馬已逐漸的少了。」但是變化的微瀾以及引發的滔天巨浪，對部分小鎮人──故事的主角們──生死攸關，卻並非『外來』對『本地』，『新』對『舊』的簡單侵襲和蠶食。外來的物事在小鎮柴米油鹽的生活中漸漸變得習以爲常。鄉場上洋貨土貨和產自帝國其它地方的貨物羅列在一起，供小鎮及周圍鄉村的人們選擇。「小市上主要貨品，是家織土布。這全是一般農家婦女在做了粗活之後，藉以填補空虛光陰，自己紡出紗來，自己織成。……但近來已有外國來的竹布，洋布。那眞好，又寬又細又勻淨，……只是價錢貴得多，買的人少，還賣不贏家織土布。……小市鎮上，也有專與婦女有關的東西。如較粗的土葛巾，時興的細洋葛巾；成都桂林軒的香肥皂，……也有極惹人愛的洋線，洋針，兩者之中，洋針頂通行，雖然比土針貴，但是針鼻扁而有槽，好穿線，……也有蘇貨，廣貨，料子花，假珍珠。……」（李劼人，《死水微瀾》，2011：49-50）。在李劼人的陳訴中，洋土的較量是由當地人的喜好定勝負的。其優劣貴賤與強勢的生產方式和經濟行爲有關，也取決於地方日集

月累的生活方式，一時一地隨著內外世界共時變遷而變的經濟社會力量。洋貨在內地的大量出現是晚清世界大變動最直接的物化體現之一。它們變成省城鄉鎮日常生活的一部分顯示了近代中華帝國歷史轉折的「世界背景」。〔註5〕這種「世界背景」也可以從形容詞「洋」在十九世紀中葉以來的歷史語言熱中體會到。〔註6〕洋的原義為海洋的，海洋性的。是一具有空間特指性的詞，意指所有洋那邊的，漂洋過海的，海（洋）外的物和事。與後來更流行的形容境外人事物或風格的「外」不同，洋不僅顯示區分，內外有別，還保留了其源自遠方闊大世界的空間指謂，提醒人們中華之地與海外世界變為一體的過程。

　　李劼人的天回鎮並未因洋針洋布成為全球性的大同世界。但是外面世界變為小鄉鎮物質生活的一部分展示了被喻為死水的社會也漣漪陣陣。洋貨在省城城鄉的流行不僅是世道變化的物化標誌，也折射出人們心靈和社會情勢的悸動。作為欲望的對象與社會身份的象徵，它們在帝國末期地方士紳的心理情感波動和對帝制以及他們生活的整個世界的態度的變化中起了相當的作用。三部曲的主角之一官紳郝達三在庚子事變（1900）的關鍵時刻遊移於對帝制的忠誠和已成為省城望族家庭日用必需品的舶來貨的留戀。郝和他的朋友們習慣性地傾向於支持義和拳民，因為他們聽說當政的慈禧太后支持拳民。同時他們也為日益上升的基督教民在本地的勢力而擔憂，尤其是後者和教堂對田地和財富的爭奪。但在為拳民們的行徑喝彩後，郝達三突然意識到：「若把北京使館打破後，不曉得洋人還來不來？不來，那才糟哩！我們使的這些洋貨，卻向哪裡去買？」（李劼人，《死水微瀾》，2011：168）他的擔憂並非沒有緣由。對相當部份的有資財或收入豐厚的成都士紳和市民，沒有舶來品的日常生活已經難以想像：

> 　　郝公館裡這些西洋東西，實在不少。至於客廳裡五色磨花的玻璃窗片，紫檀螺鈿座子的大穿衣鏡，這都是老太爺手上置備的了。近來最得用而又為全家離不得的，就是一般人尚少用的牙刷，牙膏，

〔註5〕 Antonia Finnane, 「Yangzhou's "Modernity": Fashion and Consumption in the Early Nineteenth Century,」 *positions: east asia cultures critique*, 11, 2003: 392.

〔註6〕 W. Feng, 「Yi, Yang, Xi, Wai and Other Terms： the Transition from "Barbarian" to "Foreigner" in Nineteenth Century China,」 *New Terms for New Ideas: Western Knowledge and Lexical Change in Late Imperial China*, ed. M. Lackner, I. Amelung and J. Kurtz, Leiden: Brill, 2001: 95-124.

洋葛巾，洋胰子，花露水等日常小東西。洋人看起來那樣又粗又苯
的，何以造的這些家常用品，都好，只要你一經了手，就離它不開？
（李劼人，《死水微瀾》，2011：162）

當然省城和周圍鄉鎮的一般居民們還無法像郝大公館一樣天天用上進口
的牙膏牙刷，但中上層市民都愛逛的新開張的成都商業場裡同樣洋貨充足且
廣受歡迎。郝達三和他的世交好友們在這死水微瀾的時候也並未因爲偏愛洋
貨而擁護清庭爲自新自強而推行的新政。他們不通也看不上康梁的新學。但
在他們的生活中，舶來品從奇技淫巧變成了日常必需。物質世界的多樣化也
使他們和帝國末世的其它臣民一樣心動情移。到《暴風雨前》開始的時候，
郝達三不光成了通過新政建立的省諮議局議員，他還送兒子女兒去成都彼時
遍地開花的新式學堂學習。他的女兒們成了省城最早的女學生之一。塞滿洋
貨的郝公館甚至還半睜眼半閉眼地爲一激進革命黨人提供了庇護。至《大
波》，郝達三及兒子郝又三都成了風起雲湧的四川保路運動的積極參與者，大
清帝國直接的掘墓人。

從天回鎮的《死水微瀾》到成都省的《暴風雨前》至《大波》，李劼人的
近代小說史寫的是省城革命。大清帝國辛亥年間從最後的掙扎到瞬間煙消雲
散其起始和過程都是地方性事件。其中公認的關鍵事件之一，就是歷時半年
的四川保路運動。在這個意義上，被後世稱爲辛亥革命的 1911 年的帝制的消
亡是一系列或突發或日集月累的，與晚清政府的新政息息相關的地方性事件
的結果。地方是帝國消亡和中國由此開始革命不斷的現場。以方志寫近代史
是李要堅持表現的歷史眞實的必須。也許這也是郭沫若爲什麼既把李的三部
曲定義爲「小說近代史」又稱作「小說的近代《華陽國志》」的原因。李劼人
的歷史眞實涵括翻天覆地的大事件和日常生活的漸變，即社會生活，結構和
社會心理的變化。「你寫政治上的變革，你能不寫生活上，思想上的變革麼？
你寫生活上，思想上的脈動，你又能不寫當時政治，經濟的脈動麼？必須盡
力寫出時代的全貌，別人也才能由你的筆，瞭解到當時歷史的眞實。」〔註7〕
地方是這種歷史觀的立足點。李劼人方志式的歷史敘事不僅在空間內呈現時
間，將歷史敘述於鄉土上；在人物行爲和事件發展的結構上或縱向探根溯源，
或橫向品類呈現，縱橫交錯間讓歷史的歷時性展現於空間的共時性上。讓大

〔註7〕 李劼人：〈大波第二部書後〉，《李劼人選集》第二卷，成都：四川人民出版社，
1980 年，第 953 頁。

事件的史落實到日常空間的全景裡，使歷史的巨變庸常史詩兼備。而且更重
要的是這種方志式的敘事顯示出地方是歷史發生的唯一場所，無論是改天換
地的遽變還是日常生活的日新月異。地方志因此成為大歷史的最好載體。只
有通過方志式的空間化的庸常史詩兼備的全景呈現，才能洞悉和再現近代中
國革命史的歷史眞實。彰顯宏大歷史生發衍變的地域場景和空間限定也凸現
了歷史因緣及結局的偶然性。這也許是李劼人在歷史的轉折關頭幾次撰寫成
都地方志的原因。李不僅在他的系列小說中陳鋪描述了大量成都及四川的地
理坐標，歷史沿革，風土人情。他的三部曲可以因此被看作帝國末世邊隅省
城的變化史。他還在 1949 年寫下了《二千餘年成都大城史的衍變》，1953 年
《成都歷史沿革》，1958 年《成都的一條街》等，在另一個新世界開始的時候
以方志追索歷史的變遷。

作爲歷史現場的地方在李劼人的方志式小說近代史裡既有原鄉也有他
鄉。這不僅表現在省城作爲遽變和漸變同時發生的歷史現場早已有從政治到
情感和物質生活的世界背景，還在於這場史變的主角們既是土著又和他鄉有
著千絲萬縷的聯繫。遊學境外彼時已成了地方士紳入仕甚還維生的重要途
徑。他鄉在這裡不是外部世界對本土的威罔，而是本土變遷的背景和在場。
李的歷史視野中的四川保路運動及其引發的辛亥革命是士紳革命。作爲晚清
政府新政的一部份，成都也和帝國許多其它的城市一樣，建學校，興實業，
練新軍，派遣留學生。極具諷刺意味的是這些自救改革舉措，加上諮議局等
士紳由社會議政涉政空間的建立，促使了帝國和千年帝制的大江東去。四川
士紳送子弟留學的熱情極高。1906 年四川留學生占全國留日學生總數的十分
之一，居全國之首。〔註8〕『出洋』是科舉廢除後士紳子弟求『出身』有限的
門道之一。對『洋』的嚮往也是士紳階層對帝國末日和世道變遷自十九世紀
中期以來論辯思索的結果。其中『東洋』除了是通向今世富強文明象徵的『西
洋』的捷徑，也是率先西洋化擠入世界強權的榜樣。留日成爲當時官派或自
費出洋的首選因此並不奇怪。「從 1901 年到 1911 年，每年留日學生的人數都
高於留學其它各國人數的總和。」二十世紀初的日本不僅聚集了成份最複雜的
中國留學生，「也彙聚了這些知識分子中最複雜的理想形式——政治的，思想
的與文學的，保皇的與革命的，保守的與激進的，青年學子式的與流亡刺客

〔註 8〕 張金蓮：〈走出夔門——論清末四川留日學生〉，《內江師範學院學報》No. 7
Vol. 24，2009 年。

式的。」〔註9〕回歸的留日學生在政治、經濟、教育、軍事等許多領域都發揮了重要的作用，川籍的回歸學人也是如此。保路運動的領袖人物蒲殿俊（1875～1935）、鄧孝可（1869～1950）在事件發生前都剛從日本遊學歸來。

在李劼人筆下，蒲殿俊、鄧孝可作為有史可查的保路運動的領袖人物是文獻式處理的。也就是說他們的言行是作為歷史事件發展的一部份敘述的，而他們並未成為小說的主要人物。但留學或遊宦日本是李的省城地方敘事的很重要的部分。它是人物心理行為的注釋，也是晚清社會地方情勢變動的標誌之一。在三部曲中，幾乎所有的官紳商家庭都有出東洋和出過東洋或想出東洋的子弟。東洋在《暴風雨前》是以「我們老大帝國」的救藥由一即將留日的青年介紹給主角之一的郝達三的：「日本與我們同文同種，而在明治維新前，其腐敗也同，其閉關自守也同，……一旦效法泰西，努力維新，而居然達其目的。又是我們的東鄰，我們只要學它，……它怎樣做，我們也怎樣做……我們既有成法可取，當然用不著那麼久的時間，多則五年，少則三年，豈不也就富強了？」〔註10〕這位微末鄉紳出身的正在努力成為新少年的少年口中的東洋當然不過是對當時時新文明話語的重述。其中強國富民的訴求加上了國夢家夢的急功近利。「維新」與「稱霸東亞」是在此初次出場的日本形象的關鍵詞。雖然郝在當時對新政新學及新派少年都似懂非懂，也隨即悟出了中國欲求富強，只有學日本的道理。更重要的是，在曾經遊宦日本幾個月的好友葛寰中幫助下，很快認識到了出洋與在這個新世界上安身立命的關係。雖然他的兒子郝又三因母親不捨等原因未能成行，這位向郝家第一次介紹了東洋的新少年蘇星煌多年留學回來後成了郝家的女婿。蘇在日本留學的期間關心時政，和保路運動的領袖們一樣成了立憲派。歸國後官做到了帝國的中心北京。而且他在北京的家也是新式的：他的太太，郝家在成都上過新學的大女兒，常常在男女同處的社交場合大發政見。

其實李劼人小說系列中更重要更有意思的留日人物是尤鐵民。尤和蘇一樣是四川士紳背景的新派少年。但旅日後加入了同盟會，成了激進的革命人物。回川後東躲西藏冒險搞革命活動。在被搜捕期間隱居郝家與郝大小姐搞自由戀愛，爾後不辭而別。有意思的是這個書中至始至終的激進人物，在保

〔註 9〕 李怡：《日本體驗與中國現代文學的發生》，臺灣：秀威信息公司，2008 年，第 13～14 頁。
〔註10〕 李劼人：《暴風雨前》，2011 年，第 6 頁。

路運動以及引發的全民大暴動中卻無絲毫作為。除了早期暗中準備搞爆炸起事，失敗後就緲無下落。但作為小說系列的主要人物之一，他的作用卻非常重要。他的激進和留日經歷在李的敘事計劃中是用以表現地方情勢，社會關係，人物行為的漸變的——是地方變化與其異質和世界背景關係的呈現，而不是對歷史事件的表述。在李劼人的小說省城革命史裡，尤和其它的激進革命黨人在事件進程中的作用有限，他們的經歷，行為，情感卻是世紀末地方社會情勢，思想傾向，人物行為方式變化的具體呈現點。他們的東洋留學背景更是彰顯了這種變化的歷史特殊性。尤鐵明的激進活動在保路運動以及其引發的歷史大變動中的直接作用可有可無，但他在郝家以及省城的士紳子女圈中留下的情感和思想行為的漣漪卻不僅僅是微瀾。郝家父子甚還女兒們都成了維新或革命的身體力行者。在《大波》中才出現的留日歸國學生周宏道是全面維新的。他真心實意地想在省城推行實施法政。但他對省城社會最大的貢獻是給公館生活帶來了更新更洋化的日常起居和吃喝玩樂的方式，並使一位官紳家的老小姐有了性和婚姻的歸宿。李劼人在這裡並非反諷士紳的革命不徹底性。日常起居和兩性關係在小說中與歷史大事件相輔相成。周宏道和其它留學生的留（東）洋和回歸其歷史作用並不局限於他們在革命事件中的具體表現和用處。作為個體和頗為可觀的群體，他們是地方變化的世界背景的心理，行為，文化主體的體現。他們的重要性在於他們是省城社會生活，生存方式，情感的漸變過程中異質性（來自異鄉的，新奇的）變為同質性（本地生活情感方式）的一部分。

李劼人的方志式省城革命史可以被看作格里格·鄧寧所定義的地方社會的族群史。其要點不僅在於所謂的國族大歷史都是有時間地點的，受不同所在地的社會文化所制約，更關鍵的是要通過抓住這樣的歷史中最重要也是其內涵最含混不清的時刻來審視它們彼時和現在的意義。〔註11〕李劼人筆下的四川保路運動和辛亥革命毫無疑義是中國近代史上這樣的關鍵時刻，其歷史意義需要不斷重新審視。在這樣的族群史中，革命，暴動，改朝換代的大歷史同時具有民俗人類學的意義。革命不僅是政治形式，國族制度的遽變，而且是地方世界生存方式，生命形態的變異。他鄉在地方遽變中所起的複雜作用，包括留日學生在清末社會變化中所扮演的角色，都讓讀者不得不重新思

〔註11〕 Greg Dening, *Performances*, Melbourne: Melbourne University Press, 1996: 44-45.

考這些歷史事件和對它們的表述的意義。既以物化的形式出現又是新的正在
形成的地方心理情感文化主體的一部分的他鄉在李的三部曲中是省城革命史
和二十世紀初中國社會，政治，經濟，文化大變動的背景，參照，和在場的
引發變動的勢力之一。

參考文獻

1. Dening, Greg. *Performances*, Melbourne: Melbourne University Press, 1996.

2. 丁帆：《中國鄉土小説史》，北京大學出版社，2007 年。

3. Finnane, Antonia. 「Yangzhou's "Modernity": Fashion and Consumption in the Early Nineteenth Century,」 *positions: east asia cultures critique*, 11, 2003: 395-425.

4. Feng, W. 「Yi, Yang, Xi, Wai and Other Terms: the Transition from "Barbarian" to "Foreigner" in Nineteenth Century China,」 *New Terms for New Ideas: Western Knowledge and Lexical Change in Late Imperial China*, ed. M. Lackner, I. Amelung and J. Kurtz, Leiden: Brill, 2001: 95-124.

5. 郭沫若：〈中國佐拉之待望〉，《中國文藝》1937 年第一卷第二期，1937 年 6 月 15 日。

6. 李劼人：〈《死水微瀾》前記〉，《李劼人全集》第九卷，成都：四川文藝出版社，2011 年，第 241～243 頁。

7. 李劼人：〈大波第二部書後〉，《李劼人選集》第二卷，成都：四川人民出版社，1980 年，第 951～955 頁。

8. 李劼人：《死水微瀾》，《李劼人全集》第 1 卷，成都：四川文藝出版社，2011 年。

9. 李劼人：《暴風雨前》，《李劼人全集》第 2 卷，成都：四川文藝出版社，2011 年。

10. 李劼人：《大波》，《李劼人全集》第 3、4 卷，成都：四川文藝出版社，2011 年。

11. 李怡：《日本體驗與中國現代文學的發生》，臺灣：秀威信息公司，2008 年。

12. 茅盾：《子夜》，北京：人民文學出版社，2008 年。

13. 沈從文：《邊城》，北京：中國青年出版社，2014 年。

14. Skinner, G. William Ed. *The City in Late Imperial China, Studies in Chinese society*. Stanford: Stanford University Press, 1977.

15. 張金蓮：〈走出夔門——論清末四川留日學生〉，《內江師範學院學報》，No. 7 Vol. 24，2009 年。

（作者單位：澳大利亞新南威爾士大學人文語言學院）

中國近代藝術中的日本因素

日本經驗與中國近代學堂樂歌的發生

傅宗洪

〔摘要〕二十世紀初葉，由留學日本的部分中國學生發起並通過其創作、出版，隨後在以上海爲中心的中國大陸開展了一場長達二十餘年的學堂樂歌運動。這場運動的發生，源於日本明治維新開始的「學校唱歌」運動的影響，其理論、方法、實踐方式等都因此而打上了深刻的日本「烙印」。本文的研究，一方面試圖從一個特定的視域進一步拓展近代中日文化交流史的研究，另一方面則試圖從思想、教育、音樂、文學等多角度對學堂樂歌現象進行歷史的解讀。

〔關鍵詞〕學堂樂歌、日本經驗、近代、教育變革、啓蒙

　　將音樂教育〔註1〕納入新式教育體制的思想從萌芽到生根開花，並非晚清思想先驅的發明，而是他們以「拿來主義」的方式「遠法德國，近採日本」的結果。〔註2〕汪婉曾經指出，根據《奏定學堂章程》建立的清末學校制度的最大特點，是徹底地模仿了當時日本的學校制度。〔註3〕

　　「遠法德國」對於當時多數青年學人而言，其「師法」之路的確太遠。這個「遠」不僅僅是空間上的，還是經濟、文化上的；因而，「近採日本」成爲眾多「別求新聲」的夢想者的首選。〔註4〕

　　雖然日本與中國同時面對西方的衝擊與挑戰，但日本卻在經歷了歐風美雨的洗禮後，步西方的後塵，迅速崛起於東方。這對於謀求「自強新政」的中國知識界來說，無疑成爲其首選的傚仿榜樣，而日本文化教育在近代的成功轉換則構成了中國近代教育變革以日本模式爲學習對象的重要前提；在當時的知識界，尤其是在留日知識分子群體中，有關中國教育變革的問題，甚至有相當明顯的「唯日本論」傾向。儘管面對強大的西方世界，日本也自我定位爲「學生」，但日本明治維新的成功，無疑使其在中國人面前，又搖身一變而具有了「老師」的身份和地位。立憲派代表人物湯化龍就曾以難以掩飾的豔羨口吻，讚揚日本的學校音樂並對「內地士夫」頗有微詞：

　　　　自希臘開文明之幕，以音樂列教育之科，復經諸大家之發明，
　　　踵步後塵，遍及歐美。扶桑島國，吸星宿之流而揚其波，音樂專科，

〔註1〕 在晚清至民初這一階段，知識界對音樂教育的認識，主要還停留在唱歌教育這一層面，因此，當時所使用的「音樂」相當程度上近於「樂歌」這一概念，而音樂教育則基本上對應於「學堂樂歌」，日本則更多地以「學校唱歌」稱之。

〔註2〕 康有爲1898年首先在〈請開學校摺〉提出這一主張，據陳學恂主編《中國近代教育文選》，北京：人民教育出版社，1983年8月版，第109頁。《女子世界》1904年第1期發表轟動一時的樂歌作品《醒世歌》，其中便有「近追日本遠歐美，世界文明次第開」之句，可以看出「別求新聲於異邦」的思想在當時相當盛行。

〔註3〕 汪婉：《清末中國對日教育視察研究》，汲古書院，1998年，第366～368頁。

〔註4〕 對於中國學生爲何多選擇日本留學，日本學者實藤惠秀認爲有如下五個方面的原因：一、中日甲午戰爭日本打敗中國，這恰恰刺激了中國知識界以敵手爲師的願望；二、日本語言上與中國有血緣關係，即所謂「同文」之國；三、中日兩國風俗習慣相似，使留學生在生活上較易適應；四、中日兩國距離較近；五、比起歐美國家，日本的學費、生活費相對低廉。此可參閱實藤惠秀著：《中國人留學日本史（修訂譯本）》第一章，譚汝謙、林啓彥譯，北京：北京大學出版社，2012年4月版。

永定學制。三尺童子，束髮入塾，授之以律譜，教之以歌詞，導活
潑之神，而牖忠愛之義。浸淫輸灌，養成能獨立、能合群之國民，
黑子彈丸，一躍而震全球之目。以吾國國力之弱，民氣之痿，轉捩
之鍵，全恃小學陶溶鼓導，音樂一科，有不能刻緩之理。而內地士
夫，尚多囿蛙蠡之識，鄙夷小道而不肯過問，即過問而亦不得其津
涘。移風易俗，要道督然，斯可悲也。〔註5〕

引起晚清思想界高度關切的是：「黑子彈丸，一躍而震全球之目」的日本
如何在保持既有文化傳統的同時，成功地引進了西方的現代文化理念及其中
所包含的先進教育體制，從而使曾經衰微的日本國經過短短二十多年的發展
而迅速崛起？曾經給洋務運動中遠赴西方考察的官僚知識分子以「震驚感」
〔註6〕而又給留日知識分子巨大啟迪的「音樂」，不僅成為日本新式教育體制
的有機構成部分，而且也順理成章地成為作為學生的留日啟蒙知識分子教育
變革具體課程設置的基本構想。〔註7〕

「大處著眼，小處著手」，可以大致不差地概括東渡日本的那批青年學人
拜師日本學習音樂教育的基本狀態。意味深長的是，熱衷於相關問題討論
的，起初多不是專攻音樂教育的行家裡手；因此，在他們充滿鼓動性的相關
討論中，思想的強度遠遠大於對具體專業的認知強度，曾經給予學校音樂教

〔註5〕 湯化龍：〈《教育唱歌集》敍言〉，1906年，見張靜蔚編選、校點：《中國近代
音樂史料彙編（1840～1919）》，北京：人民音樂出版社，1998年12月版，第
152頁。

〔註6〕 相關考察人士多有關於欣賞西方音樂的記載，其傾慕之情溢於言表。如張德
彝《再述奇》就有如此文字：「初五日……晚，都富約往名醫孟達家聽曲，男
女優人二十餘名，皆巴里（現譯「巴黎」——引者注）著名絕技，雖曲文不
甚了了，其音韻之曲折，聲調之悠揚，令人神往。」張德彝：〈再述奇〉，見
張靜蔚編選、校點：《中國近代音樂史料彙編（1840～1919）》，北京：人民音
樂出版社，1998年12月版，第9頁。黎庶昌著：《西洋雜誌》中也對西方音
樂於人的道德規訓所發揮的作用予以激賞：「（參觀高校）……持樂器者數十
百人，亦兩兩相併，別為一隊，詢其所歌之辭，則先祝君主天祐，次及太
子，次及……願天祐之中國聖人。所以教人必先之以樂歌，所以宣志導情，
以和人之心性。聞此歌詞，亦足使人忠愛之意，油然以生，三代禮樂盡在是
矣。」黎庶昌著：〈西洋雜誌〉（1876年），見張靜蔚編選、校點：《中國近代
音樂史料彙編（1840～1919）》，北京：人民音樂出版社，1998年12月版，第
69頁。

〔註7〕 張前先生認為：「學堂樂歌，是直接仿傚日本學校歌曲，學習和借鑒日本學校
歌曲的創作經驗，首先由中國留日學生創作和推廣開來的。」見張前著：《中
日音樂交流史》，北京：人民音樂出版社，1999年10月版，第309頁。

育以巨大影響的梁啓超便是其中最具影響力的代表人物之一。梁啓超自稱
「不解音律」，並且批評同時期另一個熱衷於樂歌運動的思想家黃遵憲「與余
同病也」，〔註8〕但是，作爲一個啓蒙宣傳家，梁啓超卻傾注了極大的熱情關
注學校音樂教育；他不僅在其主編的《新民叢報》刊發學校音樂教育的相關
言論與消息，撰寫有關學校音樂教育的批評文字，〔註9〕同時還身體力行地創
作樂歌歌詞。他從留日學生曾志忞編輯出版《教育唱歌集》中獲得啓發，也
受到鼓舞，極力鼓吹「唱歌」課程於新式學校教育的重要性：「今日不從事教
育則已，苟從事教育，則唱歌一科，實爲學校中萬不可闕者。」〔註10〕爲何
「萬不可闕」？或許是鑒於「詩話」的論說性質，只能點到爲止；或許的確
是因其音樂修養的欠缺，只好點到爲止。但是，作爲一個叱吒風雲的思想界
領袖，梁啓超這樣的決絕態度不能不在留日學生中掀起波瀾，也給那些有志
於音樂教育變革的年輕啓蒙者以鼓舞，在「號召」與「踐行」之間形成一種
良性的互動關係。事實也證明，在梁啓超的號召與鼓動之下，「樂學漸有發達
之機」，樂歌的創作與結集出版、樂學理論的探討與音樂社團的創立、音樂會
的舉辦與專業化或「速成」性質的音樂學習都逐步成規模之勢；對此，梁啓
超倍感欣慰，稱其爲「我國教育界前途一慶幸」。〔註11〕如果說，梁啓超式的
精神領袖更多地是「大處著眼」，那麼，以曾志忞、沈心工、李叔同、辛漢等
爲代表的年輕一代啓蒙者則是從「小處著手」——拜師學藝、創作歌詞、出
版歌集、譯介理論、主編刊物、舉辦音樂會、開設樂歌課程等等。曾志忞似
乎深諳此道：「欲喚起全國之精神，一般之智識，是非一二報紙空談嘲論所能
奏效。非有數輩犧牲，修養技術，磨煉品格，忘食忘寢，無我無私，則不能
鼓動。」〔註12〕這是一種社會批評，也是一種自我勉勵。的確，「啓蒙」也好，

〔註8〕 梁啓超著：《飲冰室詩話‧七八》，北京：人民文學出版社，1959 年 4 月版。
關於音樂，遊學日本且與梁啓超過從甚密的湯化龍也曾坦言「予於此道略無
所知」。湯化龍：〈《教育唱歌集》敘言〉，1906 年，見張靜蔚編選、校點：《中
國近代音樂史料彙編（1840～1919）》，北京：人民音樂出版社，1998 年 12
月版，第 152 頁。

〔註9〕 這些文字最初以《飲冰室詩話》爲名，連載於 1902～1907 年《新民叢報》的
「文苑」欄目，後收錄於 1925 年出版的《飲冰室文集》。不過，關於學校音
樂教育的文字只占《飲冰室詩話》一小部分篇幅，其中大量的還是有關詩歌
問題的評述。

〔註10〕 梁啓超著：《飲冰室詩話‧九七》，北京：人民文學出版社，1959 年 4 月版。

〔註11〕 梁啓超著：《飲冰室詩話‧一一九》，北京：人民文學出版社，1959 年 4 月版。

〔註12〕 志忞（曾志忞）：〈音樂教育論〉，載《新民叢報》1904 年第 14 期、第 20 期。

「救亡」也罷，絕非坐而論道，紙上談兵，亦非朝夕之間便手到擒來；「喚起」是一個漫長的過程，它需要品性，同時也不能忽略「技巧」和態度上的執著，當然還包括「小處著手」的堅持。

這種全方位、多角度的展開，成功實現了「發達學校社會音樂，鼓舞國民精神」〔註 13〕的文化目標，最終使學堂樂歌作爲踐行學校音樂教育的維新理想而成爲了一場轟轟烈烈的運動。

一、超越「雅樂」，抵制「俗樂」

按理說，傳統中國有歷史悠久的「樂教」與「詩教」傳統，從深厚的歷史傳統中尋求自我更新的活力應該成爲題中之義，大可不必遠赴扶桑島國而「別求新聲於異邦」。在我看來，這樣的「舍近求遠」的選擇有兩個基本動因。第一，近代以降，國際化思維與民族情緒始終是中國知識界難以平衡的一種心理糾結，自鴉片戰爭始到中日甲午戰爭，由於中國始終處於劣勢地位，民族自信受到重創，國際化思維漸占上風，從異域——哪怕是作爲敵國的日本——尋求自我變革的動力成爲普遍認可的選擇。第二，儘管仍然有相當數量的民粹主義者沉湎於「吾中國素有樂也」〔註 14〕的歷史懷想之中，文明傳統的巨大律動促成了他們對民族音樂傳統的認同，以至於「泥古」之風、「自恃」之氣盛行，但「雅樂久亡」卻是一個不爭的事實。李叔同對此曾無不感傷：「樂經云亡，詩教式微，道德淪喪，精力蠶摧。」〔註 15〕李叔同的如此慨歎在當時具有相當的代表性，而且其中所包含的歷史判斷還不斷得到同仁的呼應，萬繩武就認爲：「我國自三代以還，樂典散佚，雅樂淪亡。故樂理不明，而樂政亦以不修。其僅存於今日者，樂聲之末而已。」〔註 16〕面對這樣的歷史處境，連官方也有些無可奈何，雖然晚清政府認識到「移風易俗，莫善於樂」，但客觀現實是「古樂雅音，失傳已久」，因此，「此時學堂音樂一門，只可暫

〔註 13〕〈亞雅音樂會之歷史〉，載《新民叢報》第 3 年第 3 號，1904 年。

〔註 14〕參閱曾志忞：〈《樂典教科書》自序〉，1904 年，見張靜蔚編選、校點：《中國近代音樂史料彙編》，北京：人民音樂出版社，1998 年 12 月出版，第 209 頁。

〔註 15〕李叔同：〈國學唱歌集·序〉，1905 年作於日本東京，見李莉娟選編：《李叔同詩文遺墨精選》，北京：中國文聯出版社，2003 年 10 月版，第 235 頁。

〔註 16〕萬繩武著：〈樂辨（節錄）〉，1911 年，見張靜蔚編選、校點：《中國近代音樂史料彙編（1840～1919）》，北京：人民音樂出版社，1998 年 12 月版，第 233 頁。

從緩設，俟將來設法考求，再行增補。」〔註17〕雅音失傳固然令人扼腕歎息，不過，即使其依然餘韻尚存，也未必能夠救中國的學校音樂於危急之中，這是因爲雅音是與傳統中國相伴而生的歷史存在物，不僅其內在精神無法與日漸開放的中國社會相融合，而且其基本手段、方法、技術等都在相當程度上與近代化進程中的中國難以湊泊。匪石就認爲，中國古代的雅樂是「朝樂」而非「國樂」，因此，「其取精不弘，其致用不廣，凡民與之無感情。」〔註18〕由於雅樂的陽春白雪性質，期望其與一般民眾共鳴，甚而作爲學校音樂教育的活的源泉，顯然是不合時宜的。而且，「漢唐以來，樂歌學與樂器學，歧而爲二。故雖有空前絕後之傑作，只能吟詠，不能歌唱。」〔註19〕「吟詠」與「歌唱」雖然均訴諸於聽覺，在傳達方式上看似類同，但在聽覺審美的層次上還是有較大的差別；曾經接受學堂樂歌洗禮的語言學家周有光先生對此即有頗有見地的評價，他認爲「吟詠」是比「歌唱」相對較低的一種聽覺藝術的傳播模式，因其音樂性更差。〔註20〕或許由於對現代聲音美學還缺少更爲系統的修養，劍虹未能對「吟詠」與「歌唱」作更爲詳盡的理論辨析，但他卻通過對西方歌曲的例舉，證明「歌唱」在喚起民眾、鼓舞精神方面所能發揮的更大的作用，由此鼓勵音樂界人士「多編國歌，叫醒國民」。相比於傳統的「吟詠」，他認爲「歌唱」更符合學校音樂教育的性質。〔註21〕儘管現在看來，劍虹的論證顯得粗淺，但其開闊的眼光和中西比較的方式的確切中傳統雅樂的要害之處。

對於致力於學校音樂變革的這批年輕的啓蒙者來講，不僅要面對「雅樂淪亡」後的斷裂痛苦，而且還要面對「俗樂淫陋」且甚囂塵上的現實抗爭：「詩亡以降，大雅不作，古樂之不可驟復，殆出於無可如何。而所謂今樂，則又

〔註17〕 張百熙、榮慶、張之洞：〈學務綱要〉，據《奏定學堂章程·學務綱要》湖北學務處本，光緒二十九年（1903）十一月，見舒新城編：《中國近代教育史資料》（上冊），北京：人民教育出版社，1981年3月版，第209頁。

〔註18〕 匪石（陳世誼）：〈中國音樂改良說〉，載《浙江潮》第6期，1903年6月。

〔註19〕 劍虹：〈音樂於教育界之功用〉，原載《雲南》第2期，1906年，見張靜蔚編選、校點：《中國近代音樂史料彙編（1840～1919）》，北京：人民音樂出版社，1998年12月版，第221頁。

〔註20〕 參見中央電視臺專題片《啓蒙年代的歌聲》中對周有光的專訪。此爲專題介紹學堂樂歌運動的音像作品，其中對當事人的專訪有較高的參考價值。

〔註21〕 參閱劍虹：〈音樂於教育界之功用〉，原載《雲南》第2期，1906年，見張靜蔚編選、校點：《中國近代音樂史料彙編（1840～1919）》，北京：人民音樂出版社，1998年12月版，第221頁。

卑險淫靡若此，不有廢者，誰能與之？」〔註 22〕如果說雅樂的淪亡是無可奈何之事，那麼，俗樂的風行就是一個繞不開的話題：「現時只有簫、笛等俗樂，所吹的兼且是〈十二杯酒〉、〈二十四糊塗〉、〈玉美人〉等卑劣的調子，此種卑劣調子，陶育出來的國民，所以都是醉生夢死的。」〔註 23〕「世之人耽於聲色之好，復競爲靡靡之音，以圖悅耳」〔註 24〕的社會風氣，怎麼講都是與新式學堂音樂教育的理想格格不入，這是因爲，「悅耳者必不適於修養，亦猶美食不必合於衛生也。……中國的俗樂，是很悅耳，壞處也就在此。」〔註 25〕「悅耳者必不適於修養」的判斷因其籠統而顯得相當武斷，但內中隱含的抗爭的執著還是令人感懷的。其實，如果將孫時的「悅耳者」的判斷還原到當時的歷史語境中便可發現，其所言並非指聲音美學層面上的「動聽」，而是指社會倫理層面上的文化刺激，這種刺激如竹莊所言，即爲「科名、男女、強盜」〔註 26〕三大類。儘管「悅耳」的罪過主要源於俗樂中的唱詞，但歌曲的記憶卻是整體性的，即使用「舊瓶」（即音樂）裝「新酒」（即唱詞），也難以逃脫「靡靡之音」的社會評價，難以擺脫聚訟紛紜的歷史命運。李叔同依據民間樂曲〈老六板〉填寫的〈祖國歌〉〔註27〕即因此而運交華蓋：

〔註 22〕匪石（陳世誼）：〈中國音樂改良說〉，載《浙江潮》第 6 期，1903 年 6 月。

〔註 23〕孫時講述、鄭崇賢筆記：〈音樂與教育〉，原載《雲南教育雜誌》1919 年第 7 期，見張靜蔚編選、校點：《中國近代音樂史料彙編（1840～1919）》，北京：人民音樂出版社，1998 年 12 月版，第 297 頁。

〔註 24〕萬繩武著：〈樂辨（節錄）〉，1911 年，見張靜蔚編選、校點：《中國近代音樂史料彙編（1840～1919）》，北京：人民音樂出版社，1998 年 12 月版，第 233 頁。

〔註 25〕孫時講述、鄭崇賢筆記：〈音樂與教育〉，原載《雲南教育雜誌》1919 年第 7 期，見張靜蔚編選、校點：《中國近代音樂史料彙編（1840～1919）》，北京：人民音樂出版社，1998 年 12 月版，第 297 頁。

〔註 26〕竹莊：〈論音樂之關係（常州音樂會演說稿）〉，載《女子世界》第 8 期，1904 年。

〔註 27〕這首作品初載《新民叢報》第 3 年第 3 號，1904 年 7 月 26 日出版，後又載上海《時報》1904 年 9 月 1 日；兩處刊載此作品時均未署名。關於這首歌詞是否爲李叔同所作，至今仍無定論。認定其爲李叔同所作的有黃炎培（此可參閱黃炎培：〈我也來談談李叔同先生〉，載上海《文匯報》1957 年 3 月 7 日）、豐子愷（此可參閱豐子愷：〈回憶兒時的唱歌〉，載《人民音樂》1958 年第 5 期）；認定其非李叔同所作的有張靜蔚（見其論文〈學堂樂歌《祖國歌》作者是李叔同嗎？〉，載《中央音樂學院學報》1983 年第 2 期）、郭長海（見其論文《《祖國歌》等詩非李叔同所作考〉，載《長春師範學院學報》1998 年第 1 期）、錢仁康（見其論文〈學堂樂歌的「張冠李戴」現象〉，載《黃鐘》1999

上下數千年，一脈延，文明莫與肩。縱橫數萬里，膏腴地，獨享天然利。國是世界最古國，民是亞洲大國民。嗚呼，大國民！嗚呼，唯我大國民！幸生珍世界，琳琅十倍增聲價。我將騎獅越崑崙，駕鶴飛渡太平洋。誰與我仗劍揮刀？嗚呼，大國民，誰與我鼓吹慶昇平！

這首曾經在留日知識分子中廣為流傳、頗受歡迎的作品，就歌詞本身而言，絕無可非議之處：激發民族自信，催人奮進獻身，頗有大國民氣度。此作品的非議由其填詞所依的曲調〈老六板〉而生。〈老六板〉又名〈老八板〉，係清乾隆年間流傳甚廣的民間曲調，因其流傳甚廣而被填入各種唱詞，清乾隆六十年（1795 年）出版的俗曲總譜《霓裳續譜》卷八，就刊有〈老六板〉最早的填詞歌曲〈留神聽〉，其唱詞如下：

> 光頭和尚淚汪汪，上殿去燒香，鐘鼓齊鳴響叮噹，口裡碎咕嚕。我佛如來坐中央，阿難伽葉立兩旁。保祐我和尚跳過牆，娶個好妻房。一日三餐美酒共豬羊。從今不再當和尚，一輩和尚當夠了，再當和尚把心傷。祝贊已畢下了殿，就與師娘洗衣裳。光頭和尚。〔註28〕

後人不斷以此曲調填寫新詞，雖然風格各異，但這些新詞都與「淫陋」之氣反向而行，如〈漁翁樂〉的清新、質樸，〈勉學歌〉的積極、奮發，〈桃花源〉的雅致、溫潤，〈夕會歌〉的天真、活潑；或許是〈留神聽〉太過「深入人心」，其歌詞的戲虐、輕佻之氣便浸透到曲調中去了，以至於讓人一聽到曲調便聯想到〈留神聽〉的唱詞，曲調也就因此背上惡名。對此，豐子愷先生曾有頗為有趣的回憶：

> 記得當時的同學少年們對這〈祖國歌〉有兩種看法：有一種人認為這歌曲「村俗」，不喜歡它。因為那時候提倡「維新」，處處模仿「泰西」，甚至盲目崇洋。所以他們都喜歡唱沈心工先生的歌曲（旋律是來自西洋和日本的），而不喜歡這首純粹中國風的歌曲。原來這歌曲的旋律是中國民間所固有的。我幼時請一個賣柴的叫做阿慶的人教胡琴，那人首先教我拉這曲子，其曲譜是「工工四尺上，

年第 2 期）。

〔註28〕參閱錢仁康著：《學堂樂歌考源》，上海：上海音樂出版社，2001 年 5 月出版，第 33～37 頁。

合四上，四上上工尺⋯⋯」。人們常常聽到這曲調，因此視爲「村俗」。還有一種人和他們相反，認爲這曲子好聽，容易上口。但在少年中這種人是少數，而多數是普通的成人。〔註29〕

少年中的多數認爲這首作品「村俗」，除了豐先生所批評的「盲目崇洋」以外，可能和這首作品曲調先前就背負惡名無不關係；而多數成人的認可，則是因爲他們的「普通」，文化水平不高，對「村俗」以及「村俗」背後的惡俗都有不同程度的認同乃至欣賞。

正是因爲歌曲的整體性特徵帶來的一定程度的模糊性和微妙感，以至於日本教習近森出來治來中國講學並採集中國俗樂之時，也小心翼翼，如履薄冰，「調之雅俗，音之洪纖」在他看來無傷大雅，他唯一懼怕的是與「音」「調」相生相伴的歌詞是否「出格」，當東亞圖書公司的鈴木先生邀其將收集到手的俗樂公開出版時，他不能不對其中的歌詞甄審再三，「擇詞意俱佳者，得一十有二曲」，而「用意折枝、流粗野鄙猥者，一切擠之不取」；之所以謹小愼微，就是害怕其中的「鄭聲亂風化，大負音樂教育之宗旨也。」〔註30〕

致力於振興音樂教育的年輕啓蒙者普遍認爲，音樂爲感情之教育，但是，「音樂之感化力，善惡俱有之」〔註31〕；正是因此，「移風易俗，莫善於樂」的古訓儘管依然縈繞於心，但他們對之已經有了更爲複雜的理解，在他們看來，「高尙者有高尙之音樂，淫穢者有淫穢之音樂」，音樂一方面可以「敦風善俗」，而另一方面則可能足以「喪風敗俗」。〔註32〕於是，拒絕俗樂成爲當時居於主導地位的音樂倫理準則。

面對「雅樂淪亡，俗樂淫陋」〔註33〕的時代困境，成長中的啓蒙者不能不陷入深深的憂慮之中，沈心工在輯譯日本音樂教育家石原重雄所著《小學唱歌教授法》時，就帶著刻骨銘心的「中國問題」：「以雅樂矯正風俗，其見功遲；以淫樂敗壞風俗，其見害速。故國中無雅樂，其風俗不問可知。即有

〔註29〕 豐子愷：〈回憶兒時的唱歌〉，載《人民音樂》1958 年第 5 期。

〔註30〕 （日）近森出來治：〈《清國俗樂集》第一集序〉，1908 年，見張靜蔚編選、校點：《中國近代音樂史料彙編（1840～1919）》，北京：人民音樂出版社，1998年 12 月版，第 131～132 頁。張靜蔚在編入此文獻時，未注明作者。

〔註31〕 我生〈樂歌之價值〉，原載《雲南教育雜誌》1917 年第 7 號，見張靜蔚編選、校點：《中國近代音樂史料彙編（1840～1919）》，北京：人民音樂出版社，1998年 12 月版，第 281 頁。

〔註32〕 志忞（曾志忞）：〈音樂教育論〉，載《新民叢報》1904 年第 14 期、第 20 期。

〔註33〕 曾志忞：〈《樂理大意》序〉，載《江蘇》1903 年第 6 期。

雅樂，而浮樂與之並行，亦難達其矯正風俗之目的。」〔註34〕相對於溫和的沈心工，曾志忞則表現出強烈的決絕姿態：「中國之物，無物可改良也，非大破壞不可，非大破壞而先大創造亦不可。破除好古之迂見，掃淨近今之惡習，苟利於國，當發明之。發明之不能，則採仿之。主斯義也，以革新中國，是無往不利，不然者無益。」〔註35〕口氣頗似我們心目中「五四」時期的文化英雄，但曾志忞卻可稱爲這批英雄的精神前輩。

二、日本的經驗及其中國化的可能

年輕氣盛的曾志忞雖然有著「中國之物，無物可改良」的自我批判精神，更有著「輸入文明，而不製造文明，此文明仍非我家物」〔註36〕的豪情壯志，但「留日學生」的角色不僅指陳著其社會身份，更規訓著其此時的心理身份。兩種身份的疊加使他在面對相當成功的日本學校音樂時，不能不表現出謙卑的姿態，其所作長篇論文〈音樂教育論〉不僅闢有專章討論「音樂之實修」問題，而且文中多有「求眞務實」以謀求學校音樂教育發展的表白：「音樂之輸入吾新世界，於今三年矣。然求一小學校唱歌教師，而不可多得，此何故耶？予得決之曰，無實修力也。往者不咎，來者可追。自今以後，願各減少名譽心，而加增實修力，音樂其或有發達之日乎。」〔註37〕從這裡我們可以看出，曾志忞不僅對「音樂之輸入」現狀相當不滿，而且直指造成不滿現狀的病因——無實修力，因此他才告誡同仁淡泊名利，提高實修力。

曾氏的焦慮與追求的執著在留日專修音樂的中國學生中頗具代表性。

正是因爲這樣的緊迫感和務實態度，在短短的三、四年時間內，他們就從日本學校音樂教育的歷史經驗中獲得了眞金白銀，並且將其落實於國內的學校音樂教育的初步實踐中，迅速形成了一場轟轟烈烈的學堂樂歌運動。〔註38〕

〔註34〕 沈心工輯譯：〈小學唱歌教授法（摘錄）〉，1905 年，見張靜蔚編選、校點：《中國近代音樂史料彙編（1840～1919）》，北京：人民音樂出版社，1998 年 12 月版，第 218～219 頁。

〔註35〕 曾志忞：《《樂典教科書》自序》，1904 年，見張靜蔚編選、校點：《中國近代音樂史料彙編》，北京：人民音樂出版社，1998 年 12 月出版，第 209 頁。

〔註36〕 志忞（曾志忞）：〈音樂教育論〉，載《新民叢報》1904 年第 14 期、第 20 期。

〔註37〕 志忞（曾志忞）：〈音樂教育論〉，載《新民叢報》1904 年第 14 期、第 20 期。

〔註38〕 據張前先生統計，從 1903 年出版的雜誌《江蘇》刊載樂歌作品到 1907 年，

那麼，日本的經驗又在哪些具體的方面啓發了中國的學堂樂歌創作和學校音樂教育的成長呢？

（一）學校音樂疆域的劃定

雖然有引進日本學校音樂教育體制的鴻鵠之志，但國內的現實是，不僅官方未予以必要的重視，甚至連必須的教材、師資、音樂設施等也多付闕如。借用多年前流行的一首歌曲的歌詞——「我拿什麼奉獻給你，我的小孩」——來描述試圖振興學校音樂教育的先驅者的心跡怕不爲過。曾經赴中國訪問且日後在東京音樂學校任中國留學生音樂教師的鈴木米次郎頗爲瞭解中國的國情，他之所以欣然爲帝國大學留學生辛漢編寫的《唱歌教科書》作「序」，是因爲他諳練中國音樂輝煌的歷史及現實的困境：「中古以降雅樂淪胥，凡家弦戶誦者，非高深艱澀之調，即下里巴人之曲，或有文而無聲，或有聲而不文。求其足以發揮國民之精神，舒暢兒童之腦筋，可詠可歌，可歌可和者，蓋已渺不可睹，誠言教育者之遺憾耳。」〔註39〕曾志忞則乾脆將音樂分爲兩類，即學校音樂與社會音樂：

> 春秋之時，最習聞者，如侍坐鼓瑟、武城絃歌，此得謂之學校音樂，蓋六藝之一也。至若朝廷之祝祭，庶民之冠婚，此乃社會音樂。

> 學校音樂，與社會音樂，不可不嚴別。以吾國今日學界觀之，社會音樂，流入下賤者，已不可救。吾人所當研究者，其在學校音樂乎。〔註40〕

在傳統社會，學校音樂是主流，爲六藝之一；而社會音樂進入近代以後，已流入下流社會，「大半淫靡」。在他看來，學校音樂的興旺發達，恰是抵制社會音樂流佈的最有效方式，後者「自然劣敗」。學校音樂是否具有這樣的強大力量還有待商榷，但其中所傳達出來的曾氏的人文情懷仍令人感懷。

　　僅四年時間，主要由中國留日學生編纂的唱歌集就達23冊，收錄近500首樂歌，並在中國各地、特別是東南沿海城鎮的新式小學和中學裡傳唱開來，形成學堂樂歌運動的第一個高潮。參見張前著：《中日音樂交流史》，北京：人民音樂出版社，1999年10月版，第311頁。

〔註39〕（日）鈴木米次郎：〈《唱歌教科書》序〉，1906年，見張靜蔚編選、校點：《中國近代音樂史料彙編（1840～1919）》，北京：人民音樂出版社，1998年12月版，第150頁。

〔註40〕志忞（曾志忞）：〈音樂教育論〉，載《新民叢報》1904年第14期、第20期。

由此我們可以看出，將學校音樂與社會音樂予以劃分，內中本身就包含著傳統的「禮樂」思想，日本的學校音樂只是部分地與其內心深處的思想積澱暗合了。

這樣的暗合也發生在沈心工身上。據陳懋治描述，上海務本女塾曾率先將樂歌列為其校所修科目，但任教於此的日本女教師河原操子所使用教材「歌詞多日文，不適於用己」，因此在他得知沈心工將赴日留學之時，殷切囑託：「今日學校音樂闕如，不得不取益於外。君故通音律，盍往學之，以為我國他日樂界改良之初祖乎。」或許正是因為受人之託，原本赴日並沒有明確學習音樂志向的沈心工不僅研習音樂，而且借鑒日本歌曲創作的經驗，開始了樂歌的創作。對此，陳懋治深感欣慰：「君頗韙其說，及遊日歸，而小學遂得有唱歌一科」〔註41〕。沈心工對自己赴日後的改換門庭也曾作了如下交代：「我在日本約有十個月，可以說一事無成。不過後來做歌出書的一件事，是在日本種的根。那時留學生會館裡請鈴木米次郎教唱歌，我也去學唱，略為知道了一點樂歌的門徑，就做起歌來。」〔註42〕這裡所言「樂歌的門徑」在我看來，既是技術性的，也是思想性的。技術性的門徑暫且不表，思想性的門徑則是日本學校歌曲中的那種既保留著禮樂傳統、又注入了現代意識的精神律動，那種將德、智、體、美澆灌於一體的新鮮氣息。這一門徑一旦打開，曾志忞、沈心工們便大受刺激，這在某種程度上不僅改變了他們的人生走向，而且給中國的學校音樂制定出新版圖提供了重要的參照以及必不可少的信心。

（二）追求「有用」，拒絕「純藝術」

從一開始走近日本學校音樂，這批年輕的啟蒙者就不是憑藉單純的個人興趣，甚至他們赴日留學的個人理想就在相當程度上受「救亡」「啟蒙」的社會理想所驅動；換句話說，他們的選擇與他們的社會抱負是緊密聯繫在一起的，專業志向、人生志向和社會志向是一種同向互動的關係。禮樂文明了然於心，教育救國的志向懷抱於心，日本的學校音樂就不僅成為他們教育救國

〔註41〕陳懋治：〈《小學唱歌教授法》序〉，1905 年，見張靜蔚編選、校點：《中國近代音樂史料彙編（1840～1919）》，北京：人民音樂出版社，1998 年 12 月版，第 124 頁。

〔註42〕沈洽整輯、編注：〈沈心工自傳〉，見沈洽編：《學堂樂歌之父——沈心工》，臺北：中華民國作曲家協會出版，第 27 頁。

的一種方式，而且也成爲一種投身音樂的助燃劑。本著「救亡」與「啓蒙」的宗旨，他們致力於將音樂教育與學生的道德培養（包括日常生活道德和當時背景下的社會道德——進取、尚武、強兵、愛國等等）以及相關的知識學習相結合，從而使學堂樂歌成爲負載提高「民智」、塑造「新民」的爲「民族」的藝術。

有學者認爲，鑒於當時教育救國的特殊歷史背景，日本明治時期的教育深受德國教育家赫爾巴特爲代表的「中心統合」理論的影響。所謂「中心統合」，簡而言之即是將基礎教育中的課程綜合化且向「道德」這個中心點輻輳。赫爾巴特認爲，教育的終極目的是培養德性或意志，孤立的、支離破碎的教材不利於以德性或意志爲核心的完整人格的形成，教材應以德性或意志爲軸心彼此關聯起來。在這樣的觀念影響下，「唱歌」課便呼之欲出了，因爲，就「唱歌」本身而言，不僅可以通過其中的音樂和歌詞對學生進行審美的薰陶，而且還可以通過歌詞將「道德」甚至其它的學科知識附著其上，由此實現一門課程、多重效應的教育理想。〔註 43〕從日本明治維新運動取法歐美以振興教育來看，赫爾巴特理論的影響不可低估。不過，著眼於中日文化之間深遠的歷史交流，我們還應該看到的是，自唐代以後，日本音樂、文學乃至整個日本的民族文化又深受中國的影響，「禮樂」精神早已深深融入日本的音樂文化並持續釋放出其綿邈的精神效力，「大凡教授唱歌，可以開闊兒童的胸腔，促進其健康，並陶冶其情感，涵養美德」〔註 44〕這樣的教育綱領，怎麼說也無法否認其對中國儒家禮樂傳統的傳承。對此，沈心工頗有心得：「惟唱歌則以道德與優美之理想化合，以激天良，……昔孔子以詩教人，實爲深得教育之原理。」〔註 45〕因此，將德育作爲學堂樂歌的核心內容並在歌詞中引進其它學科知識，既可以看作是中國近代學校音樂通過日本對西方教育理念的汲

〔註43〕 高婷在其所著：《留日知識分子對日本音樂理念的攝取——明治末期中日文化交流的一個側面》（北京：文化藝術出版社，2009 年 6 月版）中對之有相當詳盡的論述，可參閱。

〔註44〕 （日）《小學校教則綱領》（1881 年），內閣記錄局《法規分類大全》第 1 編，1891 年，學政門，第 377 頁，轉引自高婷著：《留日知識分子對日本音樂理念的攝取——明治末期中日文化交流的一個側面》，北京：文化藝術出版社，2009 年 6 月版，第 32 頁。

〔註45〕 沈心工輯譯：〈小學唱歌教授法（摘錄）〉，1905 年，見張靜蔚編選、校點：《中國近代音樂史料彙編（1840～1919）》，北京：人民音樂出版社，1998 年 12 月版，第 218 頁。

取，也可以看作是日本音樂文化對中國近代音樂的反哺。

　　勤勤勤，勤勤勤，太陽落山明月生。勤勤勤，勤勤勤，眼睛一
閃便成人。小鳥銜柴要做巢，桃花謝落要結果。勤勤勤，勤勤勤，
莫使光陰空錯過。蜜蜂會做蜜，蠶子會做絲。物物有事情，人也該
如此。勤勤勤，勤勤勤，少年及早勤勤勤。

——志忞（曾志忞）詞〈勤〉

　　南北東西大海邊，遠望來去船。去船何所見？船身先下水平線。
來船何所見？水面先露旗杆尖。可知大地到處彎彎，圓如橙子面。
山高水低，赤道膨脹兩極扁。吾人繞地行，宛似橙面蟻盤旋。

　　放眼天空氣青青，恒星數不清。太陽光熱大，吸引其屬水金星。
地球火木土，天王海王循軌行。坤軸自動晝夜分，公動四季定。一
年三百六十五日，四年逢一閏。月又繞地球，照我夜遊更多情。

——沈心工詞〈地球〉

　　〈勤〉是曾志忞爲幼稚園學生量身定製的作品，儘管其歌唱的口吻是童
稚化的，但其關於「勤勉」的教誨還是溢於言表。沈心工的〈地球〉則是一
首典型的借「唱歌」來傳授天文與地理知識的作品，其中的創作理念顯然來
自日本的學校「唱歌」的影響，那即是「使兒童口舌之間，引起各科之舊觀
念，而得新知識」〔註46〕。

　　自明治維新運動以來，將修身、學科知識、民族意識融入學校音樂課
程，這基本上成爲日本知識界、音樂界、教育界的共識；尤其在中日甲午
戰爭爆發以後，以強健體魄爲目的的體育課以及以宣傳「軍國民主義」的
尚武精神也大張旗鼓地進駐學校「唱歌」課程中——「使用千言萬語道軍情
戰績也不及一首軍歌易於兒童接受」〔註47〕。作爲戰敗一方，中國知識界
不能不痛定思痛，梁啓超就曾痛切地叩問：「日本人之恒言，有所謂日本魂
者，有所謂武士道者。又曰日本魂者何？武士道是也。日本之所以能立國
維新，果以是也。吾因之以求我所謂中國魂者，皇皇然大索之於四百餘州，
而杳不可得。吁嗟乎傷哉！天下豈有無魂之國哉？吾爲此懼。」〔註48〕蔡
鍔更是認爲，「居今日而不以軍國民主義普及四萬萬，則中國其眞亡矣。」

〔註46〕保三：〈樂歌一斑〉，載《江蘇》第 11、12 期，1904 年 4 月。
〔註47〕（日）《教育報知》第 462 號，1895 年 2 月 23 日，第 5 頁。
〔註48〕梁啓超：〈中國魂安在乎〉，載《清議報》第 33 冊，1899 年 12 月 23 日。

〔註 49〕這樣的叩問、呼籲、吶喊不能不對留日學生的創作心理帶來深刻影響。試以沈心工的〈搖籃〉一歌為例。這首受啓發於日本搖籃曲的作品，其創作初衷應該是以此仿製一首中國式的搖籃曲，其第一段的確又是朝著搖籃曲慣常的情感線索在推進：

搖床搖搖搖，囡囡要睡了。今朝囡囡醒來太早了。囡囡倦了，種種李相弗要，擲了皮球，放了喇叭，要媽抱。囡囡抱了，頭頸慢慢垂倒，眼睛濛濛，鼻管颼颼，呼吸小。

歌曲如果就此打住，就完全是一首徹頭徹尾的搖籃曲了。但置身於將「軍國民教育」放在國家治理、民族振興高度來鼓吹的時代背景中，原本單純的搖籃曲便自然被引向了尚武、忠孝、崇軍的宏大命題中去了：

搖床搖搖搖，囡囡搖慣了。囡囡航海不怕大風潮。爺娘祈禱，囡囡將來忠孝，帶了兵船，打了勝仗，真榮耀。搖搖搖搖，囡囡夢裡弗跳，眉頭一皺，嘴唇一嘻，微微笑。

從純粹搖籃曲的創作要求來看，這首作品多少顯得有些生硬，甚至有點「主題先行」的味道。或許正是這樣的緣故，在民國元年（1912 年）沈心工編纂《重編學校唱歌集（一集）》的時候，對第二段帶有明顯歷史印痕且又顯得突兀的部分作了較大修改：

搖搖搖，弟弟搖慣了。將來航海不怕大風潮。弟弟大了，一定會跑會跳，會盪秋韆，會走浪木，真快樂。搖搖搖搖，弟弟弗驚弗跳。眉頭一皺，嘴唇一嘻，微微笑。

如果說，從「搖搖搖」到「將來航海不怕大風潮」是一種合理的延伸的話，那麼，再進一步推進到「將來忠孝，帶了兵船，打了勝仗，真榮耀」的確顯得有些過頭。從這樣的版本比較中我們可以明顯看出，時代風雲與社會波瀾是如何在特定的歷史語境中隱蔽而又深刻地規約著創作者個人的內心悸動。

法國社會心理學家勒龐認為：「真正的歷史大動蕩，並不是那些以其宏大而暴烈的場面讓我們吃驚的事情。造成文明洗心革面的惟一重要的變化，是影響到思想、觀念和信仰的變化。令人難忘的歷史事件，不過是人類思想不

〔註 49〕蔡鍔：〈軍國民篇〉，原載《新民叢報》，1902 年，署名奮翮生，見毛注清、李龍、陳新憲編：《蔡鍔集》，長沙：湖南人民出版社，1983 年 1 月版，第 19 頁。

露痕跡的變化所造成的可見後果而已。」〔註50〕當親眼目睹日本人送親友參軍且在送行的標語上大書「祈戰死」的時候,梁啓超「矍然肅然,流連而不能去」,腦子裡立刻浮現的是「牽衣頓足攔道哭,哭聲直上干雲霄」的詩句,由此他獲得頓悟:「中國歷代詩歌皆言從軍苦,日本之詩歌無不言從軍樂」,而造成這一大相徑庭感受的根本原因則是日本國俗「尚武」,而中國國俗「右文」。〔註51〕面對有著強大「右文」傳統的四萬萬中國人,如何普及軍國民主義並將其鍛造成民族精神的一部分?日本的學校教育給了他們深刻的啓示:「凡屬普通學堂,均宜兼設測算、繪圖、體操、軍歌各課。」〔註52〕如果說測算、繪圖屬於智育範疇的話,那麼,體操和軍歌不僅屬於體育和美育的範疇,它們還是這一特殊時期非常重要的德育範疇了。我們至少可以從現存下來的樂歌中找到近十首直接以〈體操〉爲歌名的作品,當然,以體育和軍事爲表現內容的作品更是不計其數。一個頗爲有趣的例子是,1907 年上海科學書局出版了由徐少曾、孫掞編纂的一部題爲《表情體操教科書(又名〈唱歌遊戲〉)》的教材,其基本的編纂意圖是希望通過「遊戲」的方式,訓練學生的體操與唱歌的能力。編纂者共選用了二十首歌曲,設計了五十個遊戲;令人玩味的是,在這二十首作品中,以體育、尚武、軍事爲題材的就有十五首,足見編纂者普及軍國民教育的急迫心情以及其後的良苦用心。

隔著一百餘年的時間距離來回望這段歷史,很多人恐怕都難以眞切理解爲什麼那個時代會有如此眾多的體育歌、尚武歌和軍歌,當然,可能也會對其追求「有用」的藝術觀多有微辭。不過,這種「後設」的歷史觀測方式未必眞能洞悉其看似粗淺、直露的藝術選擇背後豐富的歷史內涵。對於中國近現代文學、藝術、教育的歷史研究,這樣的警覺我以爲未必多餘。

三、新音樂教育理念的形成與實施

赫爾巴特認爲,要實現「中心統合」的教學目標,必須堅持「社會本位」和「兒童本位」的原則;如果說前文所述將愛國、強身、尚武、崇軍等新思

〔註50〕 (法)古斯塔夫・勒龐著:《烏合之眾》,馮克利譯,北京:中央編譯出版社,
2004 年 1 月版,第 1 頁。
〔註51〕 參見梁啓超:〈祈戰死〉,載《清議報》第 33 冊,1899 年 12 月 23 日。這裡的
「右文」作「崇尚文治」解。
〔註52〕 〈普通學校宜兼課兵學說〉,載《東方雜誌》第 2 卷第 9 期,1905 年 10 月 23
日。

想、新道德強力灌注進「學堂樂歌」這個精神與情感的「容器」主要體現了「社會本位」原則的話，那麼，圍繞著新音樂教育所形成的一整套理念以及通過創作、教學而予以具體實施則更多地體現了「兒童本位」的原則。「聲音之道，與政通矣」〔註 53〕，那麼，通「政」之「聲音」如何才能夠抵達社會底層，其中尤其是那些不諳世事的髫齡兒童？固然「聲音之道，感人深矣」〔註 54〕，但「感人」之聲音抵達人心之途並非通衢大道，從「不諳世事」到「知音識曲」，其間不僅路途遙遙，而且通達的方法與手段都需借助於全新的知識、經驗，當然還包括引路人必不可少的智慧；對此，萬繩武頗有心得：「時至今日，世界交通，我國學子遊歷各邦，耳食於東、西音樂之美，漸知音樂之非小道，乃稍稍致心焉。」〔註 55〕既非小道，從何入手？作為學堂樂歌的始作俑者，曾志忞一一予以道破：

> 有技術，有學術，於是編唱歌集，設音樂科。若猶以為普及之不速，則月開音樂會，或日開講習會，或於公共地方，設奏樂堂，俾上、中、下社會人民，各知學校音樂之美。〔註 56〕

這可以說是實施學校音樂教育的基本框架了，但是，「技術」和「學術」又從何而來？在學校音樂教育方面獲得巨大成功的日本給了他們唾手可得的經驗，而其豐富的成果又成為他們直接仿傚的範本，何況他們身邊還有隨時可以求教的日本音樂導師——鈴木米次郎、伊澤修二、田村虎藏等多位日本學校音樂的開掘者都曾對他們言傳身教。

有了「技術」和「學術」的保駕護航，年輕的音樂啟蒙者們便邊學習、邊實踐，開始大膽為中國學生製作樂歌作品。當最初的樂歌作品呱呱墜地的時候，梁啟超興奮無比：「頃讀雜誌《江蘇》，屢陳中國音樂改良之義，其第七號已譜出軍歌、學校歌數闋，讀之拍案叫絕，此中國文學復興之先河也。」

〔註 53〕《樂記》，見蔡仲德注譯：《中國音樂美學史資料注譯》，北京：人民音樂出版社，2004 年 3 月第 2 版，第 272 頁。

〔註 54〕梁啟超、李叔同都持這樣的觀念，此可參閱李叔同〈《音樂小雜誌》序〉，原載《音樂小雜誌》第 4 期，1906 年 2 月，未署名，見郭長海、郭君分編《李叔同集》，天津，天津人民出版社，2006 年 6 月版，第 40 頁；梁啟超著：《飲冰室詩話‧五四》，北京：人民文學出版社，1959 年 4 月版。

〔註 55〕萬繩武著：〈樂辨（節錄）〉，1911 年，見張靜蔚編選、校點：《中國近代音樂史料彙編（1840～1919）》，北京：人民音樂出版社，1998 年 12 月版，第 233 頁。

〔註 56〕志忞（曾志忞）：〈音樂教育論〉，載《新民叢報》1904 年第 14 期、第 20 期。

〔註 57〕數闋軍歌、學校歌是否可以成爲「中國文學復興之先河」或許還見仁見智，但作爲留日知識分子精神領袖的「拍案叫絕」不能不讓這批年輕的音樂啓蒙者備受鼓舞，零星的創作已經難易滿足他們碩大的「實驗」胃口，教材的編寫與「樂歌」課的開設便成爲他們「做大做強」的更高目標；短短幾年內二十餘部教材的面世與以上海爲中心的唱歌課程的逐步開設，意味著從日本引進的學校音樂教育在中國的土地生根了。王國維無不欣悅地寫到：「今日教育上有一可喜之現象，則音樂研究之勃興是也。二三年來學校唱歌集之出版者以數十計。大都會之小學校亦往往設唱歌一科，至夏期音樂研究會等，時有所聞焉。」雖然王國維在大力表彰之後，就轉而對其時所編之教材提出了尖銳批評：「然就唱歌集之材料觀之，則吾人不能不謂：提倡音樂、研究音樂者之大半，於此科之價值，實尚未盡曉也」〔註 58〕。鑒於樂歌在當時的巨大影響力，跟風而行之人的確如過江之鯽，魚龍混雜在所難免。但即使僅就王國維未予否定的另一小半而言，初期的學堂樂歌仍是立有不世之功的；如果再結合其教學的實施，我們也應該說，這批留日學生的成績可圈可點，而其中所引進的日本經驗激活並刷新了中國的樂教傳統。我認爲，其中有兩方面的業績值得關注。

（一）針對學生特點，教授平易歌曲

1904 年，曾志忞出版《教育唱歌集》，梁啓超在對之進行介紹時，用了「爲之狂喜」來擊節讚歎：「其所編之歌，煞費苦心，如其〈告詩人〉篇中之言。」唯恐讀者不能認同其「狂喜」之緣由，他全文照錄〈告詩人〉一文。這篇不足五百字的文章究竟說了什麼？簡而言之，即是批評了中國詩人的四大固有毛病：「曰戀，曰窮，曰狂，曰怨」——「上者寫戀窮狂怨之態，下者博淵博奇特之名」；在他看來，這不僅遠離音樂，更遠離教育：「今吾國之所謂學校唱歌，其文之高深，十倍於讀本。甚有一字一句，即用數十行講義，而幼稚仍不知者。以是教幼稚，其何能達唱歌之目的？」他以歐美、日本的成功經驗爲武器，「廣告海內詩人之欲改良是舉者，請以他國小學唱歌爲標本，然後以最淺之文字，存以深意，發爲文章。」爲了證明曾志忞的理論聯繫實際，梁啓超特別例舉了其《教育唱歌集》中的三首作品：

〔註 57〕梁啓超著：《飲冰室詩話・七七》，北京：人民文學出版社，1959 年 4 月版。
〔註 58〕王國維：〈論小學校唱歌科之材料〉，載《教育世界》1907 年 10 月第 148 號。

老鴉（幼稚園用）

老鴉老鴉對我叫，老鴉眞正孝。老鴉老了不能飛，對著小鴉啼。小鴉朝朝打食歸，打食歸來先喂母，自己不吃猶是可，母親從前喂過我。

馬蟻（尋常小學用）

馬蟻馬蟻到處有，成群結隊滿地走，米也好，蟲也好，銜了就往洞裡跑。誰來與我爭？一齊出仗，大家把命拼。不打勝仗不肯回，守住洞口誰敢來？好好好！他跑了，得勝回洞好。有一處，更好住，要做新洞大家去。

莫說馬蟻馬蟻小，一團義氣眞正好。人心齊，誰敢欺？一朝有事來，大家都安排。千千萬萬都是一條心，鄰舍也是親兄弟，朋友也是自家人。你一擔，我一肩，個個要爭先。你莫笑，馬蟻小，義氣眞正好。

黃河（中學校用）

黃河，黃河，出自崑崙山，遠從蒙古地，流入長城關。古來聖賢，生此河干。獨立堤上，心思曠然。長城外，河套邊，黃沙白草無人煙。思得十萬兵，長驅西北邊，飲酒烏梁海，策馬烏拉山，誓不戰勝終不還。君作鐃吹，觀我凱旋。

從三首作品所預設的對象「幼稚園」、「尋常小學」、「中學校」可以看出，其歌詞的創作與選擇〔註 59〕不是以個人的趣味、而是以作為受眾的學生的實際接受能力為取捨的首要條件：幼稚園所用的〈老鴉〉，以一種寓言化的形象塑造表達了報效母親的主題，尋常小學用的〈馬蟻〉擬人化的歌唱傳達出「團結」的文化理念，中學校用的〈黃河〉從語言的文言化、高密度的歷史地理知識元素的加入以及「獨立堤上，心思曠然」所蘊含的深沉情感來看，其思想容量和精神強度以及語言的難度顯然超過了前兩首。這種對接受對象「差異性」的專注以及編排策略的考慮，顯然體現了選編者「以生為本」的立場。由此可以看出，梁啟超的「煞費苦心」的評價並非言過其實，而其「狂喜」之情也的確「喜」之有據。

〔註 59〕〈老鴉〉為龍毓麟作詞，〈馬蟻〉為志忞（曾志忞）作詞，〈黃河〉為楊度作詞。

　　這種以學生年齡差異與知識水平高低為音樂教材編寫出發點的理念，同樣體現在與《教育唱歌集》同年出版的沈心工編纂《學校唱歌集（初集）》之中。沈心工將其所編選作品分為甲乙丙三種，「甲種曲調平易，歌意淺顯，多言文一致，更參以遊戲，期合乎兒童之心理。凡幼稚園及尋常小學堂均可用。乙種之曲抑揚曲折，較難於甲，宜於高等小學及中學堂之程度。丙種為禮儀上特用之歌，故別之。」〔註60〕其甲乙兩種作品的擇取、編排，足見編纂者的苦心孤詣。鑒於當時國內音樂教師水平普遍不高，編纂者特地增加了「練音」、「唱歌」、「樂理攝要」、「風琴使用法」、「歌詞說明」等內容，再加上前面「凡例」之總體介紹，真可謂面面俱到且簡單明瞭，即使是「半罐子水」的老師，也基本上可以以此應對教學了。對於中國近現代學校音樂教材的編寫，沈心工的《學校唱歌集（初集）》可謂具有「發明」的意味。

　　這些堪稱優秀教材的編纂、出版，不僅深得其國內同行的認可〔註61〕，而且也獲得其日本先生的首肯。鈴木米次郎就先後為辛漢編纂的《唱歌教科書》和《中學唱歌集》作序（後者用的是「敘」）。比較兩篇「序」可以看出，前者只是泛泛而談、「以資鼓勵」而已，後者則是慷慨拋灑其溢美之詞了：

　　　　余為細加校閱，見所採原曲數十首，類皆東西名作，而措詞命意，亦復適合中學之程度。夫音樂一科，與各種教育相輔而行者也。小學時代，學生之腦力幼稚，故各種科學精神之教育，必附麗於形質；至中學，則智識漸完，優美之思想，完全之人格，必於此時期養成之。音樂之道，何獨不然。是編修辭、選曲，多以精神教育為主，其喚起倫理之觀念，政治之思想，振武之精神諸作，皆能令歌者奮然興起。然則是編之出，不獨為音樂界進化之先聲，其有補於國民之教育者，豈淺鮮哉。〔註62〕

以上文字可以見出作「敘」者對該教材編者意圖之解讀：所採曲調仍為

〔註60〕沈心工：《學校唱歌集（初集）・凡例》，見沈心工編：《學校唱歌集（初集）・凡例》，務本女塾，1904年，第1頁。

〔註61〕陳懋治、李寶巽、黃子繩、湯化龍等均有評論文字，此可參閱張靜蔚編選、校點：《中國近代音樂史料彙編（1840～1919）》，北京：人民音樂出版社，1998年12月版。

〔註62〕（日）鈴木米次郎：《〈中學唱歌集〉敘》，據辛漢著：《中學唱歌集》，1906年11月版，見張靜蔚編選、校點：《中國近代音樂史料彙編（1840～1919）》，北京：人民音樂出版社，1998年12月版，第159頁。

東西舊作，但歌詞乃新創之詞，而新創之詞是以接受對象爲創作的出發點的
——「措詞命意，亦復適合中學之程度」；在鈴木先生看來，中學的樂歌教育
與小學是有所區別的，即更強調「精神教育」，這樣的區別已經充分體現於兩
部教材集中了。由於是以「歌唱」的方式進行這樣的宏大社會命題的傳播，
因此他相信其效果必將令人滿意——「皆能令歌者奮然興起」。「敘」者實在
喜愛這個勤奮、聰明的中國弟子，甚至將溢美之詞擴展至其之前編纂的《唱
歌教科書》了：「著者曩撰《唱歌教科書》，修辭雅飭，選曲精當。出版不數
月，而重印數次。余深喜中國音樂之普及，而著者之作爲社會所歡迎，於此
亦可見一斑。惟前著程度較淺，可供中學教科之用者，僅數曲而已。中國今
日音樂之程度，繼長增高，其所需之教材，亦不能不與之俱進。」〔註63〕前
著之遺憾——「程度較淺」在後著中得以彌補，前後呼應，兩得其所，其中
國學生的辛勤勞作也堪稱功德圓滿了。

　　就學堂樂歌的音樂而言，其實並沒有多少創造、發明的意味，因爲絕大
多數樂歌作品都是採用歐美及日本已經流行的歌曲曲調填詞而成的，這實
在是因爲當時熱心於樂歌運動的先驅者們對西方及日本音樂理論的瞭解還
處於初級階段，而其音樂創作的經驗也還火候未到，半路出家、「速成」等
音樂經歷使他們還無法用音樂語言來一吐情愫。一味指責他們「借他人的酒
杯，澆自己塊壘」的做法或許有失公允。沈心工對當時某些持異議者就頗有
微辭：

　　　　世人往往以泰西之音樂，爲不合於吾國民之風趣，而大加擯斥，
　　可謂愚甚。世間萬物，皆有新陳代謝之機，否則立致腐敗。
　　　　磋呼，處此二十世紀開明之時代，猶以古來之音樂爲優美，而
　　採用各種古曲以教兒童，其不足以感發心態，又何待言乎。
　　　　欲感動一時之人情者，必製一時適宜之音樂，此自然之勢也。
　　　〔註64〕

　　對於人們的批評、質疑，曾志忞倒是坦然一些：「以洋曲填國歌，明知背

〔註63〕（日）鈴木米次郎：〈《中學唱歌集》敘〉，據辛漢著：《中學唱歌集》，1906
　　　　年11月版，見張靜蔚編選、校點：《中國近代音樂史料彙編（1840～1919）》，
　　　　北京：人民音樂出版社，1998年12月版，第159頁。
〔註64〕沈心工輯譯：〈小學唱歌教授法（摘錄）〉，1905年，見張靜蔚編選、校點：《中
　　　　國近代音樂史料彙編（1840～1919）》，北京：人民音樂出版社，1998年12
　　　　月版，第218頁。

離不合，然過渡時代，不得以借材以用之。」〔註65〕其實，在歌曲發展史上，以舊曲填新詞不僅中外皆有，而且很多時候還成爲音樂家、文學家們的至愛，宋詞的製作模式便是典型的例子，以至最終使中國詩歌的音樂化追求走上「依聲填詞」的僵化道路。由此看來，問題的關鍵或許並不在於是否以舊曲填新詞，而在於所取之舊曲與所填之新詞是否因緣巧合，鑿枘相應。對於早期學堂樂歌的這種選擇，後代學人不僅多予以寬容，而且更多地是予以理解與讚賞；作爲音樂的內行，他們深知「選曲填詞」或「依詞選曲」都不是一個簡單的操作過程，並不比爲歌詞寫一首新曲調來得輕快，是難度很大的作業。〔註66〕這是因爲，來自歐美、日本的曲調與原歌詞之間大都斗榫合縫，屬於「原配」，而且，其中不少作品都耳熟能詳，得到社會的廣泛認可，它們與聽眾之間甚至形成了某種程度上的美學「共同體」；更重要的是，歌曲作爲一種大眾化的藝術形式，是與社會審美趣味、時代風尚、文化傳統等多重因素「共感力」極強的藝術類型，當然其中的調性、節奏、音域特性等的彙聚，更使一首具體的作品個性鮮明，具有有相當程度的「自我」閉合性，這些因素相互「勾結」，很多時候使那些試圖「染指」者望而卻步。李叔同曾經嘗試走一條不同於以曾志忞、沈心工爲代表的用創作歌詞填入歐美曲調之路；他用歐美名曲填入中國古代詩歌名作，「商量舊學，綴集茲冊」〔註67〕，於1905年出版《國學唱歌集》。對自己的另闢蹊徑，他起初還頗爲自得：「余曾取〈一翦梅〉、〈喝火令〉、〈如夢令〉諸詞，填入法蘭西曲譜，亦能合拍。可見樂歌一門，非有中西古今之別。」〔註68〕他試圖以此走一條「強強聯合」之路，以實現其「攄懷舊之蓄念，振大漢之天聲」〔註69〕的鴻鵠大志。但

〔註65〕 志忞（曾志忞）：〈音樂教育論〉，載《新民叢報》1904年第14期、第20期。

〔註66〕 此可參閱張靜蔚：〈論沈心工、李叔同〉，原載《哈爾濱師範學院學報》1963年第1期，見張靜蔚編：《觸摸歷史——中國近代音樂史文集》，上海：上海音樂出版社，2013年2月版，張前著：《中日音樂交流史‧近代篇》第二章，北京：人民音樂出版社，1999年10月版。

〔註67〕 李叔同：〈國學唱歌集‧序〉，1905年作於日本東京，見李莉娟選編：《李叔同詩文遺墨精選》，北京：中國文聯出版社，2003年10月版，第235頁。

〔註68〕 李叔同：〈論學堂用經傳〉，原載《東方雜誌》第2年第4期，《附錄》之《商務印書館徵文》，上海，1905年5月28日（光緒三十一年），署名李惜霜，見郭長海、郭君兮編：《李叔同集》，天津：天津人民出版社，2006年6月版，第18～19頁，標題爲編者所加。

〔註69〕 《國學唱歌集》出版廣告，原載《時報》1905年6月6日，見郭長海、郭君兮編：《李叔同集》，天津，天津人民出版社，2006年6月版，第22頁。

是，很快他就發現，這樣的努力並未像沈心工們一樣迎來八方喝彩，而是令人猝不及防的冷淡，這不能不使他陷入痛苦：「去年余從友人之請，編《國學唱歌集》。迄今思之，實爲第一疚心之舉，前已函囑友人，毋再發售，並毀版以謝吾過。」〔註 70〕「毀版」的衝動顯然和其理想與現實的齟齬有很深的關係。提倡「風雅」的願望固然可嘉，中國式的「風雅」之詞或許也可以與同樣「風雅」的西洋名曲爭妍鬥豔，但卻不一定能夠琴瑟和鳴，因此，其「非有中西古今之別」的判斷實爲大謬。這也難怪其弟子豐子愷、裘夢痕在 1927年爲其纂輯《唱歌集》〔註 71〕時，將原《國學唱歌集》中的大多數作品忍痛割愛了。二人在「序」中含蓄地表達了其「割愛」之因由：「對於曲要求其旋律的正大與美麗；對於歌要求詩歌與音樂的融合」〔註 72〕。以第二條標準來衡量《國學唱歌集》，其詞曲的配搭顯然不盡人意。李叔同劍走偏鋒的精神令人敬仰，但其實驗效果卻差強人意；這也從一個方面說明，選曲填詞的確是實非易事。

事實上，留日學生的這種選擇也是來自日本學校歌曲的影響，只是日本當時效法的榜樣是歐美，而中國留日學生則把日本也加入榜樣的行列而已。

爲了實現學校音樂教育「平易」的理想，這批音樂的弄潮兒也頗多心思，其選擇也很見功力，其間當然也能夠見出他們從日本先生那裡獲得的真傳。比如，他們從鈴木米次郎那裡學會了源自英國的首調唱名法，他們廣泛地使用簡譜或將之與五線譜對照印製，這就大大降低了作爲「外行」的中小學、幼稚園學生學習音樂的難度，同時也克服了中國傳統記譜法——工尺譜的粗糙、簡陋以及因區域不同所帶來的記譜符號的各自爲政。〔註 73〕考慮到兒童

〔註 70〕 息霜（李叔同）：〈昨非錄〉，原載《音樂小雜誌》1906 年第 1 期，李叔同編，日本東京出版，見張靜蔚編《搜索歷史——中國近現代音樂文論選編》，上海：上海音樂出版社，2004 年 9 月出版，第 20 頁。

〔註 71〕 又名《中文名歌五十曲》，上海：開明書店，1927 年 8 月出版。

〔註 72〕 豐子愷、裘夢痕：〈《中文名歌五十曲》序〉，見豐子愷、裘夢痕合編：《唱歌集》（《中文名歌五十曲》），上海：開明書店，1927 年 8 月版。

〔註 73〕 美國傳教士狄就烈來華從事傳教活動，在教授中國教徒學唱聖詩時，就深爲中國的記譜法而感到頭痛：「中國樂法的短處，正在他的寫法不全備，又不准成，不能使得歌唱的人，憑此唱得恰合式。」狄就烈：〈聖詩譜‧原序〉，見張靜蔚編選、校點：《中國近代音樂史料彙編（1840～1919）》，北京：人民音樂出版社，1998 年 12 月版，第 94 頁。與曾志忞、辛漢等同年入學東京音樂學校的音樂家蕭友梅對此也頗有同感：「我國音樂發達雖在數千年前，然記曲法向無一定，且所用符號不能統一，以故雖有名曲，亦隨得隨失。不能保存

的生理特徵和接受能力,他們在音域的控制和調性的取捨以及單音與復音的
選擇上都悉心斟酌,周到安排,而這種種的斟酌與安排卻要以不降低音樂本
身的美感和音樂的豐富表現力爲前提,這樣才能夠實現如曾志忞所自我期許
的「正音律,調聲音,專以感發美情,涵養德性」〔註74〕的音樂教育理想。
在相當程度上,這也可以理解爲他們對中國音樂的獨特創造。

但是,音樂選擇上的「非原創性」並未影響他們在「填詞」方面的大展
宏圖;更進一步講,學堂樂歌在文學方面所獲得的成就遠在其音樂之上。

基於學校「唱歌」的目標,樂歌歌詞的創作必須走一條符合中國國情且
必須爲垂髫、總角之輩能夠聽懂的漢語寫作之路。這是一場「耳朵的文學
革命」〔註75〕。眾所周知,相對於眼睛的「看文字」,耳朵的「聽語言」難度
要大得多,化難爲易是歌曲、戲劇、電影以及公開演講等必須給予足夠重視
的方面。正是基於這樣的原因,「平易」更成爲這批學堂樂歌作家矢志不渝的
追求。

「作歌難,作歌難」〔註76〕,儘管語出曾志忞,但關於樂歌歌詞寫作難
的感歎之聲一直不絕於耳,幾乎貫穿了整個學堂樂歌運動。梁啓超雖然反覆
聲稱自己是音樂的「門外漢」〔註77〕,但對於歌詞的問題則不再以「門外漢」
自謙了;他不僅身先士卒,嘗試樂歌歌詞的寫作,而且有頗多極有見地的關
於樂歌歌詞創作的論述。彷彿是爲了回應曾志忞的感歎,他鞭闢入裡地指出
了「作歌難」的難處所在:「今欲爲新歌,適教科用,大非易易。蓋文太雅則
不適,太俗則無味。斟酌兩者之間,使合兒童諷誦之程度,而又不失祖國文
學之精粹,眞非易也。」〔註78〕「文」、「雅」二字,時常碰頭,但卻在本質

永遠也。」見樂天(蕭友梅)〈音樂概説〉,原載《學報》第 1 年第 1～6、8
號,1907 年 2 月～1908 年 4 月,日本東京,見陳聆群、洛秦主編:《蕭友梅
全集》第 1 卷,上海:上海音樂出版社,2004 年 11 月版,第 3 頁。

〔註74〕 曾志忞:〈教授方法〉,見曾志忞編:《教育唱歌集》,日本:東京教科書編釋
社光緒三十年(1904 年)4 月 15 日版,第 67 頁。

〔註75〕 (日)平田昌司語,參閱平田昌司:〈目的文學革命・耳的文學革命〉,原載
《中國文學報》第 58 期,2004 年 4 月,轉引自林少陽:〈未竟的白話文——
圍繞著「音」展開的漢語新詩史〉,載《新詩評論》2006 年第 2 輯,北京:北
京大學出版社,2006 年 10 月版。

〔註76〕 曾志忞:〈《教授音樂之初步》序〉,載《江蘇》1904 年 4 月第 11、12 期。

〔註77〕 梁啓超著:《飲冰室詩話・七八》,北京:人民文學出版社,1959 年 4 月版。

〔註78〕 梁啓超著:《飲冰室詩話・一百二十》,北京:人民文學出版社,1959 年 4 月
版。

上是死對頭；它們幾乎糾結於整個文學史，甚至可以說，中國文學乃至世界文學的起伏跌宕、波瀾壯闊，在相當程度上都是圍繞著這二字展開。它們時而分疆而治，不相往來；時而又短兵相接，公開宣戰。不少文學家曾經嘔心瀝血，苦苦尋求，試圖使其握手言歡，共謀「雅俗共賞」的文學大計，但時至今日我們仍沮喪地發現，它們之間依然時而華山論劍，時而又暗自較勁，戰鬥正未有窮期。但是，另一方面我們卻又發現，當它們沉默時，文學便寂寞了。

　　梁啟超的左右為難，看似老調重彈，但其卻有不可忽視的新意：樂歌歌詞作為一種有著特定接受對象的創作，和其它類型文學的最大區別在於，前者負載著文學啟蒙的使命，而後者則可以率性而為；前者必須「合眾」，而後者則可以獨孤求敗。有過樂歌歌詞創作經驗的華航琛對此就頗有心得：「民國新造教育方針與昔迥殊，亟宜編為歌曲以端趣響？茲就各學堂通用曲譜編成新歌。音調雖仍其舊，而歌詞務求其新，且詞句淺顯，俾髫齡兒童一矢口便生共和之觀念，振尚武之精神。」〔註79〕華航琛的看法，可以說與梁啟超英雄所見略同。如何在「求其新」的同時，又做到「詞句淺顯」，以使髫齡兒童皆能夠矢口而道？求索中的樂歌製作者們仍舊將破譯難題的目光投向日本的「學校唱歌」，期待從他們變革的成功經驗中找到破譯的密碼。

　　自明治維新運動始，日本政府便開始把教育視為立國之本。1872 年頒佈的「學制」不僅是近代教育制度的全盤計劃和整體構想，而且它首次將「唱歌」以法令的形式規定為正式的學校課程。但和緊隨其後而發生的中國學校音樂發展頗為類似的是，在相當長的時間內，日本並無實力實施其「唱歌」課進駐校園的法令。直到明治 14 年（1881 年）日本的第一部唱歌教科書《小學唱歌集（初編）》的編寫、出版，這一課程才有了教材的依據。這部教材雖然風靡一時，小學生幾乎人手一冊，但作為教科書，其與生俱來的詬病之處也相當明顯，那就是歌詞上的「捨俗取雅」〔註80〕。「取雅」之初衷或許純良，但「取雅」之行為則未必討好；「文言」、「雅語」即使字字珠璣，句句工妙，但與「維新」的變革理念卻牽強湊泊，實在難以作為「耳的詩」

〔註79〕華航琛：〈《共和國民唱歌集》編輯緣起〉，1912 年 3 月，見張靜蔚編選、校點：《中國近代音樂史料彙編（1840～1919）》，北京：人民音樂出版社，1998 年 12 月版，第 161 頁。

〔註80〕參閱文部省編：《小學唱歌集（初編）‧緒言》，明治十四年（1881 年）11 月 24 日刊，文部省版。

〔註81〕被小學生普遍理解和接受。

就在「學校唱歌」逐步陷入困境的時候，在日本國內掀起了一場聲勢浩大且影響深遠的「言文一致」運動，作爲明治維新的有機組成部分，社會的變革與語言的變革相互作用，彼此推進。語言革命的風雲激蕩對「學校唱歌」的自我更新給予了深深的刺激，也給予了極大的啓迪，以田村虎藏爲代表的音樂教育界人士開始將「言文一致」的理念和思路引入「學校唱歌」運動中。所謂「言文一致」，其實與黃遵憲「我手寫我口」〔註82〕的主張如出一轍，〔註83〕因爲他們所面對的都是綿長的文言歷史；唯有抵制文言，將書寫的「文字」無限逼近口說的「語言」，才能釋放出民族語言的新的活力。

「學校唱歌」創作中的「言文一致」運動給正在留日學生中勃興的樂歌創作極大的鼓舞：「歐美小學唱歌，其文淺易於讀本。日本改良唱歌，大都通用俗語。童稚習之，淺而有味。」〔註84〕於是，以口語爲基礎的白話歌詞創作便在「教育」與「啓蒙」的旗幟下，生氣勃勃而又泥沙俱下地迅速成爲主流，成爲時尙。儘管對白話的理解還各有差異，用白話來作「有韻之文」的經驗多有不足，作品質量也參差不齊，但一方面有日本的成功作榜樣，另一方面則有以「教育」和「啓蒙」爲建立自身合法性的依據，當然，更有社會與學生的廣泛認可〔註85〕和有識之士的推波助瀾〔註86〕，中國式的「言文一

〔註81〕梁啓超：〈《中國詩樂之變遷與戲曲發展之關係》跋〉，1905 年，見張靜蔚編選、校點：《中國近代音樂史料彙編（1840～1919）》，北京：人民音樂出版社，1998 年 12 月版，第 216～217 頁。

〔註82〕黃遵憲：〈雜感（五首之二）〉，見陳錚編：《黃遵憲全集》上卷，北京：中華書局，2005 年 3 月版，第 75 頁。

〔註83〕郭延禮就認爲：「我手寫我口」是「我國語言文學史上關於言文合一第一次最明確的表述」。見郭延禮著：《中國近代文學發展史》第 2 卷，濟南：山東教育出版社，1991 年 2 月版，第 755 頁。

〔註84〕曾志忞：〈告詩人──《教育唱歌集》序〉，1904 年，見張靜蔚編選、校點：《中國近代音樂史料彙編（1840～1919）》，北京：人民音樂出版社，1998 年 12 月版，第 208 頁。

〔註85〕吳福臨曾作如下描述：「唱歌一科，年來漸爲學界所趨重，而尤爲散校諸生所歡迎。每逢唱歌時間，輒欣欣有喜色，娓娓無倦容，一手舞足蹈，而不自知焉。」吳福臨：〈小學唱歌之實驗〉，原載《教育雜誌》第 3 年第 7 期，1911年，見張靜蔚編選、校點：《中國近代音樂史料彙編（1840～1919）》，北京：人民音樂出版社，1998 年 12 月版，第 132 頁。

〔註86〕湯化龍有言：「今年夏，予遊學日本，適友人樊君藻香、王君曰裏、盧君次銓、

致」運動便通過學堂樂歌創作酣暢淋漓地開展起來。

　　在這場以歌詞創作爲中心的「言文一致」運動中，沈心工以其作品的數量多、質量高而成爲學堂樂歌的領軍人物。其歌詞創作的一個極爲可貴之處在於其以兒童爲中心，童眞、童趣的魚貫而出，使沈先生相當數量的作品具有很高的審美品位，對此，其同僚陳懋治讚不絕口：「求所謂質直如話而又神味雋永者，自沈君叔逵（即沈心工——引者注）所著外，蓋不數見也。」〔註87〕

　　　　　巧哉輕氣球！
　　　　　吾欲乘之天上游。
　　　　　一任長風吹去，
　　　　　飛渡重洋跨五洲。
　　　　　探南溟，尋北極，
　　　　　遊遍全地球。
　　　　　碧落靜幽幽，
　　　　　好與星斗做朋友。

　　　　　　　　　　　　　　　　——沈心工詞〈輕氣球〉

　　　　　貓兒坐在太陽裡，
　　　　　眼睛佈線細。
　　　　　貓兒走到暗洞裡，
　　　　　眼睛放大亮晞晞，
　　　　　好像黑圍棋。

　　　　　貓兒腳爪柱上摳，
　　　　　鋒芒像摘鈎。
　　　　　貓兒腳爪肉裡收，

工君佛權編輯《教育唱歌集》成。予於此道略無所知，惟知其歌詞，適合於小學之程度。以此提教能導活潑之神，牖忠愛之義，於振興中國之前途，其神益必甚巨也。」湯化龍：〈《教育唱歌集》敘言〉，1906年，見張靜蔚編選、校點：《中國近代音樂史料彙編（1840～1919）》，北京：人民音樂出版社，1998年12月版，第152頁。

〔註87〕陳懋治：〈《學校唱歌二集》序〉，1906年，見張靜蔚編選、校點：《中國近代音樂史料彙編（1840～1919）》，北京：人民音樂出版社，1998年12月版，第155頁。

走在地上輕幽幽，

要去尋對頭。

——沈心工詞〈貓〉

　　平易、親切、自然、靈動以及嫻熟的白話和淺而不俗的語言風格，使其作品迅速征服了眾多兒童，甚至不少成年人也成爲其歌曲的忠實擁蠆，音樂家黃自先生稱其「唱不釋口」，吳稚暉先生稱其「盛極南北」〔註88〕，李叔同則如此描述：「學唱歌者，音階半通，即高唱『男兒第一志氣高』之歌。學風琴者，手法未諳，即手彈『5566553』（〈體操〉第一句之樂譜——引者注）之曲。」〔註89〕李叔同原本是批評當時音樂界習樂之草率、馬虎，但其批評卻在不經意間透露出沈心工〈體操〉一歌在當時的流行程度。民國初年，沈心工編纂《重編學校歌唱集》（共六集），教育部經審定並作出如下批示：「歌詞明顯，且多言近指遠之作。音節尤與樂譜相合，具見苦心。斟酌准作小學校用書。」〔註90〕官方與民間、內行與外行、大人與小孩都充分認可，這可能是不少樂歌作者企望達到而又終於未能抵達的光輝頂點。

　　儘管我們說學堂樂歌運動中所生產的歌詞泥沙俱下，但因爲有了沈心工、李叔同這樣的高峰，學堂樂歌運動在中國詩歌的近代轉型中的意義才不可低估。

（二）緩解精神疲勞，陶冶審美情感

　　著眼於中小學學生的全面發展，鈴木米次郎認爲，音樂課除了有其科目內的教育價值外，還在中小學教育的整體推進中發揮著兩方面的積極作用，一是「爲感情之教育」，二是「舒暢兒童之腦筋」。〔註91〕換言之，音樂一方面可以在學生緊張的學習生活中緩解精神疲勞，另一方面則可以陶冶其審美

〔註88〕以上評價分別出自黃今吾（黃自）、吳稚暉各自爲《心工唱歌集》所作的「序」，見沈心工著：《心工唱歌集》，上海：文瑞印書館印刷，1937年3月出版。

〔註89〕息霜（李叔同）：〈昨非錄〉，原載《音樂小雜誌》1906年第1期，李叔同編，日本東京出版，見張靜蔚編：《搜索歷史——中國近現代音樂文論選編》，上海：上海音樂出版社，2004年9月出版，第21頁。

〔註90〕見沈心工編：《重編學校歌唱集（第一集）》，上海：文明書局印刷，1912年10月。

〔註91〕參閱鈴木米次郎：《〈唱歌教科書〉序》，1906年，見張靜蔚編選、校點：《中國近代音樂史料彙編（1840～1919）》，北京：人民音樂出版社，1998年12月版，第150頁。

的情操。以上觀點幾乎可以說是日本音樂教育界的普遍共識。

在儒家傳統中，學習從來都被認作莊嚴、神聖之事，「苦」則是附著在這「莊嚴」、「神聖」之上的必須的行為選擇，所謂「書山有路勤為徑，學海無涯苦作舟」即是對這種行為方式的規訓和鼓勵，「以苦為樂」即是對勤奮好學而達到較高境界的一種褒獎，而「老成持重」則是對苦讀後所具涵養的一種讚美。如前文所述，新式學堂的建立即是對新民品質的呼喚、對新型人格的塑造，這種建構本身就包含著對舊式教育所推崇的「老成持重」的批判。恰如以「從軍樂」來抵制「從軍苦」一樣，為了反抗「苦讀」的傳統人才激勵方式，學堂樂歌則多唱「讀書樂」的詩篇：

> 打栗鑿，痛呼醫；痛呼醫，要逃學。而今先生不鞭撲，樂莫樂兮讀書樂！上學去，去上學。

> 兒上學，娘莫愁；春風吹花開，娘好花下游。白花好黶面，紅花好插頭，囑娘摘花為兒留。上學去，娘莫愁。

> 上學去，莫停留。明日聯袂同嬉遊：姊騎羊，弟垮牛；此拍板，彼藏鉤。鄰兒昨懶受師罰，不許同隊羞羞羞！上學去，莫停留。

> ——黃遵憲詞〈幼稚園上學歌〉

這可能是樂歌中最早鼓吹「讀書樂」的作品了；讀書不再生硬地被誘訓為漫長的文化苦旅，而是和天真、浪漫、朝氣、快樂等如影隨形的好朋友！倪覺民則乾脆以〈讀書樂〉為題作如下一歌：

> 讀書樂。春日清和，最是讀書樂。風清日麗，懶新妝，工藝須勤學。功課畢，約了姊妹，花底迷藏捉。問尚有，何事更比，春日讀書樂。

> 讀書樂。長夏如年，最是讀書樂。梅雨新霽，芳草綠，體操須勤學。功課畢，約了姊妹，蓮渚乘涼話。問尚有，何事更比，夏日讀書樂。

> 讀書樂。秋雨新涼，最是讀書樂。梧桐葉落，報新秋，歷示須勤學。功課畢，約了姊妹，同採東籬菊。問尚有，何事更比，秋日讀書樂。

> 讀書樂。冬雪初晴，最是讀書樂。南簷日暖，硯冰融，書畫須勤學。功課畢，約了姊妹，圍爐話東閣。問尚有，何事更比，冬日讀書樂。

　　從「讀書苦」到「讀書樂」，這是教育理念的重大調整，是育人方式的話語重組。

　　但是，上學讀書畢竟不是嬉戲，不是遊樂，各種知識的彙聚與吸收是一件相當耗費腦力的活動，其間必然伴隨著緊張、焦慮、困倦、懈怠，這是日本知識界、教育界的普遍共識，也是留日學生期待得到答案的共同困惑。除了更新觀念、變革方法、引進新手段等外，日本教育界賦予了唱歌課程新的使命：緩解算術、國語等課程造成的疲勞，達到放鬆精神的效果。1902 年 6 月，晚清教育官員項文瑞赴日考察其教育，回國後於 1903 年出版《遊日本學校筆記》，字裡行間充滿了對日本先進教育理念的豔羨，其中多有關於其音樂課程教學的描述：

> 唱月歌，舉手作春夏秋冬月照世界狀。月圓如鏡，則作鏡形；月彎如鉤，則作鉤形。凡四五歲孩，或令男女分行，或令男女各一併行。時男多於女者四，令四男居諸孩圓圈中，拍手和諸孩歌，又唱浦島太郎遊龍呂歌。村田猛云，猶漁父遊桃源也。
>
> 學生依琴聲而歌……每一歌終，師復略略弄琴，作他歌之琴聲一句，學生皆舉手。師擇一生問之，答是某歌，又弄琴，又問而又答之，所以令其辯音也。歌聲十分雄壯，十分齊一，其氣遠吞洲洋，令人生畏。餘心大為感動，毛骨悚然，不料海外鼓鑄人才，乃至若此。〔註92〕

　　所謂「毛骨悚然」，在今天看來有用詞不當之弊，它所表達的頗似本雅明所形容的那種「震驚」體驗。目之所及、耳之所及使人達到「震驚」的程度，不能不使異域取經者心潮澎湃，熱血沸騰。他們不再滿足於臨淵羨魚，更期待於退而結網。作為學堂樂歌之父，沈心工身先士卒，率先嘗試；其先後編纂出版的《學校唱歌集（初集）》、《學校唱歌集（二集）》不僅所選創之歌詞大都輕鬆活潑，健康向上，而且尤其注意所選音樂是否適合學生的生理與心理的特點，並且還特地在其所從教的龍門師範學校附屬小學及務本女塾一再試唱。更為重要的是，他在這兩部教材中，均將遊戲的形式引入對樂歌課堂的設計，以此增強教學的趣味性。在他看來，嬉戲、娛樂是上天賜予人的天

〔註92〕項文瑞著：《遊日本學校筆記》，敬業學堂發行，光緒二十九年（1903 年），見呂順長編著：《晚清中國人日本考察記集成・教育考察記》上，杭州：杭州大學出版社，1999 年 8 月版，第 401、408 頁。

性，兒童尤甚。但是，現實的社會狀況卻是「家庭少隙地，城市無公園」，對於「天機活潑之兒童，若無正當之遊樂地，自然發生種種敗德傷身之事」，正是因此，唱歌才作爲「補救之方」的一種，被他引入課堂。〔註93〕

但是，少數先行者的認識到位並付諸行動，並不一定就能起到「振臂一呼，應者雲集」的效果，理想與現實之間的距離使保三心生抱怨：「誠以唱歌者，引起兒童興趣，陶淑生徒情性，於教育上爲至要之端也。今學校竟言興立矣，而於體操一科，群知注重，於唱歌一科，則尚多缺如。抑有體操而無唱歌，斯巴達之教育也。徒知武勇而無音樂調和，則小學校科目之不完全，即於生徒將來有多少流弊。」在他看來，體操的被重視固然可喜可賀，但唯有體操，則可能重蹈斯巴達教育之覆轍：「徒知武勇」而無精神；只有將唱歌一科引入學校，才能夠使學生「剛柔相濟，動靜相協」。〔註94〕

其實，在早些時候康有爲對「大同」世界的構想中，音樂就被賦予了多重的意義，除了傳統所高度認可的「禮」——「涵養性情」外，音樂還有「調和其氣血，節文其身體，發越其神思」的價值。〔註95〕這才是他心目中理想教育所呼喚的完整人格的應有狀態，正是在這樣的意義上，從「唱歌」與「遊戲」的聯姻，人們進一步認識到「音樂」與「體育」結盟對青少年成長的重大價值，即如我生所構想的：「以音樂養圓滿之精神，以體操作強健之身體」。在我生看來，「兒童在學校終日勞勞不輟，惟由唱歌可與以高尚之快樂，而慰安之。蓋唱歌無異心性之衛生滋養品也。」作爲「心性之衛生滋養品」，我生甚至認爲唱歌還有種種「方便的利用」，如「記憶」、「慰問」、「獎勵」之手段等等。〔註96〕無錫城南公學堂更是把「唱歌」引入其它課程之中，並且將之作爲一種教學改革的經驗廣爲傳播：「凡每上一科，即可令學生歌詠一遍，以鼓舞其興會，開展其胸襟，俾不致有萎靡不振之態。誠以修身講經諸科，尤爲沉悶，不得不藉此而振刷之。」〔註97〕更有甚者，直指音樂的養身與療病

〔註93〕參閱沈心工：〈《重編學校唱歌集》編輯大意〉，見《重編學校唱歌一集》，上海：文明書局，1912 年 10 月印刷。
〔註94〕保三：〈樂歌一斑〉，載《江蘇》第 11、12 期，1904 年 4 月。
〔註95〕康有爲著：《大同書》，周振甫、方淵校點，北京：文化藝術出版社，2012 年 7 月第 2 版，第 215 頁。
〔註96〕我生：〈樂歌之價值〉，原載《雲南教育雜誌》1917 年第 7 號，見張靜蔚編選、校點：《中國近代音樂史料彙編（1840～1919）》，北京：人民音樂出版社，1998 年 12 月版，第 279～283 頁。
〔註97〕無錫城南公學堂：〈《學校唱歌集》編著大意〉，1906 年，見張靜蔚編選、校

的作用：

> 蓋音樂之功用，亦可助以治病也。考神經與鬱氣諸病之原，若以音樂與藥石同投，則功效頗大。故歐美各國，近於病院多設音樂，蓋音樂不獨能平和委婉，感動精神，即稍有虛火發燒，或細胞受戰，一聞音樂，勝於和緩多矣。而於疲勞衰弱之神經，其效更大。……病人或坐或睡，必致心悶，惟音樂足以開豁其心，而病自漸愈……〔註98〕

將音樂看作包治百病的良方，或許有「過度詮釋」之嫌，但對於「雅樂久亡，俗樂淫陋」的近代中國，首先在觀念上下一劑猛藥，在當事人看來的確有此必要。

正是有了這一劑劑猛藥，樂歌的深入人心儘管並非一路坦途，但其與體操在青少年成長中的積極作用卻越來越成為教育界之共識：「樂歌為體育之一端，與體操並重。體操以體力發見精神、充貫血氣、強身之本，而神定氣果，心因以壯，志因以立焉。樂歌以音響、節奏發育精神；以歌詞令其舞蹈肖像，運動筋脈；以歌意發其一唱三歎之感情。蓋關繫於國民忠愛思想者，如影隨形。此化育之宗也，安可忽之。」〔註99〕將樂歌視為「體育之一端」，或許並不符合學科門類劃分的基本原則，但能見出樂歌具有「發育精神」、「運動筋脈」、涵養「感情」之功效，這是作者的高見，也是晚清至民初教育界人士極力鼓吹樂歌和體操等進入課堂的思想注腳。樂歌與體育的躋身課堂，不僅各得其所，而且通過「唱歌遊戲」的方式又實現了強強聯手，相得益彰，甚至成為新型教育的一種時尚。檢閱當時的一些音樂教材我們可以發現，其中不少並非單純地冠之以「唱歌」或「音樂」之名，而是以《唱歌遊戲》、《音樂‧體操》、《表情體操教科書（又名〈唱歌遊戲〉）》、《修身遊技唱歌聯絡教材》等名稱流佈於世。不太瞭解這段歷史的人，可能難以理解其中的真意，當然更難以領略其中真趣了。

這樣的「真趣」如果按照今天的觀念予以表述，那就是「寓教於樂」。這一思想源自古羅馬詩人賀拉斯，他認為：「詩人的願望應該是給人益處和樂

點：《中國近代音樂史料彙編（1840～1919）》，北京：人民音樂出版社，1998年12月版，第156頁。

〔註98〕〈音樂治病〉，載《東方雜誌》第3年第8期，1906年9月13日。

〔註99〕《湖南蒙養院教課說略》，載《大陸》，1905年第3卷第7期。

趣，他寫的東西應該給人以快感，同時對生活有幫助。」〔註100〕作爲對柏拉圖詩學觀的抵制，〔註101〕「寓教於樂」自發明以來，一直成爲西方藝術教育乃至普通教育源遠流長的傳統。但是，傳統中國教育卻如前文所述是「以苦爲樂」。不僅一般教育，即便是藝術教育也多以對德育功能的過分強調而削弱、排斥其它功能的發揮。我生的批評可謂一針見血：

> 我國教育，夙重注入主義，教師務以威嚴誡飭兒童，鮮有懷愛情以感化養育者。即在唱歌，教師亦不明唱歌眞價值，往往徒重形式，輕視精神。於是除一唱以外，別無效驗可見。然西洋之教育，大異於是。一方既保持教師之尊嚴，他方又懷抱慈母之愛情，常以其高尚之趣味與品性，以溫和快樂相感。〔註102〕

如果說救亡、富國、強兵的介入學堂樂歌，主要是屬於「啓蒙的藝術」的話，那麼，嬉戲、娛樂與美感形式的薰陶，則是屬於「藝術的啓蒙」了。鑒於其發生的特定歷史背景，學堂樂歌作爲傳播新思想的載體，其「啓蒙的藝術」成分便居於主導的地位，但與救亡、富國、強兵同時並存的還有新民品質的呼喚，新型人格的塑造，這一切又不是單純的思想啓蒙就可以萬事大吉的。事實上，優良的品質與健康活潑的人格是更爲複雜的建構系統，它需要持續的感性經驗的積累和不斷的個體心靈的優化，這絕非簡單的知識傳播與道德引領可以完成的。伊格爾頓從資本主義制度建立的成功經驗悟出了其中的眞妙：「與專制主義的強制性機構相反的是，維繫資本主義社會秩序的最根本的力量將會是習慣、虔誠、情感和愛。這就等於說，這種制度裡的那種力量已被審美化。這種力量與肉體的自發衝動之間彼此統一，與情感和愛緊密相聯，存在於不假思索的習俗中。如今，權力被鑴刻在主觀經驗的細節裡，因而抽象的責任和快樂的傾向之間的鴻溝也就相應地得以彌合。把法律分解成習俗即不必思索的習慣，也就是要使法律與人類主體的快樂幸福相統一，因此，違背法律就意味著嚴重的自我違背。全新的主體自我指認地賦予自己

〔註100〕賀拉斯：〈詩藝〉，楊周翰譯，見《詩學・詩藝》，北京：人民文學出版社，1962年12月版，第155頁。

〔註101〕柏拉圖只看重詩的教育功用，把「滋養快感」看作詩的一大罪狀。參閱朱光潛著：《西方美學史》（上卷）第四章，北京：人民文學出版社，1963年7月版。

〔註102〕我生：〈樂歌之價值〉，原載《雲南教育雜誌》1917年第7號，見張靜蔚編選、校點：《中國近代音樂史料彙編（1840～1919）》，北京：人民音樂出版社，1998年12月版，第283頁。

以與自己的直接經驗相一致的法律，在自身的必然性中找到自由後便開始仿做審美藝術品。」〔註 103〕唯有審美化的習慣、虔誠、情感和愛的養成，才能將外在的社會規範統一於人的內心欲求之中，「致用」精神的傳授必須與「至美」的情感響應相協調，相契合，方能持續地發揮效力。梁啓超深悟此道，他說：「天下最神聖的莫過於情感：用理解來引導人，頂多能叫人知道那件事應該做，那件事怎樣做法，卻是被引導的人到底去做不去做，沒有什麼關係；有時所知的越發多，所做的倒越發少。用情感來激發人，好像磁力吸鐵一般，有多大分量的磁，便引多大分量的鐵，絲毫容不得躲閃，所以情感這樣東西，可以說是一種催眠術，是人類一切動作的原動力。」〔註 104〕

如果說我們應該把「理解」交給智慧的話，那麼，作爲「人類一切動作的原動力」的「情感」就需要更多地交給藝術：

> 我每逢聽到一個主三和弦（do, mi, sol）繼續響出，心中便會響起兒時所唱的《春遊》歌來。
>
> 雲淡風輕，微雨初晴，假期恰遇良辰。
> 既櫛我髮，復整我襟，出遊以寫幽情。
> 綠陰爲蓋，芳草爲茵，此間空氣鮮新。
>
> 現在我重唱這首舊曲時只要把眼睛一閉，當時和我一同唱歌的許多小伴侶的姿態便會一齊顯現出來：在阡陌之間，攜著手踏著腳大家挺直嗓子，仰天高歌。有時我唱到某一句，鼻子裡竟會聞到一陣油菜花的香氣，無論是在秋天，冬天，或是在都會中的房間裡。所以我無論何等寂寞，何等煩惱，何等憂懼，何等消沉的時候，只要一唱兒時的歌，便有兒時的心出來撫慰我，鼓勵我，解除我的寂寞，煩惱，憂懼和消沉，使我回覆兒時的健全。
>
> ——豐子愷〈兒童與音樂〉〔註 105〕

這是一次溫婉沉靜的經驗回顧，一次不露聲色的「昨日重現」。但作爲一種涵養於心的感性經驗，歲月不僅沒有磨損它，使其日趨暗淡；相反，時間

〔註 103〕（英）特里・伊格爾頓著：《審美意識形態》，王杰等譯，桂林：廣西師範大學出版社，2001 年 7 月第 2 版，第 8 頁。
〔註 104〕梁啓超：〈中國韻文裡頭所表現的情感〉，見夏曉虹編：《梁啓超文選》（下），北京：中國廣播電視出版社，1992 年 8 月版，第 22 頁。
〔註 105〕見豐子愷著：《藝術趣味》，長沙：湖南文藝出版社，2002 年 4 月版，第 76 頁。

卻像這審美情感的酵母，持續地在豐先生內心醞釀、發酵，溫潤地發揮著效應，最終釀成甘冽醇厚的生命美酒。事實上，被我們籠統地稱之爲「美感」的感性經驗並不都表現爲強烈的情緒震撼，很多時候，它表現爲如遊絲般的情緒飄浮甚至是一種靜穆，但這種靜穆則可能成爲別一種震撼——儘管，學堂樂歌中不乏震撼人心的作品。〔註106〕

可以肯定的是，通過學堂樂歌，近代中國引進了寓教於樂的教育理念，將音樂教育與遊戲、體育結合起來，結束了中國上千年刻板、僵化的灌輸式的教育傳統，使學生在獲取知識的同時，培養了他們優美的思想、健全的人格和健康的生活方式，提升了他們的精神品格，並最終完成了通過音樂來改造國民、改造社會的啓蒙目的。

湯化龍在爲《教育唱歌集》所作之「敘言」的結尾處，以一個共時態的局外人身份，表達了對這批「別求新聲於異邦」的學堂樂歌製作者們由衷的敬佩之情：「文化沉沉，千年於茲。諸君不憚艱苦，求絕學於異國，又編輯課本以饗學界，用心之遠，佩何可言。歸而致之，使吾國小學有造之才，咸納於中正之冶，拭目以從諸君之後者大有人矣。」〔註107〕作爲歷時態的局外人，我認爲依然可以借用此語來表達我們對他們的永遠的敬仰！

（作者單位：四川省南充市西華師範大學文學院）

〔註106〕中央電視臺專題片《啓蒙年代的歌聲》中有對多位曾經接受過學堂樂歌藝術啓蒙的文化名人的專訪，其或沉靜或激動的回憶可以作爲旁證。

〔註107〕湯化龍：〈《教育唱歌集》敘言〉，1906年，見張靜蔚編選、校點：《中國近代音樂史料彙編（1840～1919）》，北京：人民音樂出版社，1998年12月版，第152～153頁。

從劉錦堂（王悅之）看日中臺現代藝術之關係

呂采芷（羽田ジェシカ　Jessica Tsaiji LYU-HADA）

〔摘要〕劉錦堂／王悅之研究在 1970 年代末期就已肯定了他在油畫本土化上的成就。研究有著重畫家個人獨特性的傾向，比較沒有去探討作品和畫家所處的大環境的關係。劉錦堂和同時代的畫家，尤其是日本畫家的關係也還有待探討。本稿透過新發現的原始資料試圖將他放回他原來所在的東亞漢文文化（此後簡稱漢文化）時空，用當時的眼光來審視他的作品。分析結果顯示他即使身在杭州或北京也一直掌握著日本畫壇的潮流，也持續和臺灣的自治運動保持關係。比如說，杭州期一向被認爲是他的浪漫時期，此期的代表作如《燕子雙飛圖》，《七夕圖》等等一向被歸類爲描寫男女情愛的作品。可是透過圖象和原始資料的分析發現劉錦堂其實在這個時期也用作品巧妙地表達了深沉的政治社會文化意象。也就是說，劉錦堂不只成功地將西方的油畫技巧本土化，也找到用油畫在漢文化圈的文脈中「文以載道」的表達方式。他的藝術的重要性不僅在其獨特性，也在其蘊涵的提煉自東亞漢文化中的普遍性。

〔關鍵詞〕東亞現代藝術、油畫本土化、藝術的普遍性、越境

一、導言

在中國現代藝術〔註1〕的領域中，先驅者之一的劉錦堂／王悅之（1894
～1936）的貢獻與地位在戰前就已被肯定〔註2〕。不過因為他在戰前就過世，
其名在歷經巨變的戰後不復為人知曉。所幸家屬妥善保管其作品及部分遺
物，其子劉藝也長年整理相關資料，從1979年開始介紹這位被遺忘了的畫家
〔註3〕。留美臺灣藝術家謝里法專程採訪劉藝，於1982年發表介紹劉錦堂作
品的評論文章，臺灣方始注意到劉錦堂的存在〔註4〕。劉家也在同年將所藏作
品全數捐贈中國美術館，1985年出版畫集〔註5〕。劉錦堂歿後第一次個展不是
以「王悅之」之名在北京展出，而是以臺灣本名「劉錦堂」在臺北實現，帶
有「游子歸鄉」的性質，在臺灣引起很大的反響〔註6〕。1999年在日本5個美
術館巡展的『東亞繪畫的現代（日文原文是「近代」）──油畫的誕生與展開』
中展出的83幅中國大陸，臺灣畫家的作品中有三幅是劉錦堂的作品〔註7〕。
同年在劉的故鄉臺中再度舉辦展覽并召開研討會。會後出版的論文集除了收
編與會學者的論文以外，也公開了劉藝所藏的資料，奠定了劉錦堂研究的基
礎〔註8〕。

由於民國期美術相關資料毀損散逸的問題深刻，加上劉錦堂跨越疆域的
特殊境遇，研究到2010年左右主要仰賴劉藝和謝里法所提供的資料，因此發
表的著作基本上是對作品和資料的再詮釋，在研究方向，視點或新史料的
發掘上沒有很大的變化。臺灣和日本的學者一般比較注意劉錦堂的特殊經

〔註1〕 20世紀前葉受西方影響而發展成形的藝術在中國被稱為「現代」藝術，在日
　　　 本則被稱為「近代」藝術。
〔註2〕 「劉錦堂」是在臺灣和日本時使用的本名。「王悅之」或「王月芝」是去中國
　　　 大陸以後使用的名字。本稿因為著重於討論中臺日藝術的關係，「劉錦堂」的
　　　 史料較多，為方便起見統一使用「劉錦堂」之名。出版著作則以題名為準。
〔註3〕 劉藝：〈棄民圖〉，《北京文藝》1979年第7期，第40頁。
〔註4〕 謝里法：〈從抗戰前第一幅抗日油畫「棄民圖」談臺灣最早的留日畫家劉錦堂
　　　 及其生平〉《雄獅美術》1982年第141號，第71～82頁。同作者：〈妄悔作君
　　　 婦、好為名利牽──30年代成名於北平的臺灣畫家王悅之（劉錦堂）〉，《臺灣
　　　 文芸》1984年第89號，第6～28頁。
〔註5〕 《王悅之畫集》，北京：人民出版社，1985年。
〔註6〕 臺北市立美術館：《劉錦堂百年紀念展》，臺北：臺北市立美術館，1994年。
〔註7〕 〔日〕靜岡縣立美術館編輯：《東アジア／繪畫の近代──油畫の誕生とその
　　　 展開》，靜岡：靜岡縣立美術館，1999年。
〔註8〕 國立臺灣美術館：《劉錦堂，張秋海生平及藝術成就研討論文專集》，臺中：
　　　 國立臺灣美術館，2000年。

歷，嘗試從他的作品來探討他的認同問題。中國大陸的學者則較重視他在「油畫民族化（本土化）」上的貢獻。因此中，臺，日的研究焦點都有集中在社會政治意義濃厚的作品如《棄民圖》,《臺灣遺民圖》的傾向〔註9〕。這些研究在 2014 年中國美術館舉辦的『脈脈之思』紀念展的圖錄中有詳盡的介紹〔註 10〕。該展將劉藝和美術館雙方所藏的資料和作品做了總整理，對劉錦堂作品的素材與樣式，在大陸的交往圈，散逸作品等等各方面提供了珍貴的資料與分析，並將結果公開於圖錄和網上，爲劉錦堂研究立了一個意義重大的里程碑。

因爲該展覽的重點在於整理分析劉藝珍藏和捐贈的作品和資料，所以圖錄的內容沒有包括這兩年海外學者所發掘的史料。近年因爲各地積極進行整理戰前史料資料庫，劉錦堂相關資料開始有新的發現〔註 11〕。由於跨域調查的難度已降低，可以進一步作中，臺，日三方面資料的綜合比較分析〔註 12〕。劉錦堂的活動領域跨越了戰後的政治疆界，把他定在中國大陸的框架裡研究很可能會限定我們對他的藝術理解的視野。從 1970 年代末期被大陸美術史界重新認知時開始，劉錦堂在「油畫民族化（本土化）」的貢獻就已被肯定，因此學者們除了言及「後印象派」「外光派」對劉錦堂早期作品的影響以外，還沒有觸及他後來的藝術活動與中國大陸之外，尤其是與日本的關係。由於中國現代美術的第一代開拓者主要是留學日本的，所以 1920 年代的中國美術界和日本的聯繫比目前一般中國人所能想像的要密切得多〔註 13〕。劉錦堂在國

〔註 9〕 參考前揭謝里法，周亞麗：《劉錦堂的《臺灣遺民圖》與臺灣遺民意識》，臺北：臺灣師範大學碩士論文，1995 年。
〔註10〕 中國美術館范迪安主編：《脈脈之思：王悅之藝術研究》，安徽：安徽美術出版社，2014 年 4 月。
〔註11〕 張玉萱：《日治時期赴中國之臺灣洋畫家——以劉錦堂，陳澄波爲例》，中央大學碩士論文，中壢：中央大學，2012 年 6 月。〔日〕呂采芷（日文名羽田ジェシカ）：「文化人とつしての植民地畫家——陳澄波と劉錦堂をめぐって——」口頭論文，福岡：福岡大學，第 86 屆九州藝術學會，2012 年 7 月 7 日，同作者：〈植民地期臺灣美術のアイデーティティ：陳澄波と劉錦堂を中心に（「美術に關する調查研究助成」調查報告）《鹿島美術財團年報》2011 年第 29 號，第 308～319 頁。〔日〕同作者：〈劉錦堂（王悅之）再考〉，*De Arte* 2014 年第 30 號，第 51～69 頁。
〔註12〕 前揭，羽田ジェシカ（呂采芷）〈劉錦堂（王悅之）再考〉（2014）初步探討劉錦堂與日本畫壇的關係。該稿引用的原始資料有一部分也引用於本稿。
〔註13〕 參考〔日〕鶴田武良：〈清末・民國初期の美術教育——近百年來中國繪畫史研究 4〔含資料：清國・民國赴任日本人美術教員一覽ほか〕〉，《美術研究》

立藝術院除了教授西畫以外也教日語。東京美術學校為退休校長正木直彥（1901～1932 在任）建紀念館時，劉錦堂有參與捐款（紀念館建設會的紀錄裡有劉錦堂的名字），顯然他到晚年都還有和母校保持聯繫〔註 14〕。渡過人生大半的故鄉臺灣（1894～1915）和留學 7 年接觸亞洲最新進的「美術」的日本（1915～1921），這兩地在劉錦堂的藝術生命中扮演了什麼樣的角色？這個問題可說是掌握劉錦堂藝術全貌的關鍵之一。本稿先探討他在大陸創作的作品和日本，臺灣的關係，今後將繼續以當時的漢文化圈的視野來研討他在美術史上的定位。

二、劉錦堂小傳——臺北，東京，北京，杭州

劉錦堂出生於臺中頂橋仔頭，1910 年畢業於臺中的公學校〔註 15〕，同年考入臺北的臺灣總督府國語學校師範科（臺北師範學校），在校時以古文，詩詞和書法上的造詣顯露頭角，訪臺的日本閑院宮載仁親王賞賜他一個玉匣以做獎勵〔註 16〕。他 1915 年赴日，先入私立川端畫學校，1916 年考入東京美術學校（以下簡稱東美）西洋畫選科，1921 年畢業。指導教授是藤島武二〔註 17〕。

一般的說法認為劉錦堂畢業於總督府國語學校。不過根據當時臺灣最大報《臺灣日日新報》的記載，他因為對教師的反抗言行被中途退學〔註 18〕。當時的國語學校（日後的師範學校）和總督府醫學校同為島上的最高學府，兩校聚集了島上的精英，是醞釀爭取臺灣主權運動的中心之一，時有學潮。劉錦堂顯然在校就很活躍，留日期間也繼續和臺灣的知識青年保持密切的聯繫，投稿臺灣的報刊。1919 年參與創立殖民期第一個古典漢文文藝刊物《臺灣文藝叢志》。該刊是以維護，發揚傳統漢文為目的之〔臺灣文社〕（1918 年

1996 年第 365 號，第 1～38 頁。〔日〕西槇偉：《中國文人畫家的近代——豐子愷的西洋美術受容と日本》，京都：思文閣出版，2005 年。〔日〕陸偉榮：《中國の近代美術と日本——二十世紀日中關係の一斷面》，岡山：大學教育出版，2007 年。

〔註 14〕 參照〔日〕吉田千鶴子：《近代東アジア美術留學生の研究——東京美術學校留學生史料》，東京：ゆまに書房，2009 年 2 月，第 209～210 頁。

〔註 15〕 參考前揭，中國美術館。前揭，吉田千鶴子。

〔註 16〕 參考前揭，《脈脈之思》，〈年表〉，第 140 頁。

〔註 17〕 前揭，吉田千鶴子。

〔註 18〕 〔日〕《臺灣日日新報》，臺北，1925 年 8 月 22 日夕刊。

成立）所創立的雜誌〔註 19〕。文社和叢志的主要發起人蔡惠如和劉錦堂關係
密切，文社的活動內容和劉日後走的方向很相近，詳細的關係有待今後繼續
探索。根據《臺灣日日新報》的記載，他在 1918 年 1 月 1 日與臺南名士連雅
堂之女夏甸訂婚，預定 1920 年畢業時成婚，再赴巴黎繼續習畫。同報後來在
1920 年 1 月 10 號刊登了女方取消婚約的聲明〔註 20〕。劉錦堂結果沒有去巴黎
而去了北京。在北京的劉錦堂除了在北京大學研究中國文學，發表專業性的
翻譯和文學作品以外〔註 21〕，也在剛設立不久的北京美術學校任教，還與留
法的吳法鼎（1883～1924），留英的李毅士（1886～1942）一起創辦北京第一
所民間西畫研究團體，阿博洛學會，也持續執筆介紹展覽會，撰寫一系列介
紹外國美術思潮的文章。

　　除了文學，美術活動以外，他也積極參與政治，社會活動，初到北京就
與蔡惠如等組織了北京臺灣青年會。根據日本外務省和臺灣總督府警察局的
資料，該會的活動主要是發行會報，與島內文化協會的會員聯繫，支持島內
爭取自治的臺灣議會設置請願運動和民族主義啟蒙運動，將當時北京大學
蔡元培等思想新穎的教授學生的影響傳去臺灣，不時出版影響島內治安的
刊物，組織華北臺灣人大會等等〔註 22〕。日本的外務省外交史料館收有日本
在中國的全權公使小幡酉吉 1922 年 8 月 18 日給外務大臣內田康哉的公函，
報告北京臺灣青年會的煽動活動，劉錦堂被視為領頭的「不良」分子之一
〔註 23〕。這些還沒有被美術史學者們注意到的日本外務省與臺灣總督的舊藏
史料告訴我們一個重要的事實：劉錦堂在離開臺灣以後繼續和〈臺灣文化協
會〉，《臺灣民報》以及〈臺灣議會設置請願運動〉保持關係。〈臺灣文化協會〉
是臺灣島民積極推行民族文化運動的中心組織，〈臺灣議會設置請願運動〉是
1920 年代初開始的臺灣知識分子爭取臺灣自治的運動，而《臺灣民報》則是
前兩者的支持者所辦的民間報紙，中心人物是留日學生。也就是說，劉錦堂

〔註 19〕 1919～1924 年發行，基本上是月刊。吳宗曄：「《臺灣文藝叢志》（1919～1924）：
傳統與現代的過渡」，臺北：臺灣師範大學碩士論文，2009 年 6 月。
〔註 20〕 〔日〕《臺灣日日新報》，臺北，1919 年 9 月 1 日，1920 年 1 月 10 日日刊。
〔註 21〕 青木迷陽著・王悅之譯：〈吳虞底儒教破壞論〉（原載日本支那學雜誌二卷三
號），《北京大學日刊》，北京：1922 年 2 月 4 日，第 1 面。
〔註 22〕 〔日〕外務省外交史料、公第 418 號，4.3.2.2-2，〈不逞團體關係雜件臺灣人
ノ部〉，1922 年 8 月 18 日。《臺灣總督府警察沿革志》，臺北：臺灣總督府警
察局，1933～1939 年。
〔註 23〕 前揭，〔日〕外務省外交史料。

雖然遠在北京，其實一直都與島內的自治運動保持密切的關係。這個事實可以幫助我們正確理解他的作品，修正過往研究中由猜測而來的「定論」。比如說，劉錦堂改名換姓入王家，當國民黨元老王法勤的義子之事被很多學者當成是棄臺灣取中國的選擇，認為可以在他的作品中找到歸屬意識搖擺的表現〔註24〕。不過，日本外務省和臺灣總督府的史料顯示劉錦堂並沒有所謂的「認同」問題，他在大陸自始至終都是以「華僑」的身份自處。被列入臺灣總督府黑名單的劉錦堂，就像其它出身臺灣的活躍分子一樣，必須顧慮連累在臺親人，改名換姓換籍貫是無法避免的選擇。1925 年 5 月他在北京的《晨報副刊》發表了一篇短文「兩個人的眼淚」，敘述一位亡命油畫家收到以前的未婚妻從外地捎來的信，心神動搖，和現任妻子一起落淚的故事。文中的油畫家因為參加革命被捕下獄，被未婚妻的父母強迫退婚，出獄後亡命外地，無法再回故鄉〔註 25〕。故事細節和他本人的經歷有太多雷同的地方，無法斷言不是自傳式的小說。

劉錦堂 1928 年南下杭州，任教於新成立的國立藝術院，在西湖邊渡過了創作豐富的一年，也擔任西湖博覽會，教育部第一屆全國美展的籌備委員以及後者的審查委員。1929 年返回北京，在國立北平大學藝術學院建築學系執教。之後歷任私立京華美術學校（後改名私立北平美術學院）副校長，院長，造就了很多人才〔註26〕。1936 年 3 月 15 日病逝於北京。

三、留學時期

劉錦堂 1915 年初抵日本，1921 年離日赴大陸。以下略述他留學時期日本美術界的狀況。日本明治維新以後，在脫亞入歐，積極引進西洋美術的風氣下，中國的傳統藝術成為落後的象徵。可是辛亥革命以後，沒落的清室貴族高官的收藏大量外流，在歐美和日本造成中國熱（在日本稱「東洋熱」），日本畫壇也興起重新評價中國文物的風氣，藝術家們開始注意到漢文化圈的傳統繪畫和西洋的最新美術潮流的類似性。劉錦堂的留學期正好是日本畫

〔註24〕前揭謝里法，周亞麗，〔日〕岩切みお：〈劉錦堂の《臺灣遺民圖》——描かれた女性像と畫家のアイデーティティ〉De Arte 2002 年第 18 號，第 7～30 頁。

〔註25〕《晨報副刊》44 集（文藝），第 147 頁，1925 年 5 月。

〔註26〕履歷參照前揭，《脈脈之思》，年表。1931 年劉錦堂將西畫師生遷出該校，另外成立私立北平美術專科學校，後改名私立北平藝術科職業學校。學生包括劉開渠，沈福文，李瑞年，邵宇，楊角，安娥，章可，邊炳麟等。參照《脈脈之思》，第 112～113 頁。

壇反思傳統，融合東西方，創造「日本畫」，「日本油畫／東洋油畫」的時期
〔註27〕。當時的日本美術界稱漢文化圈的傳統美術為「東洋美術」，視之為漢
文化圈共享的文化遺產。劉錦堂的母校（以校長正木直彥和教授大村西崖為
中心）就是整理建構這個「東洋美術史」的中心之一。所謂「東洋美術」有
很大一部分也就是中國的傳統美術，因此前輩日本藝術家們想回歸的所謂
「東洋美術」對劉錦堂來說其實就是自己的母國，中國傳統文化的一部分。
他可以透過東京的各種展覽會接觸到很多取材自漢文化傳統的作品。單以文
展和帝展為例，劉錦堂在日期間就可以看到橋本關雪的《木蘭》（1918 年第
12 屆文展）和《郭巨》（1919 年首屆帝展），中村不折的《孟母斷機》（1919
年首屆帝展），等等。

　　早一步進行「現代化（西化）」的日本在當時的亞洲是公認的美術先進。
為了學習最尖端的美術而負笈東瀛的劉錦堂卻在東京的官辦展覽中看到母國
的傳統受到重視。正在摸索何謂進步的「美術」的劉錦堂看到日本的成名藝
術家們竟然還在中國的舊文化中尋找題材時的感想耐人尋味。1920 年的〈光
風會〉展覽，劉錦堂選擇用舊文化題材《紅樓夢》參展。還是西洋畫科學生
的劉錦堂還在拿捏什麼才是合適的油畫題材的階段，可以說橋本關雪，中村
不折等前輩們的作品讓他重新肯定傳統的價值，確信即使是舊題材，只要以
貼切的方式表現就可以脫胎為新美術。劉錦堂這種「傳統的再創造」向來被
認為是他到中國以後受傳統文化薰陶的產物，可是留學期的作品告訴我們，
他這個創作理念早在留學期就已經萌芽，并實踐在作品上了。

　　總而言之，劉錦堂留學時的日本是一個讓他耳濡目染前輩藝術家們以舊
創新，融合東西方，創造「本土化藝術」的好環境。管見認為劉錦堂除了在
日本學到紮實的現代繪畫技法以外，日本前輩藝術家們重視傳統的藝術觀也
讓他看清問題所在，刺激他創造漢民族油畫，將油畫本土化的意願，也從日
本前輩們的嘗試看到實際解決問題的辦法。東京留學的經驗給他巨視東亞藝
術潮流，掌握大方向的機會，促使他做了棄巴黎而赴北京的重大決定。

　　1919 年的東美『校友會報』裡有四首劉錦堂留學生時代賦的詩。東美校
友會的文學部在教授大村西崖的支持下從 1912 年開始設「詩文會」。在臺灣

〔註27〕 「日本畫」是日本引進西洋繪畫以後為了對峙「西洋畫」而出現的新用語，
　　　　與中國的「國畫」名稱出現的背景類似。參考 Wong, Aida Yuen, *Parting the Mist:
　　　　Discovering Japan and the Rise of National-Style Painting in Modern China*,
　　　　Hawaii: University of Hawaii Press, 2006。

的學生時代就以古典的造詣而活躍的劉錦堂顯然在東美也與學友師長們吟詩唱和。四首詩的標題為〈客愁〉〔註28〕。

〈一〉千里行程一葉舟，離衷杳杳共波流。人生幾度春來日，何事長征任白頭。

〈二〉寒夜孤燈獨倚樓，離懷無語碧天幽。那堪秋雨瀟瀟下，添作征人萬里愁。

〈三〉身行千里忽經秋，旅邸綿綿客思悠。望斷鄉關無覓處，一聲歸鳥攪吾愁。

〈四〉何處白雲引頸望，關中客舍日偏長。誰知隻影天涯遠，砧杵聲喧斷客腸。

四首詩藉「秋雨瀟瀟」，「砧杵」，「鄉關」，「白雲」等等中日臺熟知的，摘自唐宋詩的詞彙鉤織出亙古通今離鄉背井憶友思鄉的情結。不過，劉錦堂的「白頭」除了感歎歲月以外也同時隱射杜甫〈春望〉中的「白頭搔更短」，含蓄表達「國破山河在」的心境。也可聯想陸游〈感昔〉中的「曾從征西十萬師，白頭回顧只成悲」。「征人」，「長征」除了表達負極在外的心境以外，也隱射上代亡國文人們復國的壯志。也就是說，劉錦堂巧妙運用詩句多重意義的特色來和不同類型的讀者做不同層次的溝通。

透過前代文人們構築的詩文世界，劉錦堂得以在自己的作品中含蓄表達多層的隱意。一面跟東美的師友們唱和交流，傾述留學生離鄉背井的鄉愁，一面也藉古人之胸懷向臺灣同道們委婉鋪陳亡國之痛與復國大志。這種婉轉的表現在他繪畫創作上也是非常重要的層面。以下舉例探討他的文人素養和繪畫創作的關係。

四、《燕子雙飛圖》和《七夕圖》

1928 年劉錦堂受聘於國立藝術院，南下杭州執教一年，留下眾多作品。杭州期一向被認為是他熱衷於描繪男女戀情的浪漫期。蕭瓊瑞的主張代表了一般的看法：「西湖的美景觸發了他許多年少時光戀情的回憶」「塑造出一個詩意夢境般的理想世界」〔註29〕。本稿以《燕子雙飛圖》（圖 1）和《七夕圖》（圖 2）為例建議其它的可能性。

〔註28〕引用〔日〕《東京美術學校校友會月報》1919 年 7 月第 18 卷第 2 號，第 29 頁。

〔註29〕引用前揭，國立臺灣美術館，第 55～70 頁。

圖1

圖2

《燕子雙飛圖》1928～29 年
麻布，油彩，180×69cm
中國美術館藏

《七夕圖》1928～29 年
麻布，油彩，126～68cm
中國美術館藏

　　《燕子雙飛圖》是劉錦堂 1928 年在中華民國教育部主辦的第一屆全國美
術展覽會中展出的作品。畫中一女子側坐於古風庭院的一角，墻外是水，
隔水有山，女子仰望左邊水面上空的一對比翼鳥。雖然是油畫，構圖並沒有
使用西洋的透視法。遠，中，近景平坦。線描式人物也不顯光影對比，乍
看儼然是一幅傳統的水墨山水仕女圖。近看可見女子腳履時髦的皮鞋。臉
部，手部，著衣的部分都用柔和的色調變化來烘托出細柔的立體感。配合
《燕子雙飛圖》，劉錦堂在《中央日報》發表了〈單純化的藝術〉。內容摘錄
於下：

　　　　（前略）如覺悟到藝術不是外界的物象的外面的寫實的時候，
　　　自然不得不傾向於單純化的（中略）表現的最簡單的姿勢是線。情

感的湧動，靠一條線來表現，比較什麼都簡約，而且直接的。所以單純化的表現，線是最重要的任務。線並不是物象說明的手段，是靠一條線，來發表情感的一種的象徵的存在。所以畫家，不隱去線的存在（中略）線是構造的必然要素，所以以單純化為特色的畫家，大概線條畫都是很發達的。又他們常常閒卻寫實的光和陰；不過為表現容積起見，畫些單純的色度的變化罷了。現存的後期印象派的畫家中，最單純化的，是法國的馬弟斯（Henry Matisse 1892－）。他的單純化，含有一脈和諧的佳調。他是線的詩人（下略）〔註30〕。

從此文可知，劉錦堂認為中國傳統繪畫所重視的「單純化」觀念等同於當代西方的新進畫家們如馬弟斯的「單純化」。對劉錦堂來說，「單純化」是融合東西，結合傳統和現代的關鍵〔註31〕。我們再回頭看《燕子雙飛圖》，就會發現他的「單純化」理論具體實現在這個作品裡。除了在《中央日報》發表有關「單純化」的理論以外，劉還配合《燕子雙飛圖》在國立藝術院的雜誌上發表了〈點絳唇（春思）〉〔註32〕。

　　　　燕子雙飛。歸巢猶自呢喃語。春情如許。獨立添愁緒。
　　　　又近黃昏。新月窺朱戶。相思苦。年年如故。沒個安排處。

綜合詞的含義和畫作的視覺表現，很多學者認為《燕子雙飛圖》是抒情浪漫，思念故鄉，或思念舊情人的作品〔註33〕。不過，此畫展於教育部主辦的第一次全國大展，也是劉錦堂向全國發信的重要機會。以劉錦堂的的藝術理念和他的地位，處境來看，管見不認為他會要展出單純傾吐私情的作品。

《燕子雙飛圖》裡的「鳥」在這個所謂的「浪漫時期」的作品群裡頻頻出現。《七夕圖》是其中一個例子。此畫也被認為是表達浪漫情愛的作品。畫中的男女占滿了畫面的大部分，男士直立直視我們，一旁的女士屈膝向男士

〔註30〕王月芝譯講：〈單純化的藝術〉，《中央日報》1928 年 5 月 7 日第 4 面。馬弟斯西文、生年依原文揭載原樣。

〔註31〕日本畫家們（包括劉錦堂在東美的指導教授藤島武二）很早就開始重視「單純化」的問題，參照前揭，羽田ジェシカ（呂采芷），2014 年。

〔註32〕引用王月芝：《亞波羅》1928 年第 2 期，第 57 頁。逗點換行依揭載原樣。

〔註33〕代表性的看法參照劉藝：《劉錦堂張秋海生平及藝術成就研討論文專集》，臺中：臺灣美術館，2000 年，第 46 頁。

致意，左上角有比翼鳥，上方中間有星座，左下角有連理枝。此畫在構圖上和人物的姿態上都與文藝復興宗教畫有類似之處。在樣式表現上，劉錦堂也在《七夕圖》把「單純化」理論發揮無遺。比如說女子衣裙的皺折被簡單化，線條著重樣式上的裝飾性。畫面全體使用最少限度的線條，筆墨和色彩。《燕子雙飛圖》中所見的暈染手法也使用於此圖，纖細地烘托出人物的立體感。

《七夕圖》首度公開於雜誌時的畫題是《願》，揭載的圖片旁邊配有摘自白居易《長恨歌》的「在天願做比翼鳥，在地原作連裡枝」〔註34〕。同文也介紹成對的另外一幅作品《誓》。《誓》的圖片旁配的詩句是《長恨歌》的「七月七日長生殿，夜半無人私語時」。七夕傳說的主人翁原本是牛郎織女，協助他們一年一會的是喜鵲，而不是比翼鳥。可是劉錦堂藉著唐明皇和楊貴妃在七夕的誓言連結長恨歌和牛郎織女的故事，賦予《七夕》這幅畫多層的含義。資料顯示，劉錦堂當時的朋友們可以理解這兩幅畫的含義。線索在《臺灣民報》。《臺灣民報》是以留日臺灣學生為中心，以反映臺灣民意為目的而發行的民間報刊。因為總督府鉗制民意的方針，常有被禁的危險，必須使用各種巧妙的方式來傳達殖民地的心聲。其中一個寫法是〈趣談〉，以看似荒誕無稽的戲言來掩蓋深刻的內容。1927年9月8日有如下的一則〈趣談〉：

> 牛郎織女於七夕夜晚七時十分，相會於鵲橋下的銀河裡，臨時將從前秘密式的喁喁情話，改為會議室之緊要討論，列席者除牛女兩人外，並有天姬六姊，及蜘蛛烏鵲等，八時開會，烏鵲主席，議決各案如下：一，牛郎提議：從前揭過天帝款項被罰案，現在已歷千餘年，此種無期刑律，為天上人間所無，際茲革命空氣彌漫中，實不容在受此帝國主義之壓迫，應提出抗議，務達廢除不平等條約為止。眾通過。二，織女提議：刻聞下界離婚案件，愈弄愈多，我們素負女仔仰慕之責，可否籌設愛情訓練所，以期補救（下略）」

〔註35〕。

這篇〈趣談〉顯然將臺灣和大陸比擬成牛郎和織女的關係。管見認為，繪有比翼鳥的《燕子雙飛圖》除了男女之情，思鄉之情以外也和《七夕圖》一樣有更深一層的含義。〈趣談〉的作者不詳，不能斷言一定和劉錦堂的《七

〔註34〕《霞光畫報》1928年第1卷第11期，第2頁。
〔註35〕《臺灣民報》1927年9月18日。

夕圖》有關。可是年代和劉錦堂的織女系列作品非常接近。如上所述，劉錦堂和《臺灣民報》有非常密切的關係，早期也可見到以「王悅之」之名寫的文章〔註 36〕。前述臺灣總督府的資料顯示臺灣總督府最終有掌握到王悅之就是劉錦堂的情報，所以他的文章是不可能再以「王悅之」之名在臺灣的雜誌出現的。他是否有用別的筆名繼續投稿，其實也不是太重要，因為他很明顯地透過繪畫和同仁們做另一類的溝通。一個合理的解釋是，這批被現代學者們視為浪漫抒情的畫作如同他的詩詞一般是有多層含義的，而其表象的深層其實就是劉錦堂和臺灣同道們的呼應〔註 37〕。

　　身兼詩人，藝術家，教育家和活動家的劉錦堂重視藝術與時代，藝術與生活的關係。他認為藝術應該和軍界，學界，農，工，商各界競爭，「期得政權，以行使藝術政策」。他稱此為「精神政治」〔註 38〕。換言之，劉錦堂認為藝術的目的在於實施「精神政治」，並非單純地為藝術而藝術的情感表現。不過他也反對宣傳式的表現，因為藝術會被利用，失去藝術的主體性〔註 39〕。《燕子雙飛圖》，《七夕圖》等作品體現了他的創作理念，藉傳統文人的胸懷和文人畫的詩畫意境，委婉地表達一層又一層的寓意，避免落入教條式的政治宣傳俗套。

五、代替結語──油畫民族化的問題

　　關於油畫民族化（本土化）的問題，一般認為劉錦堂融合東西的創作始於 1928 年去杭州以後。不過資料顯示「從傳統出發，融合東西方」是劉錦堂留日時期就開始的創作方向。在故鄉臺灣培養起來的古典漢文素養和留學期日本前輩藝術家們的刺激是蘊育出這個方向的要素。關於劉錦堂在油畫民族化（本土化）的成就，最常被提起的是他在大陸率先嘗試混合中國傳統與西洋的素材，成功地發展出用油畫顏料在紙或絹上作畫，裝裱的技術。研究岡田三郎助（和藤島武二齊名的東美油畫教授）的學者松本誠一指出，岡田在 1912 年開始用傳統繪畫的礦物顏料在紙上或絹上作畫，作品有在光風會的展

〔註36〕王悅之：〈荀卿非宋銒寡欲說申論〉，《臺灣民報》第 1 卷第 1 號，1923 年 4 月，第 6～7 頁。王悅之：〈迎臺友遊中原〉，同上，第 1 卷第 3 號，1923 年 5 月，第 13 頁。

〔註37〕限於篇幅，杭州時期的其它作品將在別稿細論。

〔註38〕王月芝：〈野獸群以後的 Ismes（續）〉，《大公報》1930 年 3 月 6 日。

〔註39〕王月芝：〈野獸群以後的 Ismes（續）〉，《大公報》1930 年 3 月 6 日。

覽會展出〔註 40〕。參展紀錄顯示劉錦堂在留學期間有參與光風會，知道老師混合東方和西方素材的創作方式可說是很自然的事情〔註 41〕。岡本的創作方式多樣，到 20 年，30 年代還有創作混合中西素材，技法的作品。比如說，和劉錦堂的「油畫民族化」作品同一個時期創作的《水邊楊柳》（1927 年）和《楊柳》（1930 年），兩幅都是使用傳統礦物顏料，重視線條運筆的油畫，1930 年的《楊柳》有被介紹在同年日本發行的『美術新論』中訪問岡田的文章〔註 42〕。

　　無論劉錦堂是否知道岡本的楊柳系列作品，他顯然和日本的前輩藝術家們同樣地想藉傳統把外來的油畫本土化。即使他起步可能比前輩們晚，幾乎同時得到成果。更重要的是，當時的中臺日藝術家們雖然政治立場和處境不同，由於共享同一個藝術文化傳統，他們在西潮席捲下面臨的問題有類似之處，解決的方式也就相近。劉錦堂的例子告訴我們，戰前漢文化圈的藝術家們有一個可以互相取長補短，切磋琢磨的藝術文化空間。劉錦堂所以在藝術史上有重要的貢獻除了因為他的獨特性以外，也因為他掌握了時代的最新潮流，和其它地域的優秀藝術家們有共通的關注，因此讓他的作品帶有不局限於中國大陸的普遍性。進一步縱觀他和傳統的關係，橫觀他和其它藝術家們的關係是筆者今後研究的課題。

（作者單位：九州大學／福岡大學　非常勤講師）

〔註40〕 參見〔日〕松本誠一：《岡田三郎助》，《佐賀偉人傳3》，佐賀：佐賀縣立佐賀城本丸歷史館，2011 年 3 月。
〔註41〕 東京文化財研究所編輯：《光風會》，東京：ゆまに書房，2002 年 5 月。
〔註42〕 參見前揭，松本誠一。

張維賢的戲劇實踐與藝術觀

間扶桑子

〔摘要〕在臺灣 20 世紀 20～30 年代活動的張維賢是一位戲劇家，也是一位無政府主義者。他曾在普羅列塔利亞戲劇盛行的日本築地小劇場實習過，但返臺後，其戲劇活動並沒有受到普羅戲劇的影響，而是與日本明治末至大正時代的先行者如坪內逍遙和島村抱月的戲劇表現更加相似。儘管他對藝術的認識帶有無政府主義思想的色彩，但它也是以托爾斯泰的藝術論爲基礎的，由此可以窺見張維賢戲劇活動的特點。

〔關鍵詞〕張維賢、無政府主義、築地小劇場、大正民主

　　被稱爲「新劇臺灣第一人」的張維賢，爲了推動臺灣的劇運，曾在 20 世紀 20 年代後期到日本的築地小劇場實習。筆者以前曾經指出他在築地小劇場所吸取到的是演出的技巧、舞臺技術以及對戲劇的熱情，而不是演出劇目。對此，臺灣的年輕學者李宛儒還指出了這是因爲當時臺灣社會的現實所致。筆者在此針對張維賢的戲劇活動，還將從他是一個無政府主義者的視角，予以重新探討。

一、築地實習以前（自 1924 年至 1928 年）

　　張維賢爲臺北富商的後代，1905 年出生在臺北大稻埕。年輕時曾到中國，期間曾經閱讀過田漢、歐陽予倩等作家的劇作，而對新的戲劇產生了興趣〔註1〕。1924 年他跟朋友們一起成立了「臺灣藝術研究會」，試演胡適的《終身大事》。然後重新招募人員，設立了「星光演劇研究會」。星光演劇研究會從 1925 年 10 月到 1928 年 1 月之間，在臺北和宜蘭公演過五次，其中演出了《終身大事》等劇。1927 年 5 月的公演結束後，由於意見不同，有些人離開了研究會。因此，張維賢把研究會改爲劇團，爲了募集經營劇團的基金，1928 年 1 月其首開先例，展開了有史以來業餘劇團首次的連續 10 天的日夜場演出。然而卻賺不了多少錢，基金仍然沒有著落，而張維賢也因此離開了劇團。這些演出皆屬於業餘活動，並沒有導演，都是呼籲「改良陋習，打破迷信」的內容〔註2〕。我們在此可以明確看到張維賢在他戲劇活動的起點就存在著「啓蒙民眾」的意圖。

　　此後，張維賢深感能力不足，於是就在 1928 年到日本遊學，成爲築地小劇場的實習學員。

二、在築地小劇場的實習（自 1928 年至 1930 年）

　　築地小劇場成立於 1924 年 6 月，以「成爲戲劇的實驗室、戲劇的常設館、民眾的戲棚」爲目標，是一個具有劃時代意義的新劇團。

　　它受到當時日本知識分子熱烈的歡迎，也對留日學習的中國、臺灣、朝鮮留學生起到了很大的作用〔註3〕。在臺灣也幾乎可以同時獲得築地小劇場相

〔註 1〕 參見張維賢：〈我的演劇回憶〉，《臺北文物》第 3 卷第 2 期，1954 年 8 月，第 105 頁。
〔註 2〕 〔日〕王井泉：〈演劇の思出〉，《臺灣文學》第 1 卷第 2 號，1941 年 9 月，第 20 頁。
〔註 3〕 與築地系統的劇團有關係的留學生有：中國的沈西苓和許幸之、臺灣的吳坤

關的訊息。所以立志於戲劇革新的張維賢想到築地學習也是極其自然的事。

不過，築地小劇場由於 1928 年 12 月 25 日創始人之一的小山內薫突然過世，而內部的矛盾便一時之間浮出了臺面，結果隔年 4 月另外一位創始人土方與志等離開了劇團，另組「新築地劇團」，留下的團員把劇團的名字改爲「劇團築地小劇場」重新出發。張維賢正好在掀起分裂風潮之中加入了築地，成了「劇團築地小劇場」的成員。

當時日本新劇界正處於普羅列塔利亞戲劇走上高峰的時期。土方與志領導的「新築地劇團」以及左翼劇場等很多劇團演出普羅作家們的作品并獲得成功。當時人們認爲：分裂後的「新築地劇團」是進步的，「劇團築地小劇場」是保守的。這是因爲「劇團築地小劇場」分裂當初沿襲了以前的方針，而且擁有很多有各類思想傾向專家的緣故。〔註4〕不過，後來劇團築地小劇場也漸漸地開始演出普羅作家的作品。比如 1929 年 8 月公演的〈怒吼吧中國〉等，受到了觀眾熱烈的歡迎。

張維賢當時以實習學員的身份參加了這些作品的演出，很可能跑過龍套。他應該看到很多觀眾爲了觀看〈怒吼吧中國〉，在劇場外排隊等待入場的境況。在這樣的環境裡，他學到了很多在臺灣無法學到的東西，如「舞中設備的周到科學化，照明設備的完全，舞臺效果的苦心，舞臺裝置與演員服裝及照明關係周密用功〔註5〕」。

據張維賢的回憶，築地小劇場過去也收過實習學員，可是必須限定部門，不得兼修。但他詳細地介紹臺灣新劇的現狀和自己戲劇革新的志願，所以獲得了允許，得以自由出入各部門。〔註6〕

成立築地小劇場時，創始人小山內薫和土方與志爲了「創設理想的小劇場，確立認眞研究戲劇的機關」，以使劇團兼具演劇研究所的功能。其實，雖然設有實習學員制度，但是因忙於排練和公演，實際上並沒有進行有系統的研究活動。實習學員們不是在教室裡受訓，而是以無工資的見習生直接參加演出來鍛鍊自己〔註7〕。這種情況估計在分裂後的劇團築地小劇場也沒什麼改

煌以及朝鮮的洪海星等。

〔註4〕參見〔日〕水品春樹：〈築地小劇場史〉，《新劇去來　築地小劇場史〈復元〉其他》，ダヴィッド社，1971 年，第 115 頁。

〔註5〕張維賢：〈我的演劇回憶〉，第 109 頁。

〔註6〕參見張維賢：〈我的演劇回憶〉，第 108 頁。

〔註7〕參見〔日〕水品春樹等：〈座談會　築地小劇場の俳優はうまかったか……〉，

變。張維賢一定也以這樣的「見習生」身份，到各個部門學習種種技術。他自己也提過，在留學期間他幾乎天天都去早稻田大學的演劇博物館〔註8〕，在那兒得到的知識和信息想必也不少。

三、築地實習後的實踐（自 1930 年至 1934 年）

1930 年春天，張維賢結束在築地的實習，回到臺灣，立刻組織了「民烽演劇研究會」，開始招生。這一舉動是成立「民烽劇團」的前置準備工作，他打算經過四個月的研習後，公開招股，開始劇團的運作。當時有二十幾個人報名參加，6 月 15 日舉行成立大會，從此以後學生們每天晚上 7 點半到 10 點上課，課程包括臺灣語研究、文學概論、演劇概論、音樂、繪畫、戲劇史等內容〔註9〕。後期則是由張維賢指導的實際舞臺演出訓練。據王詩琅說：「也有其它必需的講座以及臨時性的講演，這種陣容、內容在當時都算是周密而且堅強。〔註10〕」

張維賢的演劇研究所，不同於築地小劇場那樣實際鍛鍊，而是先聽講進而實習的，採取了很踏實的方法。這跟坪內逍遙在 1909 年開辦的「文藝協會演劇研究所」很相像。坪內逍遙的演劇研究所是爲了推動新劇的發展而成立的，也可說是當時日本少見的具有規模的戲劇研究所。

不過，這個時候劇團的組成並不順利。1932 年他再度赴日，在東京學了半年「達爾克羅茲全身律動」運動。返臺後，他期望能東山再起，重新集結了以前的學生，組成了「民烽劇團」。這一次，他注重實踐，花了一年的時間把一個劇本當做課本，反覆地排練，加深理解。這種辦法，也不是築地式的，而是比較類似於坪內逍遙的文藝協會的方法。坪內也在 1911 年演出〈哈姆雷特〉的時候，通過一年的排練來奠定演出的基礎，以紮實演出內容。

之後，張維賢通過招股的方式，籌集了 2000 圓，1933 年 8 月在永樂座成功地公演了四天。由於此次成功，他受到了在臺北的日本業餘愛好者們的矚目，1933 年 11 月張維賢跟這些日本人一起成立了臺北劇團協會，經過每月一次的研究會相互交流，隔年 2 月舉辦了「新劇祭」。

《悲劇喜劇》第 24 卷第 2 號，1971 年 2 月，第 35 頁。
〔註 8〕 參見張維賢：〈我的演劇回憶〉，第 109 頁。
〔註 9〕 參見張維賢：〈我的演劇回憶〉，第 109 頁。
〔註 10〕 王詩琅：〈新劇臺灣第一人——悼張維賢兄〉，《臺灣文藝》革新號第 3 期，1977年，第 88 頁。

「新劇祭」的主要活動是 1934 年 2 月 27 日、28 日在日式歐化劇場榮座舉行的戲劇演出。民烽劇團第一個登臺，演出了〈新郎〉。這齣戲本來是匈牙利作家的作品，經過張維賢的改編，內容完全充滿了臺灣風味，並且不是用日語演出，而是用臺語演出。

《臺灣日日新報》所載的劇評雖然對他們用臺語的演出不以爲然，並對演出的協調性不足等提出批評，但是對每一個演員的表情和動作卻給了很高的評價〔註 11〕。可見張維賢力圖以綜合性戲劇表現爲目標的意圖收到了一定的效果。

「新劇祭」後，民烽劇團本來準備環島公演，但是由於第一次公演時購置了先進的照明設備造成了虧損，第二次招股又不理想，最後劇團只好把剩下的財產留給張維賢，決定解散，張維賢的劇團活動也在此告終。他可以說就是在日本築地小劇場實習，爲臺灣帶來了近代戲劇的戲劇家。雖然如此，他的戲劇活動並不是依樣畫葫蘆，完全照搬他曾實習過的築地小劇場的做法，在他的實踐中，有很多他自己獨到的特點和方式。

四、與無政府主義思想的關係

如前所述，張維賢也是一個無政府主義者。據臺灣總督府警務局《臺灣社會運動史》的第四章有關臺灣的無政府主義運動的記載中有以下的內容：臺灣的無政府主義運動以 1922 年在北京組織的「新臺灣安社」爲開端。其中還提到：張維賢「立志於合法的戲劇運動，在資金不足的情況下努力組織劇團，熱衷於用戲劇來作爲宣傳活動〔註 12〕。」那麼張維賢本人是如何理解戲劇運動和無政府主義思想的關係呢？雖然資料有限，但筆者將在下面作一探討。

臺灣的無政府主義運動受了中國和日本雙方的影響，在實際活動上跟日本的關係好像更密切。據《臺灣社會運動史》，「新臺灣安社」以後，在臺灣誕生了幾個無政府主義者的團體，如「臺灣黑色青年聯盟」、「孤魂聯盟」、「臺灣勞動互助社」等，張維賢則是「孤魂聯盟」的成員。1928 年和 1932 年到日本學習的時候，他除了築地小劇場以外，還經常訪問無政府主義者聚集

〔註 11〕 參見〔日〕山村市三、大山亭生：〈新劇祭評〉，《臺灣日日新報》1934 年 3 月 4 日。
〔註 12〕 〔日〕臺灣總督府警務局：《臺灣社會運動史》（1939 年 7 月刊，龍溪書舍 1973 年影印），第 875 頁。

的東京印刷工會辦事處，也參加過日本無政府主義者山鹿泰治主持的世界語講座〔註13〕。這些事實說明對他來說戲劇活動和無政府主義思想並不矛盾。另外，從別的角度，比如說民烽劇團的成立大會有很多臺灣的無政府主義者前來參加，也足以作為佐證。

　　儘管這樣，他的戲劇活動絕對不是《臺灣社會運動史》中所暗示的「通過戲劇直接宣傳社會思想的」活動。關於這一點，李宛儒曾經討論過張維賢演出過的作品的內容來證明〔註14〕。從《民烽劇團趣意宣言》來看，他的志願是要把墮落為權貴的玩具、強迫民眾隸屬的藝術改變為「結合民眾的思想、情感的藝術，通過它的提高，以謀求其社會化，并創造新舊生命的世界〔註15〕」，張維賢認為這才是藝術原來的使命。

　　那麼，張維賢對藝術的認識是怎樣的呢？我們可以他的一篇文章〈藝術小論〔註16〕〉為材料來加以探討。〈藝術小論〉是〈民烽劇團趣意宣言〉發表的四個月後，即民烽演劇研究會在進行研習的當中發表在《明日》雜誌〔註17〕上的。

　　這篇文章除了緒論與結論之外，還有〈藝術是什麼東西〉、〈藝術的目的〉、〈藝術為什麼原故隨（原文如此）落到這個田地呢？〉和〈藝術品是從何而出〉為題的五節，共由七節而構成。張維賢在〈藝術是什麼東西〉裡借托爾斯泰的藝術定義說：「藝術是傳達人家的感情和思想、將自己的思想、感情傳染給別人、意識的喚起自己以外的人之共感的東西〔註18〕」，在〈藝術的目的〉裡則說：「藝術的目的是在乎求〈美〉。〈美〉是決定藝術的價值〔註19〕」。其

〔註13〕參見〔日〕水沼浩：〈一波萬波〉，《リベルテール》第89號，1977年6月，第10頁。

〔註14〕參見〔日〕李宛儒：《日本統治下における臺灣近代劇の生成と発展——植民地知識人の演劇活動の系譜を中心に——》，名古屋大學大學院國際言語文化研究科博士論文，2012年6月，第97～104頁。

〔註15〕臺灣總督府警務局前揭書，第893頁。

〔註16〕張維賢：〈藝術小論〉，《明日》第1卷第3號，1930年9月7日，第2～11頁。

〔註17〕《明日》雜誌為明日雜誌社所辦的綜合性刊物，由無政府主義者黃天海擔任編輯，1930年8月創刊（詳見於鄒易儒：《無政府主義與日治時期臺灣新文學——王詩琅之思想前景與文藝活動關係研究》，國立政治大學臺灣文學研究所碩士論文，2010年7月，第62～71頁）。

〔註18〕張維賢：〈藝術小論〉，第4頁。

〔註19〕張維賢：〈藝術小論〉，第4頁。

實，這些都是托爾斯泰《藝術論》裡提到的內容，也就是說，張維賢對藝術的認識是以托爾斯泰的意見為基礎的。

然而，在第三節的最後，張維賢說：「藝術的真意義是在於為著全人類的幸福途上、結合人們前進、去實現自主自治的真正的美滿的人生社會不可缺的東西〔註20〕」（著重點原文即有），這是托爾斯泰的《藝術論》裡所沒有的，尤其讓人注目的是他談及「自主自治」這一無政府主義的理念。

其次，在〈藝術為什麼原故隨（原文如此）落到這個田地呢？〉裡張維賢主張「普羅藝術是普羅藝術、定不是藝術的全部〔註21〕」，并指出了克魯泡特金五十年前就提倡了煽動、宣傳的文學〔註22〕。這個主張也很明確地表示了他的無政府主義者的立場。進而他主張了藝術墮落的原因是因為由產業革命產生了「分業」，此「分業」使人們分化、孤立，奪去了人們的自由、理想和希望，創造力也由此受到了破壞。結果人們的日常生活中應該產生出來的藝術被埋沒了，自然而然地藝術則走進了象牙塔裡去了。〔註23〕這些看法也可以說並非托爾斯泰的，而是無政府主義者張維賢自己的意見。

最後張維賢在〈藝術品是從何而出〉裡主張，要緊密地將人們和藝術結合在一起的只有「集業制度」。有了它才能「將專門家的、商人的、這個偽藝術家驅除去」，才會「使筋骨勞動者和智識勞動者融和一致」，到那時候「個個都是藝術家、個個都是真的藝術家」「個個都需要著這個真的藝術」〔註24〕。這個「集業制度」是比較難理解的詞彙，但筆者認為這可以理解為一個否定既成權威而指向以個人為中心的和諧社會結合的無政府主義理念之一。

所以說，張維賢的基本藝術觀念是自托爾斯泰所學而來的，而他從事戲劇活動的動機還帶有無政府主義思想的色彩。

下面我們將他的看法與日本無政府主義者大杉榮於1917年（也就是大正6年）在日本發生的有關「民眾藝術」的論爭中以〈為了新的世界的新的藝術〔註25〕〉為題所發表的文章裡的主張比較一下。

大杉榮在他這篇文章裡說：藝術應該是生活在新社會的人們的情感和思

〔註20〕 張維賢：〈藝術小論〉，第6頁。
〔註21〕 張維賢：〈藝術小論〉，第7頁。
〔註22〕 張維賢：〈藝術小論〉，第8頁。
〔註23〕 張維賢：〈藝術小論〉，第8～9頁。
〔註24〕 張維賢：〈藝術小論〉，第10～11頁。
〔註25〕 該文日文題名為：〈新しき世界のための新しき芸術〉。

想相結合的表現，然而現在的藝術墮落到只爲少數權貴服務的〔註26〕，同一類看法也可以看到張維賢的〈民烽劇團趣意宣言〉、〈藝術小論〉裡。這可以說是當時進步人士的共識。

　　大杉榮還說：「這個新崛起的階級必須擁有自己的藝術，這個藝術應該是他們的思想和感想的身不由己的表白；應該是他們年輕活潑的生命力的體現；也應該是對峙老朽的衰落的舊社會的戰鬥的機關。他們必須擁有新的藝術，擁有由民眾爲民眾創造的藝術，爲了新世界創造的新的藝術。如果創造不了這樣的藝術，就不會有活的藝術〔註27〕」，但是張維賢的文章裡並沒有與大杉的這個「民眾必須擁有由民眾爲民眾創造的新的藝術」的主張相對應的部分。當然這並不代表張維賢沒有這樣的認識，不過就他的戲劇實踐看來，筆者認爲張維賢並沒有像大杉榮這樣徹底的「民眾藝術觀」，而他對民眾、對藝術的認識比較接近於日本明治末至大正期的進步知識分子。

　　通過民烽宣言末尾的「我們眞正藝術生活的同志們，迅速來參加本劇團，齊心協力達成眞正的藝術使命吧！」的這段話，我們可以感受到張維賢對於竭盡心力想要創造新的藝術所懷抱的強烈意願。不過，張維賢的戲劇運動的目的並不是爲了創造大杉榮所說的「由民眾爲民眾創造而屬於民眾的藝術〔註28〕」，更不是藝術至上的小山內薰所要走的路。

　　張維賢主張：我們的劇團的目標在於爲了在精神生活上沒有娛樂的臺灣民眾，提供以一個有意義的娛樂的戲劇，以便啓蒙他們〔註29〕。從這點看來，他的想法跟坪內逍遙 1913 年以文藝協會的立場所提出的，「（我們）通過提高藝術來品味生活，自覺生活，充實生活的同時，通過藝術的力量提高這個時代的品位，以便力圖提高生活〔註30〕」言論極爲相似。

〔註26〕 〔日〕大杉榮：〈新しき世界のための新しき芸術〉，《大杉栄・伊藤野枝選集》第 12 卷，黑色戰線社，1989 年，第 37 頁（原載於《早稻田文學》，大正 6 年（1917）10 月號。

〔註27〕 〔日〕大杉榮：〈新しき世界のための新しき芸術〉，第 33～34 頁。

〔註28〕 〔日〕大杉榮：〈新しき世界のための新しき芸術〉，第 27 頁。

〔註29〕 參見〔日〕志馬陸平：〈青年と臺灣（六）——芸術運動の再吟味〉，《日本統治期臺灣文學　日本人作家作品集》第 5 卷，綠蔭書房，1998 年，第 309 頁（原載於《臺灣時報》1936 年 9 月號）。

〔註30〕 〔日〕坪內逍遙：〈教化の目的と文芸協會〉，《逍遙選集》第 12 卷，春陽堂，1927 年（第一書房 1977 年翻印，該文原載於《教化と演劇》，尚文堂書店，1915 年）。

從另一方面來說，張維賢認為：為了使戲劇活動能繼續下去，一定要有民眾的支持，而為了與民眾在一起，一定要經常演出，因此他始終想辦法維持公演。這點令人聯想到大正期風靡一時的島村抱月的藝術座。下面張維賢的兩個主張可以說是跟島村抱月的意見有異曲同工之妙。

> 音樂也好，戲劇也好，只議論形式是不行的。關鍵是音樂能不能夠跟民眾的生活一致，吸引民眾。我認為：每個藝術至少具有民眾可以把每個藝術作為唯一的娛樂消化掉的形式和內容。〔註31〕

> 我相信：導演只要清楚地認識到民眾的存在，就有可以讓民眾理解的演出方法。也可以根據他們的文化水平去選擇方法。〔註32〕

五、張維賢戲劇活動的特點

張維賢在戲劇方面以及思想上，一方面向日本學習，另一方面也以自己的準繩來加以實踐。換句話說：如李宛儒所指出，跟日本社會不同的臺灣社會的近代化進程，和當時臺灣是日本殖民地這一現實，不能讓張維賢直接引進同時代的築地的演出劇目。再加上，張維賢不願順著殖民政府推行的日語政策，堅持用臺語演出的理由大概也在這兒〔註33〕。

不過，張維賢明確地意識到以築地小劇場為首的同時代的日本新劇運動的水平。其主要內容是筆者曾經指出過的舞臺技術和身段表演等。例如說：1933 年 8 月的永樂座的公演，他們雖然入不敷出，但還是購置了嚮往以久的照明設備。這種設備即使是在日本人經營的比較先進的戲院裡也沒有的。〔註34〕永樂座位於張維賢的出生地臺北大蹈埕，是 1924 年由臺灣茶葉大亨陳天來所建的，也是第一座臺灣人經營的戲院〔註35〕。筆者認為，張維賢他們之所以設法購置照明設備，一定是為了想在臺北實現張維賢在築地小劇場學到的綜合藝術的新劇。在此順便說明一下，在日本，從觀眾席照射進去的舞臺照明

〔註31〕〔日〕文聯主辦：《総合芸術を語るの會》上的張為賢的發言。《臺灣文芸》第 3 卷第 3 號，1936 年 2 月，第 48 頁。

〔註32〕〔日〕耐霜：〈戲曲評〉，《臺灣新文學》第 1 卷第 8 號，1936 年 9 月，第 39 頁。

〔註33〕參見〔日〕間扶桑子（間ふさ子）：《中國南方話劇運動研究》，九州大學出版會，2010 年，第 56～60 頁。

〔註34〕參見張維賢：〈我的演劇回憶〉，第 110 頁。

〔註35〕參見〈臺灣人的劇院——永樂座〉，《莊永明書房》2011 年 2 月 17 日，http://jaungyoungming-club.blogspot.jp/2011/02/blog-post_17.html。

和舞臺上的部分照明都是築地小劇場第一次所嘗試的照明方式〔註36〕。

另外，上面也提及過，民烽演劇研究所的授課內容有「繪畫」，這是坪內逍遙的文藝協會演劇研究所所沒有的。筆者認爲：這也是因爲張維賢在築地小劇場看到過很多嶄新設計的舞臺裝置而受到刺激，實際感受到舞臺裝置的重要性的緣故。

六、總結

通過上述探討，我們可以發現：張維賢信奉無政府主義，他的藝術論裡也可以看到該主義的理念，但是在其戲劇實踐上，幾乎看不到這些影子。在戲劇的實踐上，他實習過的築地小劇場的影響也很有限。他的戲劇運動，在戲劇活動的目的和人才的培養的方面，與明治末期、大正初期的坪內逍遙的方法極爲相似；劇團的運作方面，跟大正期的島村抱月主持的藝術座的方法一脈相通；而只有綜合藝術的舞臺表現，才可說是引進了築地小劇場方式的。

爲什麼會導致這樣的情況呢？我們不難想像這起因於日本和臺灣社會發展的進程不同。如果要再進一步詳細地考察，筆者認爲幾位學者前輩曾經提出的想法〔註37〕可以提供我們作爲有力的參考。他們指出：對日本近代戲劇的發展來說，民眾躍進到社會主角位置的大正民主時期（自 1912 年至 1926 年）可說是一個具有劃時代意義的時期。然而殖民地臺灣並沒有經過相當於日本大正民主的時期，這對張維賢的戲劇運動影響很大。筆者認爲用這種想法也許可以做出比較合理的說明，有關此一內容的深入探討以期他日。

參考文獻（凡是用〔日〕的表示日文資料）

1. 〔日〕托爾斯泰（古館清太郎翻譯）：〈藝術論〉，《世界大思想全集》第 23 卷，春秋社，1928 年。
2. 張維賢：〈藝術小論〉，《明日》第 1 卷第 3 號，1930 年 9 月。
3. 〔日〕臺灣總督府警務局：《臺灣社會運動史》，1939 年 7 月（龍溪書舍，

〔註36〕參見〔日〕永井聰子、清水裕之：〈劇場空間と演出空間の關連に關する研究：明治末期から昭和初期の舞臺裝置に關する考察〉，《日本建築學會東海支部研究報告集》第 35 號，1997 年 2 月，第 602 頁。

〔註37〕參見〔日〕曾田秀彥：〈『大正演劇』とは何か？〉，大正演劇研究會編：《大正の演劇と都市》，武藏野書房，1991 年、〔日〕木村敦夫：〈島村抱月の通俗演劇論〉，《東京藝術大學音樂學部紀要》，第 34 集，2009 年 3 月等。

1973 年影印）。

4. 〔日〕文聯主辦：〈総合芸術を語るの會〉，《臺灣文芸》第 3 卷第 3 號，1936 年 2 月。

5. 〔日〕耐霜（張維賢）：〈戲曲評〉，《臺灣新文學》第 1 卷第 8 號，1936 年 9 月。

6. 〔日〕耐霜（張維賢）：〈臺灣の演劇に就いて——主として臺灣語による演劇——〉，《臺灣新文學》第 1 卷第第 9 號，1936 年 11 月。

7. 〔日〕志馬陸平（中山侑）：〈青年と臺灣（六）——芸術運動の再吟味〉，1936 年 3 月（《日本統治期臺灣文學 日本人作家作品集》第 5 卷，綠蔭書房，1998 年）。

8. 〔日〕王井泉：〈演劇の思出〉，《臺灣文學》第 1 卷第 2 號，1941 年 9 月。

9. 張維賢：〈我的演劇回憶〉，《臺北文物》第 3 卷第 2 期，1954 年 8 月。

10. 耐霜（張維賢）：〈臺灣新劇運動述略〉，《臺北文物》第 3 卷第 2 期，1954 年 8 月。

11. 王白淵等：〈北部新文學・新劇運動座談會〉，《臺北文物》第 3 卷第 2 期，1954 年 8 月。

12. 王詩琅：〈新劇臺灣第一人——悼張維賢兄〉，《臺灣文藝》革新號第 3 期，1977 年。

13. 〔日〕水沼浩：〈一波萬波〉，《リベルテール》第 89 號，1977 年 6 月。

14. 〔日〕坪内逍遙：〈教化の目的と文芸協會〉，1913 年（《逍遙選集》第 12 卷，春陽堂 1927 年，第一書房 1977 年翻印）。

15. 〔日〕島崎抱月：〈民眾芸術としての演劇〉，1917 年 2 月（《島村抱月全集》第 2 卷，1920 年 2 月，日本圖書センター 1994 年翻印第 2 次印刷）。

16. 〔日〕大杉栄：〈新しき世界のための新しき芸術〉，1917 年 10 月（《大杉栄・伊藤野枝選集》第 12 卷，黑色戰線社，1989 年）。

17. 〔日〕松本克平：《日本新劇史 新劇貧乏物語》，筑摩書房，1966 年。

18. 〔日〕水品春樹：〈築地小劇場史〉，《新劇去來 築地小劇場史〈復元〉その他》，ダヴィッド社，1971 年。

19. 〔日〕向井孝：《山鹿泰治 人とその生涯》，自由思想社，1984 年。

20. 〔日〕大笹吉雄：《日本現代演劇史 明治・大正篇》，白水社，1985 年。

21. 〔日〕大正演劇研究會編：《大正の演劇と都市》，武藏野書房，1991 年。

22. 〔日〕曽田秀彦：《民眾劇場 もう一つの大正デモクラシー》，象山社，1995 年。

23. 〔日〕間扶桑子（間ふさ子）:《中國南方話劇運動研究》,九州大學出版會,2010年。

24. 〔日〕永井聰子、清水裕之:〈劇場空間と演出空間の關連に關する研究:明治末期から昭和初期の舞臺裝置に關する考察〉,《日本建築學會東海支部研究報告集》第35號,1997年2月。

25. 〔日〕李宛儒:〈植民地臺灣の新劇發展と張維賢——日本留學の影響をめぐって〉,《演劇學論集》第47集,2008年。

26. 〔日〕木村敦夫:〈島村抱月の通俗演劇論〉,〈東京藝術大學音樂學部紀要〉第34集,2009年3月。

27. 鄔易儒:《無政府主義與日治時期臺灣新文學——王詩琅之思想前景與文藝活動關係研究》,國立政治大學臺灣文學研究所碩士論文,2010年7月。

28. 〔日〕李宛儒:《日本統治下における臺灣近代劇の生成と發展——植民地知識人の演劇活動の系譜を中心に——》,名古屋大學大學院國際言語文化研究科博士論文,2012年6月。

謝辭:本書之中文承蒙福岡大學王毓雯老師不吝指正,謹此致謝。

（作者單位:福岡大學）

日本現代漢學的成立與留學
——以九州帝國大學的教授們為例

周作人、錢稻孫與九州學者

吳紅華

〔摘要〕曾經在九州帝國大學任教過的目加田誠（1904～1994）、濱一衛（1909～1984）、山室三良（1905～1996）、松枝茂夫（1905～1995），都曾是日本中國學界的開山重鎮。而他們先後於 30 年代赴北平留學，與當時北平的文壇領袖周作人（1885～1967）、著名日本文學翻譯家錢稻孫（1887～1966）及諸多文人雅士有過密切交往。回日本之後，他們均在大學從事中國學的教研工作，鑽研學問，獎掖後學，奠定了戰後一代日本中國學的基礎。本文試圖通過這四位學者所留下的日記、回憶文章及其它記錄，鉤沈出這段近代學術上的中日學者交流史，理清他們與周、錢的交友歷程，探討北平留學對其學術的影響，同時也對戰後他們給予困境中的周、錢的日本古典文學翻譯工作的幫助，以及精神上的支撐，提出一些看法。

〔關鍵詞〕目加田誠、濱一衛、山室三良、松枝茂夫、周作人、錢稻孫、日本文學翻譯、中國文學研究和翻譯

一、九州帝國大學的漢學家（目加田誠・濱一衛・山室三良・松枝茂夫）

　　以往的周作人、錢稻孫和日本的研究中，很少有人注意到兩位與九州漢學者的關係。而究周錢兩人之所以能與九州結下一段奇緣，亦與當時的時代背景不無關聯。此事可追溯到 1923 年。當時日本政府爲了減緩五四運動後中國民眾的反日情緒，以部分庚子賠款爲啓動基金，著手創建由外務省主導的東方文化事業，希望以此爲平臺開展對支（中國）文化事業活動〔註1〕。該東方文化事業，於 1925 年正式啓動，當初計劃由日本外務省和中華民國教育部合作，開設系列圖書館，扶持日系團體在中國的各種社會活動與互派留學生，設立北京人文科學研究所、上海自然科學研究所、東方文化學院等學術研究機構。然而，1928 年的日本再度出兵山東，導致日中關係進一步惡化，中國政府抗議并退出這一計劃，事業改爲日本外務省文化事業部單獨管理。1929年 4 月，外務省在東京和京都兩地設立了東方文化學院的研究所，基金主要被漢學權威優先用在了搜集纂修《四庫全書》所需的古籍善本以及公派留學生上，不少有東大和京大背景的年輕學者被選派到北平留學。另一方面，由於中國政府的退出文化事業原定計劃受挫，然駐北京的外務省文化事業部並未完全停止活動，只是縮小規模相繼在北京和上海籌建小型圖書館。在這種情況下，九州帝國大學派出的留學生山室三良提出北平需建一所日本圖書館的建議，1936 年 12 月在北平開設了北京近代科學圖書館。1937 年 3 月上海也設立了日本近代自然科學圖書館〔註2〕。要之，溯本究源，如果沒有東方文化事業的公派留學生計劃，上述的幾位學者或許也就不會到北平留學了。

　　首先讓我們來回顧一下目加田誠的學術歷程。學界周知，目加田是日本著名的漢學家，其學術領域橫跨了整個中國古典文學。首先，其《詩經》研究可謂斯界之一座高峰，至今在中日兩國學界影響深遠，同時其它如《文心雕龍》譯注及中國現代文學研究，亦是毫不遜色。目加田於 1933 年赴北平留學，歸國之後出任九州帝國大學初代主任教授，開創了中國文藝座談會，創辦九州大學《中國文學論集》，培養出了眾多的從事漢文學及中國文學研究的

〔註 1〕　山根幸夫：《東方文化事業的歷史：昭和前期的日中文化交流》（汲古書店，
　　　　　2005 年）。

〔註 2〕　岡村敬二：〈北京近代科學圖書館的日本〉，《國際日本文化研究紀要》第 7 號，
　　　　　1992 年。

後輩學者。同時，先生還屢次被推舉爲文學部長，亦爲九大文學部的發展嘔心瀝血，奠定基石。

目加田是東京帝國大學支那文學科 1929 年的畢業生，曾受教於服部宇之吉、狩野直喜、鹽谷溫等漢學名家。他的上一屆同學裡有以翻譯《中國小說史略》等魯迅作品而聞名於世的增田涉，後一屆的同學中又有以翻譯《紅樓夢》及周作人隨筆聞名的松枝茂夫。目加田畢業時，恰值恩師服部宇之吉出任東方文化學院理事長一職。因此順理成章，目加田被選任爲東方文化研究所的研究助手，之後又被推薦到京都三高任教。1933 年 7 月，又從三高轉任九州帝大，10 月就被外務省文化事業部派往北平留學。比目加田晚到北京的還有由京大選送的小川環樹（諾貝爾獎獲得者湯川秀樹之胞弟，著名漢學家）。目加田與小川是京都時期的研究夥伴，在北京又同住一個宿舍。目加田的《北平日記》中頻繁出現小川。而比他們早幾年去北平留學（1928 年）的還有京大的吉川幸次郎、倉石武四郎、九大的楠本正繼。這幾位先生後來都成爲日本一代漢學名家。

濱一衛，1930 年畢業於大阪的舊制浪速高等學校，1933 年畢業於京大支那文學專業，1934 年 5 月被選派到北平留學。在北平留學期間，經同校學友小川介紹，又與目加田成爲摯友。正是這段因緣，1949 年，目加田將任職於四國松山商科大學的濱，聘請到九大教養學部。在《中國文學論集》第四號「濱一衛退官紀念號」裡，目加田在〈回憶濱君〉一文中寫道：

> 我認識濱君是在昭和十年十一月（譯者注：根據《北平日記》應該是昭和 9 年 6 月相識），他比我遲半年來北京留學，我和京都的小川環樹同住一處，所以很快與京大來的濱君也成了朋友，之後我搬進了西城受璧胡同的錢稻孫家裡，濱君則住在八道灣的周作人家裡，兩家距離很近，所以來往頻繁〔註3〕。

濱的研究成果，經九大中里見敬等學者的整理，現在大都歸入了九州大學附屬圖書館的濱一衛文庫。濱主要致力於戲曲研究，或是受到先輩學者以及劉半農的影響，其研究爲以京劇爲主的中國戲劇，首先特別注重現場觀摩。同時也廣泛收集各種戲票與節目單，並以去戲院尋訪演員的方式收集了諸多珍貴的第一手資料，首創了戲曲表演史的學科。其問世的研究著作則有《北平的中國戲曲》《話說中國戲曲》等著作。最近，中里見又對其生前還未來

〔註 3〕目加田誠：〈回憶濱君〉，《中國文學論集》第 4 號，1974 年。

得及整理的部分資料進行了整理與總結〔註4〕。目加田曾對其《日本藝能的起源 散樂考》一書予以高度的評價。不過，由於本文篇幅有限，以下對濱的介紹則只局限於其對中國近現代文學方面的貢獻。

山室三良，出生於長野縣，父親是漢文老師，但不幸早逝，因此家境艱難，兄弟幾個可謂都是苦學成才。山室先在九州大學旁聽，後作爲選科生入學，在學期間鍾情於希臘哲學。不過，由於山室畢業論文〈命運的問題〉論及東洋哲學，結業之後就被選任爲九大中國哲學研究室的副手。1934 年 6 月，山室以外務省第三種補給生資格被派遣到北平留學，與目加田、濱等兩位同居一院，食住一所。此後，山室進了清華大學研究生院留學，又受外務省文化事業部委託，負責籌建了北京近代科學圖書館并出任了圖書館代理館長。戰爭後期，山室因服兵役離京，而於 1946 年歸國。1948 年，受到恩師楠本正繼的邀請，轉任母校九州大學。山室主要從事中國古代思想研究，學術專著有《儒教與老莊》《孔子論》，學術隨筆則有《中國之心》、《活了九十年》等著作。

松枝茂夫，出生於佐賀縣有田町陶器名產地釉彩師世家，在就讀舊制福岡高等學校期間，開始對《紅樓夢》產生了濃厚的興趣，并因此立志研究中國學。松枝比目加田晚一屆考入東京大學支那文學科，正式開始從事中國文學研究。彼時正是中國創造社作家文學活躍時期，松枝閱讀了大量的創造社作家的作品（郭沫若、郁達夫等），并通過文求堂主人田中慶太郎認識了當時居住在市川市的郭沫若〔註5〕。1934 年，松枝與東大學友、魯迅研究家竹內好一起創建了中國文學研究會，提倡注重同時代的中國文學研究，主要會員還有增田涉、武田泰淳、岡崎俊夫等人。松枝茂夫與周作人之間的關係最早可以追溯到 1927 年。此年買到了周作人隨筆集《雨天的書》，由此開始關注周作人文學。

與上述三位學者稍有不同的是松枝畢業一時找不到合適的工作。1930 年 4 月，松枝自費赴北京留學。當時雖攜有服部宇之吉和竹田覆給北京大學周作人和沈尹默的兩封介紹信，卻不敢冒然拜訪所敬仰的周作人。九一八事變後，北平社會一片蕭條，松枝對此極度失望，閉門不出，以耽讀古書爲消

〔註4〕 參照中里見敬等整理的《濱文庫所藏唱本目錄稿》1～13。

〔註5〕 松枝茂夫：〈郭沫若回憶〉，《松枝茂夫文集》第二卷（研文出版，1999 年 4 月），第 142 頁。

遣，同時開始試著翻譯《紅樓夢》。一年半之後，松枝回到東京後到大學兼課，并開始編上課教材，翻譯周作人作品。1939 年，松枝受目加田之邀出任九州大學法文學系講師一職。據目加田回憶：由於當時九州大學人手不夠，便到東京把松枝招聘過來，這以後便如身影相隨，兩人每天都在一起探討中國學，一直到戰爭結束〔註6〕。松枝自己也曾提過在九大期間與目加田的學術交往，其《紅樓夢》翻譯稿亦曾附交目加田修改〔註7〕。1947 年，松枝轉赴東京大學任助教授，不久即因家中有事，辭職再度回到九州佐賀老家與家人一起生活，先靠翻譯《紅樓夢》的月酬維持生計，此後受聘至市立北九州大學擔任教授。1950 年年底，日本首次由松枝翻譯的《紅樓夢》竣稿。1952 年，松枝再次赴東京出任東京都立大學教授。松枝曾寫下「半生潦倒紅樓夢，一向傾心周作人」一聯，介以概括了自己從事中國文學研究的大半生。

　　以上四位學者，目加田、濱及山室都是外務省文化事業部派遣的留學生，而松枝先生雖然不是國費留學，亦與目加田等先生同出一氣。換句話說，正是留學，讓他們走到了北京。

二、錢稻孫與目加田誠、山室三良

　　接下來讓我們再來具體探討錢稻孫與目加田誠、山室三良之間的交往。目加田 1933 年 10 月被派往北京留學之後，曾請滿人奚伏園講解《紅樓夢》，學習北京話。或是周家乃是北京文人學者聚集之地，當時去北京的日本學者一般都會去拜訪周作人。目加田也早在 1929 年夏天就曾與長澤規矩也、一戶務去過周家問候〔註8〕，留學北京之後，特別是 1934 年 6 月京大的小川、濱和九大的山室都到北京以後，他們更是通過各種關係努力結交北京名流，恰好錢稻孫也是周作人家的常客，因此得以交識。

　　錢稻孫，1927 年出任清華大學外文系日語講師，在清華、北大教授日語和日本古典名著《萬葉集》。目加田一行留學的 30 年代，尤其是 1934 年，對於周作人和錢稻孫的文學活動都是極爲重要的一年。周作人從早年的文藝理論家，翻譯家到小品散文作家，一直是北京文壇重鎮，一生著作等身，出版過近 80 多種文集，然其成果最爲豐碩的還當數 30 年代中期。這一期間，周

〔註6〕 目加田誠：《夕陽無限好》（時事通信社，1986 年）。
〔註7〕 松枝茂夫：〈紅樓夢譯後〉，《松枝茂夫文集》第一卷（研文出版，1998 年 11 月），第 227 頁。
〔註8〕 《周作人日記》中（大象出版社，1996 年 12 月），1929 年 8 月 9 日的日記。

作人出版了《知堂文集》《周作人書信》《苦茶庵笑話選》《夜讀抄》《苦茶隨筆》《苦茶齋序跋文》《苦竹雜記》《風雨談》《瓜豆集》等多種文集。1934年，為打破文壇的窒息狀態，周作人還發表了五十自壽詩，北京文壇轟動一時。也正是在這一年的暑假，周作人帶著妻子赴日探親，在日本受到極大關注，連日不斷接受朝日新聞、讀賣新聞及《改造》雜誌等採訪，晚間宴會更是應接不暇——有中國文學研究會舉辦的周作人歡迎會，還有新村支部，左翼作家等的招待會以及私宴。難怪當時同在日本的郭沫若要感歎自己身邊是警察便衣跟蹤，周作人則是文人墨客簇擁。

五卅慘案、九一八事變以後，日本加緊了對中國實行大東亞文化侵略政策，如果說日本政府看重的是周作人於北平文壇的影響力的話，那麼錢稻孫被利用的則是具體事務操作能力及語學能力。1934 年春夏，錢稻孫兩次受到日本外務省委託，帶領清華北大學生旅遊團訪日。同時，錢稻孫還擔任了由日本派到北京講學的京大法制學家三浦周行、歷史學家白鳥庫吉等人的翻譯工作，并接待了日本作家志賀直哉、里見弴等人，與日本學界及文壇建立了密切的關係〔註9〕。這些交往也影響到了錢稻孫的學術活動。以此為契機，錢稻孫從 20 年代的造型美術、醫學史等科學著作翻譯開始轉向日本古典文學的翻譯。由此看來，三十年代的周、錢的文學活動，其背後或多或少都有著日本外務省之東方文化事業的投影。

目加田在文化事業部的一次送別會上結識錢稻孫後，經常登門拜訪，意氣相投，以至於搬到錢家住宿。而學友濱則與周作人之長子交往密切，寄住到了周家。這樣一來，這批在北平留學的日本學者，與周錢兩人有許多見面及請教的機會，同時也有機會接觸到了出入於周家的周門弟子和文壇新秀。正是通過這些關係，目加田結識了俞平伯，并專門為此撰寫了〈俞平伯訪問記〉一文。1935 年，目加田又和小川一起到杭州訪問了郁達夫。目加田的這次郁達夫訪問記，回國之後則在東京中國文學研究會例會予以專門介紹。通過郁達夫的引薦，目加田還在上海內山書店見到了魯迅，聽魯迅談及過對周作人和郁達夫等人的看法〔註10〕。根據目加田的《北平日記》，我們還可知道目加田的訪書交友，均不時得到了文化事業部橋川時雄局長及相關工作人員

〔註 9〕鄒雙雙：《文化漢奸——錢稻孫》（東方書店，2014 年 4 月），第二章〈「對支文化事業」中的錢稻孫〉。

〔註10〕目加田誠：《夕陽無限好》（時事通信社，1986 年）。

的幫助。另外，當時日本留學北京的年輕學者受到錢稻孫關照者也大有人在。這在許多日本學者的回憶文章也有反映，如吉川幸次郎的〈C 教授〉、石田幹之助〈回憶錢稻孫先生〉、奧野信太郎的〈周作人和錢稻孫〉、目加田的〈錢稻孫先生〉等等。其實，不僅目加田在錢家寄宿過，京大哲學專業的平岡武夫也曾在錢家住過。錢稻孫有十幾個子女，其中五人到過日本留學，這或亦與戰前戰後日中文人學者的這種親密交往不無關聯。

此外，錢稻孫從 1925 年開始擔任北京美術專門學校圖書館館長之後，更是傾心收集圖書，不僅在家裡自設「泉壽東文書藏」，還積極參加北京圖書館協會，大量收集日本圖書，且在購書過程中，與岩波書店主人岩波茂雄成了莫逆之交。錢稻孫對書籍的深厚造詣，又使得他成為東方文化事業圖書館事業中一個不可多得的人才。受日本外務省之邀，錢稻孫於 1932 年暑假赴日參觀學習，與東洋文庫岩井大慧、靜嘉堂文庫長澤規矩也及石田幹之助一起訪問了東京各大圖書館〔註 11〕，考察日本的圖書館管理情況，不管本人有意無意但從結果看就是為在北京設立日本圖書館做了籌備工作。

1935 年，錢稻孫又請假一年赴日買書，此行的主要目的則是收集有關翻譯《源氏物語》的各類歷史資料及研究著作，準備著手翻譯這部日本名著。訪日期間，錢稻孫到竹內好主持的中國文學研究會第 8 次例會上做了題為「北京的日本文學研究現狀」的專題演講，後登載在《中國文學月報》上。錢稻孫翌年回國，出任清華大學圖書館主任。在上文也提到過，山室三良於 1934 年 6 月來北京留學。他也與目加田一起經常出入錢稻孫家，有一段時間還經常利用北平大學的圖書館〔註 12〕。1935 年，山室向外務省提議於北京設立一所日本圖書館〔註 13〕。恰值外務省重審預算，山室的建議被採納。經過一年多的籌備，山室在 1936 年 12 月設立了北京近代科學圖書館并出任代理館長，而新開館的圖書館的設備及相關設計，都參考了北平大學圖書館，可謂翻版〔註 14〕。對於山室的圖書館籌建活動，錢稻孫也給予了大力支持。其實，山室對於圖書館的建設與外務省的設想多有牴觸——外務省最初設想的

〔註 11〕鄒雙雙：《文化漢奸——錢稻孫》（東方書店，2014 年 4 月），第二章〈「對支文化事業」中的錢稻孫〉。

〔註 12〕山室三良：《活了九十年》（石風社，1995 年），第 14 頁。

〔註 13〕岡村敬二：〈北京近代科學圖書館的日本〉，《國際日本文化研究紀要》第 7 號，1992 年。

〔註 14〕山室三良：《中國之心》（創言社，1968 年），第 212 頁。

是從物質基礎層面有系統性地移植日本體制，乃是建立自然科學技術的圖書館。而山室則是建設一所以收集介紹日本圖書及日語圖書為主的圖書館，最終山室的建議基本被採納，北京近代科學圖書館後來成為一所集人文與自然為一體的綜合性圖書館。山室的有關圖書館的具體設想得到了錢稻孫的鼎力相助，不僅積極協助其打理圖書館的翻譯出版事業，而且還擔任各種日語講座的教員。正是由於山室的圖書館建設與政府保持著一定的獨立性，他的圖書館經營還得到過周作人及郭沫若等人的協助，如由館方主辦的《館刊》第二期曾刊登過周作人〈狂言十番〉和郭沫若〈草枕〉翻譯，然其中出力最多的還當數錢稻孫。《館刊》幾乎每期都載有錢稻孫的日本詩選譯，而由館方所主辦的另一份《書滲》（月刊）則開設了錢稻孫的對譯連載，每期必載。錢稻孫的才華得到了充分地發揮。學術研究有用武之地，對於學者來說當然可謂是求之不得的。不過，如考慮到當時的時代大背景，錢稻孫的這種對北京近代科學圖書館事業的積極協助，確實不可否認其有為日本以文化滲透為宗旨的東方文化事業所利用的一面。但錢稻孫在北京近代科學圖書館刊物上登載的這些翻譯作品，除了《伊勢物語》之外，後來彙集出版為以下書籍：

　　《日本詩歌選》，錢稻孫譯，北京近代自然圖書館編，文求堂，1941 年 4 月。

　　《盤樹記　謠曲》，世阿彌作，錢稻孫譯，北京近代科學圖書館，1942 年。

　　《櫻花國歌話》，錢稻孫譯，中國留日同學會，新民印書館，1943 年 3 月。

　　三本著作之中，特別是《櫻花國歌話》，其實就是〈愛國百人一首〉，乃是一本宣揚為天皇效忠的和歌集（其體裁雖僅為一種小孩的紙牌遊戲），這在當時應該說是人所皆知。然而，正是這樣一本政治上如此敏感的和歌集，錢稻孫還是予以了翻譯，而周作人也奉上序文〔註15〕。這種出版活動，其中雖或也有其冀為北平佔領區保留一絲中國文化命脈之無奈，但毋庸置疑，顯然無法成為幫其洗脫「漢奸」罪名的口實〔註16〕。

〔註15〕周作人：《《櫻花國歌話》小序〉，《周作人散文全集》第八集（廣西師範大學出版社，2009 年）。

〔註16〕雖然山室說，那些南下抵抗日軍侵略的人固然可敬，但是也應該理解周作

接下來論述戰後錢稻孫的翻譯情況，話說 1940 年爲紀念日本開國 2600
週年，日本學術振興會推出了由萬葉學者 15 人參加公選的《英譯萬葉集》，
而參加公選的京大博士、著名萬葉研究家佐佐木信綱還有意將《萬葉集》推
廣到亞洲地區，在外務省官員杉榮太郎的操辦下，最終決定請錢稻孫翻譯。
錢稻孫經過 4 年的努力，1944 年基本完成譯稿，但是戰爭結束，出版未果。
一直到 1955 年人民出版社決定出版日本古典譯本，才得以重操舊業。戰後的
漢譯萬葉集，由鈴木虎雄校訂，吉川幸次郎向日本學術振興會提交了資助申
請〔註 17〕。在京大吉川幸次郎和平岡武夫等的協助下，錢稻孫把日本學者公
選出的《萬葉集》詩整理修訂成《漢譯萬葉集選》一書。最終於 1959 年經由
日本學術振興會贊助得以問世。在中國該書最後經由文潔若整理，加補進
錢稻孫之後的一些改編與增譯，最終於 1992 年由中國友誼出版公司刊行出版
〔註 18〕。

　　二戰結束後，錢稻孫被當作文化漢奸判刑十年。新中國成立之後，在文
化部管理之下，錢稻孫被允許繼續從事日文古典書籍的翻譯工作。在缺少參
考書籍的情況下，又得到了日本友人之協助，體弱多病的錢稻孫才得以在晚
年繼續從事其所喜好的翻譯工作。錢稻孫一生除在雜誌上發表的單篇譯文之
外，還出版 20 多部譯著，涵括了音樂、歷史、美術、醫學等多個領域。遺憾
的是，錢稻孫的《源氏物語》的 4 萬餘字的翻譯原稿以及 6 萬餘字的校訂稿
最終下落不明。我們現在只能看到發表於《譯文》雜誌上的第一章〈桐壺〉。
而由豐子愷翻譯的《源氏物語》，則成爲了漢譯的通行本。

　　錢稻孫《萬葉集》翻譯之最大的特點，就是一句原文存在著幾種譯文，
可資讀者多角度地，更客觀地去理解日本古典詩歌的神韻。之所以會出現這
種現象，其中還有一段曲折。錢稻孫始於 30 年代的《萬葉集》翻譯，基本上
是選用了詩經古詩體及五七言絕句體。這種處理，雖然最大限度的保留了古
雅之風，但後來也遭到了日本學者的批評。比如松枝早在 1937 年、1940 年就
撰文對錢稻孫的漢譯提出批評，一是認爲其將本來就難懂的萬葉歌詞翻譯成

人、錢稻孫、文元模留在佔領區爲保住文化的命脈而甘受的痛苦，以及做出
的貢獻，不能簡單地用漢奸兩字蓋棺定罪的。山室三良：《活了九十年》（石
風社，1995 年），第 68 頁。

〔註 17〕郭雙雙：《文化漢奸──錢稻孫》（東方書店，2014 年 4 月），第七章〈《萬葉
集》漢譯史中的錢稻孫〉。

〔註 18〕文潔若：〈萬葉集精選序〉，錢譯《萬葉集精選》（上海書店出版社，2012 年）。

更難懂的中國古詩,不適應一般讀者閱讀;二是詩篇選擇的問題,由於所據底本乃是由佐佐木等日本學者的公選本,因此不免有些強迫於人的印象。就此松枝認為對於外國文學之介紹與翻譯不能強人所愛,應該出自譯者對所譯作品的自身喜好〔註19〕。可能錢稻孫自己也有同感,再加上有些歌詞翻譯的確很困難,需要幾經推敲,這樣同一篇章就產生了不同版本的譯案了。新中國成立以後,翻譯助手文潔若為保持錢譯的風貌,這部有一句多譯特色的《萬葉集精選》就問世了。解放以後出版了以下幾種錢稻孫譯著:

《木偶淨琉璃》,作家出版社,1965 年。

《近松門左衛門　井原西鶴選集》(日本文學叢書),人民文學出版社,1987 年。

《萬葉集精選》(日本文學名著選譯叢書),中國友誼出版社,1992 年。

《近松門左衛門　井原西鶴作品選》(世界文學名著叢書),人民文學出版社,1996 年。

三、周作人與濱一衛、松枝茂夫

上文提到,濱一衛作為日本外務省文化事業部公派留學生,1934 年 5 月從京都到北京留學。根據《周作人日記》記載可知,1934 年 7 月至 9 月周作人赴日本探親,9 月 2 號回北京八道灣,5 日,濱一衛第一次登門拜訪周作人。濱一衛與周家甚有因緣,是周作人長子周豐一(1912～1997)日本留學時的學友。據周豐一回憶,他們是經由浪速高等學校的漢文教授佐藤文四郎介紹所認識的,曾一起在佐藤老師家聽講《論語》,受到過濱一衛不少關照,「以前他住八道灣西邊,出門必經過我的屋,我們就在一個屋檐下同住有一年之久」〔註20〕。1934 年 12 月 1 日《周作人日記》中見記有「濱君來寄宿豐一之西屋」一文,據此可推知濱一衛是赴北平留學半年之後住進八道灣周作人家的。濱一衛在周作人家寄宿時候,恰值周作人文學創作之高峰期,每有出版文集時,都會贈書與這位年輕的日本留學生一本留珍。現在,我們還能在濱一衛文庫(設於九大貴重文庫)中看到《苦茶隨筆》、《苦竹雜記》、《風雨談》和《苦茶庵笑話選》等諸多著作的初版本。另外,筆者還曾查閱濱氏

〔註19〕松枝茂夫:〈有關日本文學的漢譯工作〉,《松枝茂夫文集》第二卷(研文出版,1999 年 4 月),第 93、103 頁。

〔註20〕周豐一:〈憶往〉,《飆風》第十九號,1990 年,第 47、48 頁。

未及出版的《苦茶庵笑話集》日語翻譯原稿，可惜只找到了一篇序文的譯稿（1940 年 5 月 31 日翻譯），原著所收 300 則笑話的翻譯原稿或已紛失。據松枝翻譯的《瓜豆集》卷末廣告，濱的《笑話集》譯本當初是計劃收入創元社支那叢書，但不知為何未能成書。文庫中還保存了濱翻譯的未刊《日本隨筆》上下兩冊之譯稿，《日本隨筆》上冊 13 篇，下冊 9 篇，都是周作人 1933 年至 1943 年所寫之有關日本文化的隨筆。在喜好周作人隨筆這一點，濱與松枝可謂是英雄所見略同。另外，根據濱翻譯手稿，我們也可推知，當時的日本學者都非常關注周作人的《日本隨筆》和《苦茶庵笑話集》，並有過翻譯出版計劃。雖然，濱的周作人著作翻譯，遠不及其在日本藝能源流研究及中國戲曲方面所取得的成果，甚至可以說鮮為人知。但是濱一衛與周作人一家的交往，在他的學術研究中也留下了深深的足跡。

而松枝茂夫，則是最早翻譯及研究周作人的日本學者。據松枝本人回憶，其最初是 1927 年在神田的三崎町中華留日會館書店裡買到了《雨天的書》，從此一發不可收拾，深深迷上了周作人。1930 年 4 月，松枝結束了北京的留學回到東京在大學兼課。在增田涉的影響下，開始著手翻譯周作人的散文。1931 年所編的教材《支那現代文》就收錄了〈西山小品〉一文。1934 年 8 月 4 日，松枝也參加了中國文學研究會為周作人所舉辦的歡迎會，但沒有機會與周作人直接交談。直到 1936 年，松枝才鼓起勇氣，給周作人寫了第一封信，并附上了自己在《支那語學報》創刊號上所發表的〈周作人先生的立場〉及《雨天的書》選譯，由此開始了與周作人的書信往來。就如增田涉翻譯《中國小說史略》直接請教魯迅一樣，松枝也不斷就翻譯上的問題直接寫信請教周作人。往來之書信大致可分戰前戰後兩大部分：前半寫於 1936 年到 1941 年期間。現在被保存下來的松枝書信有 23 封，周作人書信則有 41 封。書信內容，除了些日常問候之外，基本上都是就翻譯問題上的一問一答。這段時期也是松枝全身投入翻譯周作人散文的時期。到戰爭結束的短短的七、八年時間，出版了 8 冊周作人散文集，具體書目如下：

> 《北京の菓子》，松枝茂夫譯，山本書店，1936 年。
> 《周作人隨筆集》，松枝茂夫譯，改造社，1938 年。
> 《中國新文學之源流》，松枝茂夫譯，文求堂，1939 年。
> 《周作人隨筆抄》，松枝茂夫譯，文求堂，1939 年。
> 《周作人文藝隨筆抄》，松枝茂夫譯，富山房，1940 年。

　　　　　　《瓜豆集》，松枝茂夫譯，創元社，1940 年。

　　　　　　《結緣豆》，松枝茂夫譯，實業之日本社，1944 年。

　　　　　　《苦茶隨筆》，松枝茂夫、一戶務譯，名取書店，1940 年。

　　戰爭後期的 1942 年春天，松枝終於迎來了拜見周作人的機會。出發之前，松枝曾興奮地寫信通知周作人。此次中國之行，松枝先去上海、杭州和紹興，到北京之後，與竹內好一起訪問了位於八道灣的周作人家，獲贈新版《藥味集》，同時還見到了《紅樓夢》研究大家俞平伯。這次中國之行，可謂同時圓了松枝一生中的兩個夢。這次經歷被記錄在了松枝於 1979 年撰寫的〈紹興紀行〉一文中〔註21〕。

四、戰後的周作人和松枝茂夫

　　1945 年二戰結束，周作人被冠以「文化漢奸」罪判予 14 年徒刑。松枝與周作人之間的書信來往也因此中斷了十年之久。在音信不通的十年裡，松枝完成了《紅樓夢》的翻譯。同時，還翻譯了不少魯迅、郭沫若、沈從文、曹禺、巴金等現代作家的作品。另外還有一些《西遊記》、《水滸傳》、《三言二拍》、《聊齋》、《東坡志林》等名著的選譯。翻讀《松枝茂夫文集》，我們不難發現松枝的學術研究及翻譯在很多地方都受到了周作人的影響。比如其對《顏氏家訓》、《鏡花緣》、《陶庵夢憶》、《浮生六記》以及郝懿行《模糊集》的介紹及研究，都可以從周作人隨筆中找到思路痕跡。而其對沈從文的介紹，也肇始周作人訪日答記者問時推薦的中國文壇兩位新星——廢名與沈從文。松枝一直認爲有必要整理翻譯周作人的全集，因爲他認爲，中國近代文人中，再也沒有比周作人的隨筆更有學術參考價值的了〔註22〕。

　　在這裡還有必要提到的是松枝對周作人編輯《苦茶庵笑話集》的深度關注。雖然由濱承擔翻譯的《苦茶庵笑話集》最終沒有得到出版，但從松枝的研究成果及與周作人的來往信件中，我們可以看到松枝有許多文章都談到了中國笑話問題。在與周的來往信件裡，也經常說及笑話選的問題。1935 年，松枝爲《支那》雜誌撰寫〈中國笑話小史〉時就參考了身邊 1933 年北新書局版《苦茶庵笑話集》。周作人自己也十分珍惜這本選錄的笑話集，在 1940 年 4 月 23 日信裡，周作人得知《笑話集》將由濱予以翻譯，寫下了「更增惶恐矣」

〔註21〕松枝茂夫：〈紹興紀行——一九四二年春〉，《松枝茂夫文集》第二卷（研文出版，1999 年 4 月）。

〔註22〕松枝茂夫：《松枝茂夫文集》第二卷（研文出版，1999 年 4 月）。

一語。而在 1956 年 2 月 2 日周作人信中，則提到《立春以前》集裡收錄的〈笑贊〉，其原文如下：

> 笑贊篇即收在內，笑話選久思改變，未有機會，數月前，「外文出版社」擬選笑話一冊爲英文，囑給資料，因發心於原書三部分外加入趙南星之《笑贊》全文。此書難得完全版本，因此我所抄存的一卷也可以算是珍本了。名爲《明清笑話集》。

在 1958 年 4 月 9 日的信中又提到，《苦茶庵笑話集》因加入〈笑贊〉而改題爲《明清笑話四種》，附呈一冊（1958 年由人民文學出版）。松枝作爲知己也隨即心領神會地馬上回信提到，擬選容易翻譯的一些篇章，編入平凡社版的《中國古典文學全集》第 29 集中。我們現在可以看到，之後所出版的《歷代隨筆集》裡，確實收入不少選自於《明清笑話四種》的小段子。

從談及《笑話選》的這些書信裡，我們還可瞭解到以松枝爲媒介的一些近代中日學者的交流趣事。如狂言研究家古川久得知周作人於 1926 年翻譯了《狂言十番》，很想要一本。而周作人正在增譯狂言選，又很想參考古川久的《狂言的世界》《狂言的研究》。通過松枝的牽線，兩人互贈己著。古川久在 1956 年的《狂言》雜誌中還專門介紹了周作人翻譯的《狂言十番》和《日本狂言選》。又如曾在 1935 年因借讀《苦茶庵笑話選》松枝認識了年輕的江戶笑話研究家武藤禎夫。此後周作人想買岡出甫編輯的會員制雜誌《近世庶民文化》28 號（非賣品）。而武藤正好是岡田甫的朋友。又經介紹結識了岡田甫，不僅得到了饋贈的雜誌，而且岡田甫就是周作人最想得到的《新川柳末摘花》《川柳末摘花注解》的編者，所謂踏破鐵鞋無覓處，得來全不費工夫，之前收到實藤惠秀和松枝重複寄來了《末摘花》等書時，周作人欣喜若狂，竟稱全中國也不會再有第三本如此之書了〔註 23〕。此後松枝的笑話選譯工作也多與武藤禎夫有關，因爲武藤又是著名的《笑府》研究家，1959 年出版的《中國古典文學全集・歷代隨筆集》收入的 140 多則中國笑話，就參考了武藤的《笑府研究》〔註 24〕。1964 年松枝在與武藤合作爲平凡社編譯《中國笑話選》的同時，又合作出版了《中國笑話選與江戶小話的關係》（東洋文庫）〔註 25〕。

〔註 23〕周作人 1955 年 2 月 15 日書信，小川利康、止菴編：《周作人致松枝茂夫手簡》（廣西師範大學出版社，2013 年）。

〔註 24〕松枝茂夫譯：〈結束語〉，《笑府》全譯（下）（岩波書店，1983 年）。

〔註 25〕松枝茂夫書信 1955 年 1 月 5 日，小川利康編：〈周作人松枝茂夫往來書簡 戰後篇〉，《文化論叢》第 33 號，2008 年。

這可謂又是一段珍貴的學者交流小插曲。

此後，松枝繼續其笑話的研究及選譯工作，在 1970 年於平凡社出版的《中國古典文學大系・歷代笑話選》選錄了笑話 1270 篇。1983 年，松枝又在舊譯文的基礎上對《笑府》（上・下）進行了重新修訂并完成全譯由岩波書店出版。直到此時，松枝才感慨地說歷經 47 年的時間終於完成了《笑府》的翻譯。而周作人完成古典希臘文《路吉阿諾斯對話集》翻譯時也是五十年的夙願得償。

最後，再讓我們來看看有關周作人晚年翻譯古典文學的情況。以前我們只能從鮑耀明與周作人的來往信件中瞭解到周作人晚年翻譯希臘古典的一些情況。現在通過周作人與松枝茂夫之間的來往書信集，我們可以得到更多的有關周作人從事翻譯的一些實際情況。戰後，周作人因漢奸罪被剝奪了政治權利，生活極為拮据，在很長一段時間靠變賣書籍來維繫生活。50 年代，人民文學出版社根據文化部的指示，委託周作人為國家翻譯一些希臘和日本的古典著作，周作人才得以重新工作，當時一大家子全靠他的譯稿費維持家計。而另一方面，戰後松枝這邊則一直擔心周作人的處境，直到買到《魯迅的故家》，一讀就知此書出自周作人之手，確認了周作人戰後還活著並有著述，興奮得幾天都沒睡覺〔註26〕。

周作人晚年的寫作及翻譯的工作量可謂驚人，除了寫作介紹魯迅的《魯迅的故家》《魯迅小說裡的人物》《魯迅的青年時代》以及發表在《亦報》上的各種小品，還要連載〈知堂回憶錄〉，再加上如下幾部日本古典文學的翻譯，很難想像一個年近 70 歲老人竟有如此之精力。晚年所翻譯的日本作品，現所知道的就有《日本狂言選》、《石川啄木詩歌集》、《古事記》、《浮世澡堂》、《浮世理髮館》、《浮世澡堂》、《平氏物語》、《枕草子》、《徒然草》，此外還有《今昔物語》的校訂，以及多部希臘古典文學的翻譯〔註27〕。

當然，翻譯這些古典大作需要大量的參考資料，彼時與日本的直接通信又不很方便。因此，最初周作人試圖通過住在香港的柳存仁傳遞信件。1954年幾經輾轉，與松枝才恢復了聯繫。戰後 1954 年至 1965 年周作人給松枝寫

〔註26〕 松枝茂夫・武藤禎夫共編：《中國笑話選與江戶小話的關係》（東洋文庫，1964年）。

〔註27〕 晚年翻譯了五部希臘古典文學如下：《全譯伊索寓言集》（1955），《歐里庇得斯悲劇集》上・中・下（1957），《阿里斯托芬喜劇集》（1957），《路吉阿諾斯對話集》上・下（1991），《希臘神話》（1999）由人民出版社出版。

了 82 封信，10 張明信片，都被保存了下來。而松枝回信，目前只能看到 14
封。這些往來書信，爲我們研究晚年的周作人提供了許多珍貴的線索，來往
信件的內容，基本上是委託松枝買書。可見周作人最信賴的是松枝，而最能
理解周作人文學，又能心有靈犀地爲周作人找到所需資料的也非松枝莫屬。
而且考慮到通過松枝斡旋，他亦可爲松枝購買所需中國文學的研究書籍，避
免現金付款。就是這樣，松枝爲周作人先後郵寄了大量日文參考書籍，再加
上其它友人的贈書，據統計有上百冊之多。可以說正是得到了松枝這樣的知
己，晚年的周作人才能堅持翻譯如此數量的日本作品。然而，除了郵寄參考
書籍、所需藥品等物品以外，兩人之間的關係，或許更多的還是精神上的支
撐與理解。上文所提到的有關笑話集的小插曲，就曾讓周作人領會到了天涯
之中尙存知己之心慰。這些戰前戰後兩人的書信交往，可謂是近現代中日學
術交流史上的一批珍貴史料，無疑值得我們今後作進一步的關注。2015 年 3
月 25 日筆者正在作該文的口頭報告時，會場傳來了日本三大報刊報導周作人
收藏日本友人書信 1400 封正在整理中的消息，感慨萬分，筆者期待周作人以
及現代中日兩國文學研究通過這些來往書簡，交往日記將會進入一個更高更
深層次的階段。

（作者單位：九州產業大學）

1930年代北京的學術交流
——目加田誠《北平日記》簡介

靜永健

〔摘要〕目加田誠是作爲九州帝國大學中文講座的創始人，不僅指導九大的漢學教育研究還是主導全日本漢學研究的著名漢學者。他過世後，九州大學中文系的師生在整理他的藏書過程中，發現了目加田在北京留學時的親筆手記的 8 冊日記。日記裡記錄著他在大約 1 年半的留學過程中所經歷的生活細節，與中國漢學者以及當時在北京留學的日本學者之間的學術交流情況，跑巡的書鋪及購買書籍的紀錄，還有三十年代北京城的風景等。本報告對這一日記所反映的珍貴史料做以簡介，概要窺視了日本現代漢學開拓期的實況。

〔關鍵詞〕日本漢學者、北京留學、讀書環境

一、目加田誠的生平

目加田誠（Mekada Makoto，1904～1994），1933 年 7 月赴九州帝國大學擔任助教授，創建了九大中國文學講座，此後成為 1949 年 10 月成立的日本中國學會初期重要成員之一，並出任了學會的學術專門員等重要職務，推動了日本中國學的發展。目加田在 1960 年 5 月至 1967 年 5 月的七年時間之中，還一直兼任了九州中國學會第二任會長。1967 年 3 月，目加田從九州大學退休，轉任早稻田大學文學部教授，又創建了早稻田大學中國文學講座，並於 1971 年至 1974 年被選任為日本中國學會理事長。著作首推《詩經譯注篇》（1949 年），此書乃日本首次的《詩經》現代日語全譯本，具有篳路藍縷之功。另外還有《漢詩大系・杜甫》（1966 年）、《新譯漢文大系・世說新語》（1975～78 年）等等。1981 年至 1986 年編撰的《目加田誠著作集》（全 8 冊），則基本上匯集了其重要的學術成果。與倉石武四郎（1897～1975）、吉川幸次郎（1904～1980）、小川環樹（1910～1993）等人一起，目加田誠可謂是近代日本中國學研究的最重要的奠基者之一。

二、目加田誠《北平日記》（1933 年 10 月～1935 年 3 月）的發現

目加田誠與其夫人、日本文學學者目加田さくを（1917～2010）的藏書多達 2 萬餘冊，被命名為「目加田文庫」，全部寄贈給了福岡縣大野城市。現正予以整理編目，擬於三年後的 2018 年向世人公開。在整理過程中，我們發現了一套目加田在上世紀三十年代中國北平留學時期所寫下的親筆日記。日記共八冊，為線裝本。從 1933 年 4 月 14 日東京出發開始，一直到 1935 年 3 月 4 日離開北平，多達八萬餘字，幾乎每一天都留下了詳細的記錄。目加田這部日記的存在，過去一直不為人所知。在得到了其後人及大野城市的許可，九州大學中文系正在對日記全文進行整理，並對人名及書名進行注釋，希望能夠作為慶祝大野城市目加田文庫公開事業的一環，2016 年予以出版發行。

三、學者交流：日本

目加田誠的北平留學，屬於義和團事件之後清政府支付給日本的賠償金，也就是所謂的庚子賠款所開展的事業中的一部分。上世紀二十年代初成立的由日本外務省主管的東方文化事業部，於 1927 年購入了位於北京東城區

王府井大街北西東廠胡同的黎元洪邸，並以此爲基地設置了北京人文科學研究所。之後，便在此開始了包括編纂《續修四庫全書提要》等一系列日中文化交流事業，其中也包括了積極推動兩國之間青年學者的交換留學活動。諸如倉石武四郎（1928～1930 留學）、吉川幸次郎（1928～1931 留學）等爲上世紀後期之日本中國學研究（亦就是今日之中國學研究）奠定基礎的重要學者們，都在這一時期相繼來到了北平留學。

目加田日記所提到的日本學者，除了彼時擔任北京東方文化事業部代表的橋川時雄（1894～1982），還有歷史學專業的小竹武夫（1905～1982）、人類學專業的赤堀英三（1903～1986）、考古學專業的小林知生（1910～1989）、中國哲學專業的山室三良（1905～1997）、中國文學專業的堤留吉（1896～1993）、小川環樹（1910～1993）、濱一衛（1909～1984）等人，記錄了當時在北京留學的眾多日本學者的活動。其中，也不乏有雖然留下了優秀的研究成果卻不太爲今人所知者，如當時作爲警察被派往北京工作的石橋丑雄（1892～？），在工作之餘尋訪北京的宗教設施，於 1934 年出版了《關於北平的薩滿教》一書，是我們瞭解其時北平宗教活動的重要史料。二戰之後，石橋丑雄因被開除公職而回到老家島根縣，並於此度過了餘生。1957 年，他又將自己保存的一些舊稿及老照片編撰成《天壇》一書出版，此書也成爲了今日我們瞭解解放前北京舊城貌的不二資料。通過《北平日記》的研究，將過去有學術貢獻學者之名重新帶入世人眼中，亦可謂於學界不無裨益。

四、學者交流：中國

當然，目加田也與許多中國學者有過密切的交往。根據日記記載，他經常到北京大學及清華大學去聽黃節（1873～1935）、吳承仕（1884～1939）、楊樹達（1885～1956）、馬廉（1893～1935）、孫人和（1894～1966）等學者的講義，另外，與地質學學者章鴻釗（1877～1951）、書誌學學者徐鴻寶（1881～1971）、孫楷第（1898～1986）、朱自清（1898～1948）及數學家楊永芳（1908～1963）等也不乏交流。目加田對京劇也抱有很大的興趣，他經常與小川環樹、濱一衛等人出入劇場，與齊如山（1877～1962）、傅惜華（1907～1970）等一干名流亦多有應酬。留學後半期，目加田搬到錢稻孫（1887～1966）西四牌樓北受璧胡同的家中居住，與周作人（1885～1967）及其子周豐一（1912～1997）來往甚多。在留學期間，他還曾特意拜訪過胡

適（1891～1962）與俞平伯（1900～1990），特別是對俞平伯的造訪，在日記1935年2月26日欄下，以〈俞平伯氏會見記〉爲題，記下了一篇長達13頁的詳細的談話記錄稿。

另外，當時宿舍還爲日本的年輕留學者們專門招聘了數位中國語教師，其中一位名爲奚待園（生卒年不詳）的教授乃滿州出身的旗人，曾是清朝舉人，可謂是學習前朝舊社會之傳統習慣的最好的老師。此人也曾教過倉石武四郎、吉川幸次郎及奧野信太郎中文，授課主要以讀《紅樓夢》與《儒林外史》爲主。在北平，目加田用了大約一年半的時間，將《紅樓夢》全百二十回讀得滾瓜爛熟。

五、讀書環境：圖書館・書肆・活字印刷

留學期間，目加田還頻繁造訪琉璃廠等書店街，購入了大批書籍。予此可參見稻森雅子的報告，此處就不再贅言。在這裡想補充一點的是，目加田留學的三十年代初期，也正是以上海爲中心的中國近代出版業之方興未艾的時期。據日記記載，目加田在北京留學購入了不少大部頭的書籍，如最初購入的多達五十一冊的李慈銘日記《越縵堂日記》（1920年序刊），其它還有《王船山遺書》70種358卷本（1933年刊）。另外，恰值趙萬里（1905～1980）所編撰的《北平圖書館善本書目》於1933年10月出版發行，目加田也立即買入。然而，對目加田來說，更爲重要的是接觸到了大批以更爲廉價的活字印刷所出版的最新研究書及學術雜誌。諸如俞平伯的《紅樓夢辨》（1923）與《讀詞偶得》（1934）、何炳松的《浙東學派遡源》（1932）、陳登原的《天一閣藏書考》（1932）。雜誌則有周立民主編的《文學季刊》（1934.1～1935.9）及《戲劇叢刊》（1932～1935）等等。其中，特別引起目加田關注的是鄭振鐸（1897～1958）的《插圖本中國文學史》（1932年11月刊）。這部書是1933年11月2日於王府井東安市場買入的（5元5角），同月10日就已經全都讀完。這一段時間的日記，還記錄了目加田閱讀此書的讀書心得，對於前半部第二冊唐代部分，目加田以「平凡」一詞概之，然對第三冊以後，隨著時代的推後，其對鄭書的眞知灼見的評價就越高，而對於鄭氏對俗文學中新見資料及當時最新研究的介紹也是多有言及。同一時代的日本學者之中，最早購入此書並予以精讀研究的，恐怕非目加田莫屬了。

回想起來，近代日本的中國文學研究，其實也受到了中國胡適、俞平伯

以及鄭振鐸等研究之莫大恩惠，也正是以此爲起點，邁出了前進的第一步。

六、皇城根的記憶

　　如果要再一步追探這部目加田誠日記的公共價值，毋庸置疑，則當數其所詳細記錄的八十年前還有城牆城樓的舊北京的日常風景。對秋日午後響蕩於北京上空的鴿哨的描寫，對王府井與大柵欄、以及對各處胡同的記錄，無疑都具有不菲的歷史價值。雖然現在日記的譯註工作還在進行之中，但這次機會難得，就允許我寫下這篇短文，對這部未公開的目加田誠日記予以一些簡單介紹。也希望這部日記，今後能引起更多的關注。

（翻譯：廣島大學中文系陳翀）

（作者單位：九州大學中文系）

一九三○年代的北京舊書店
——從目加田誠留學日記《北平日記》開始追述

稻森雅子

〔摘要〕目加田誠（1904～1994）是日本早期研究中國文學的學者。1933年 10 月至 1935 年 3 月間曾留學北平。最近發現了其留學期間的八冊日記。其中對 1930 年代北京古書肆的記錄極具資料價值。本文以日記中常被記錄的來薰閣、世古堂、文奎堂三家古書肆與目加田先生的關係爲切入點，以期反映出 1930 年代北京舊書店與當時日本中國學界的關係狀況。

〔關鍵詞〕目加田誠、北平日記、來薰閣、世古堂、文奎堂

　　九州大學文學部中國文學研究室第一任教授目加田誠博士（1904～1994）在福岡縣大野城度過晚年。現在，其藏書皆被其夫人 Sakuwo（原字爲「さくを」、1917～2010）贈予大野城市，被命名爲目加田書庫。其中發現了目加田先生親筆書寫，題名爲《北平日記》（日語）的八冊日記，內容是其北京留學期間（1933 年 10 月～1935 年 3 月）的生活記錄。

　　此日記的內容涉及多個面：八十年以前的北京風貌（傳統的活動、四季的景致、商業街、戲劇等）、日中人員的往來、讀書記錄等等。其中關於涉及七個街區二十五家舊書店的記錄則尤爲引人注目。如琉璃廠的來薰閣、世古堂，隆福寺街的文奎堂，東安市場的舊書店。當時許多日本的中國研究者在北京或是留學，或是留居，例如；倉石武四郎、吉川幸次郎、小川環樹、長澤規矩也、楠本正繼、濱一衛等〔註1〕，他們也曾屢次訪問以上這些舊書店。

　　故本稿從《北平日記》（以下簡述《日記》）爲線索探尋一九三〇年代北京的舊書店情況〔註2〕。在此，首先感謝「大野城市聯繫歷史事業推進室」和

〔註 1〕該人的生卒年及留學期間如下：
　　　　倉石武四郎（1897～1975），1928 年（昭和 3）3 月～1930 年（昭和 5）8 月（中國）
　　　　吉川幸次郎（1904～1980），1928 年（昭和 3）春～1931 年（昭和 6）春（中國）
　　　　小川環樹（1910～1993），1934 年（昭和 9）3 月～1936 年（昭和 11）4 月（中國）
　　　　楠本正繼（1896～1963），1928 年（昭和 3）3 月～1930 年（昭和 5）4 月（德、英、中）
　　　　濱一衛（1909～1984），1934 年（昭和 9）5 月～1936 年（昭和 11）6 月（中國）
　　　　長澤規矩也（1902～1980），1923 年（昭和 12）及 1927 年（昭和 2），以後每時隔 6 年（中國）
〔註 2〕除注釋中出現的文獻之外，關於北京的舊書店還可參考如下資料：
　　　　〔日〕吉川幸次郎〈吉川幸次郎全集第十六卷清・現代篇自跋〉（《吉川幸次郎全集》第十六卷，筑摩書房，1970 年）、〔日〕長澤規矩也〈中華民國書林一瞥補正〉、〈余的蒐集歷史之一斑〉、〈收書遍歷十三〉（以上三篇、《長澤規矩也著作集》第六卷，汲古書院，1984 年）、〔日〕小川環樹〈中國的春和秋〉、〈留學的追憶〉（以上二篇、《小川環樹著作集》第五卷、筑摩書房，1997 年），雷夢水〈琉璃廠書肆四記〉、孫殿起・雷夢水〈記書肆坊刊本書籍〉、張涵銳〈北京琉璃廠書肆逸乘〉（以上三篇、孫殿起輯《琉璃廠小志》，北京古籍出版社，1962 年）。

目加田先生的後人，准許閱覽《北平日記》並引用於本稿。

一、北京的舊書店及琉璃廠的概況

　　明代以後，北京成爲中國最大的書籍集散地。在目加田先生留學時期，北京在中國舊書市場仍保持第一的地位。根據孫殿起〈琉璃廠書肆三記〉，這一時期，琉璃廠、隆福寺街及其它街上有三百左右的書肆〔註3〕。長澤規矩也曾在〈收書遍歷〉中說明了隨著交通網的完善，各地分散的舊書逐漸集聚於北京的情況〔註4〕。張涵銳〈北京琉璃廠書肆逸乘〉記錄了在民國20年（1931）前後東方文化委員會購買了經籍古書之事〔註5〕。據山根幸夫《東方文化事業的歷史》從1926年至1934年共九年間，東方文化委員會花費了36萬8050元（以當時貨幣爲基準），獲得11,848部書籍。〔註6〕

　　雖然當時北京的銷售市場巨大，但各家舊書店之間的競爭也很激烈。因此，它們時常派遣店員或店主親自對日本留學生進行登門推售。《日記》（1934年12月22日）的記述中，例如「很多『書肆』來。」吉川幸次郎在〈留學時代〉談到「每天早上我耗費一個小時接待『舊書店』」這種狀況〔註7〕。此外，在長澤規矩也〈收書遍歷〉中也有相似記述〔註8〕。根據這樣的記錄，我們可以看到當時日本中國學對北京舊書店的依存關係。

　　琉璃廠擁有占北京三分之二以上的舊書店。其位於北京市街的西南區域，從和平門出城向南大約一公里的地方。當時在琉璃廠，古董鋪、舊書店等商店鱗次櫛比。「琉璃廠」之名源於明代官窯製造五色的琉璃瓦，清代乾隆年間以後發展成市街。琉璃廠的街道分東西兩面，大部分的舊書店位於其西面和東南的海王村公園內。以1922年商務印書館在西琉璃廠南部設分店爲開端〔註9〕上海的書籍出版業者也紛紛在琉璃廠開設了分店，如中華書局、文明

〔註3〕　參見孫殿起輯：《琉璃廠小志》，北京古籍出版社，1962年，第107～139頁。

〔註4〕　參見〔日〕長澤規矩也：〈收書遍歷一二〉，《長澤規矩也著作集》第六卷，汲古書院，1984年，第270頁。

〔註5〕　參見孫殿起輯：《琉璃廠小志》，北京古籍出版社，1962年，第49頁。

〔註6〕　參見〔日〕山根幸夫：《東方事業部的歷史——在昭和前半時的日中文化交流》，汲古書院，2005年，第57頁。

〔註7〕　參見〔日〕吉川幸次郎：〈留學時代——回答詢問〉，《吉川幸次郎全集》第二十二卷，筑摩書房，1975年，第404頁。

〔註8〕　參見〔日〕長澤規矩也：〈收書遍歷一二〉，同前，第271頁。

〔註9〕　〔日〕中島長文：〈北京小記三　書肆的街·琉璃廠〉，《飆風》第十八號，2005年，第70頁。

書局、掃葉山房、廣智書局等。可以說這一時期，琉璃廠舊書店的影印本舊書出版業務日益增多。

目加田先生第一次到訪琉璃廠的日期是昭和 8 年（1933）10 月 27 日，即他到達北京僅僅八日之後。

> 午後，至琉璃廠。名為「翰文齋」之書鋪多有善本，極價高之店。至來薰閣，遇陳杭。於商務印書館見《四部叢刊》之零本《鮚埼亭集》。十二元。下回欲買之也。

至此以後，目加田先生多次到訪琉璃廠。

二、來薰閣（第二任店主陳杭）

東京帝國大學二年級時，目加田先生曾通過書信在來薰閣訂購過《六十種曲》。此次剛到達北平初訪琉璃廠時，他終於親見來薰閣店主陳杭（字濟川，1902～1968）。在《日記》裡關於來薰閣的記錄共有 25 處。目加田先生在北京留學時期在此購買了《西廂記十則》、《雨窗欹枕集》、《甲骨文編》等書籍，昭和 10 年（1935）2 月 22 日目加田先生即將離開北平之前，他仍到來薰閣囑託發送書籍之事。昭和 17 年（1942），目加田先生再次訪問北平，他為購買九州帝國大學所需的中國地方府縣志再次來到來薰閣，花費達 2 萬日元〔註10〕。由此可見，來薰閣是目加田先生最信賴的北京舊書店之一。

來薰閣和九州大學的關係非淺。昭和 9 年（1935）3 月 20 日至 28 日，九州大學學生旅遊團在北平旅居，楠本正繼先生擔任團長。《日記》記錄如下：

> 交涉九州大學關於圖書館經費。「來薰」招待一次晚餐、及尚小雲之戲劇。（3 月 20 日）

岡田武彥也參加了該旅遊團（當時為團員，後任職九州大學教授），其曾回顧當時的情況說：

> （楠本博士）在北京來薰閣陸續訂購了好書。此為我們研究室多數善本的來歷。〔註11〕

此外，九州大學附屬圖書館，保存濱一衛博士藏書的濱文庫中也存有《來薰

〔註10〕 參見〔日〕目加田誠：〈論文集的後記〉，《目加田誠著作集》第四卷，龍溪書舍，1985 年，第 522 頁。九州大學附屬圖書館文系合同圖書室藏存的中國地方府縣志古籍，可推測應是其時購買的書籍。

〔註11〕 〔日〕〈談先學——楠本正繼——〉，《東方學》回想 V，刀水書房，2000 年，第 138 頁。

閣書目》（第五期）四卷（民國 25 年，1936）。

來薰閣的發端在清朝咸豐年間（1851～1861），最初是陳伯叔開的琴店，後店號轉入他人之手。在民國元年（1912），伯叔的後裔陳連彬（字質卿，1883～1947）買回店號，開始經營舊書。民國 30 年（1931），連彬的姪子陳杭繼承書業。主要出售戲劇集及大型本書籍。最繁盛的時期，一年間收集數超過 5 萬冊，時價總額 10 萬元以上。此外，民國 29 年（1940）10 月陳杭在上海開設了分店，派他的表兄弟張世堯作主管。來薰閣在當時可謂是發展顯著的舊書店。來薰閣和日本研究者間的關係極為密切，這些可以在長澤規矩也、倉石武四郎、吉川幸次郎的著作中以確認。吉川幸次郎〈來薰閣琴書店——琉璃廠雜記——〉中就有如下記述：

> 我的人力車，大多首先在來薰閣琴書店前停下。……這裡不愧是琉璃廠年輕一代中的佼佼者陳濟川經營的書店，將進門處改裝成全幅玻璃的門面。〔註12〕

陳杭是怎麼樣的人物呢？他出生在河北省南宮縣，是此書店前任老闆陳連彬的侄子。十六歲的時候，在北京隆福寺街的文奎堂當學徒。民國十三年（1925），陳連彬邀請他參與來薰閣的經營。另據《中國舊書業百年》〔註13〕一書的記錄，1928 年至 1930 年期間，陳杭先生曾應長澤規矩也等人的邀請，先後四次東渡日本，在東京、京都、大阪、神戶、九州、福岡等地展銷中國古籍，結識了日本專營中國古籍的文求堂、臨川書店、彙文堂書店的店主，走訪了一些日本學者、藏書家和圖書館，從而把中國舊書的業務拓展到了日本。在吉川幸次郎〈來薰閣琴書店——琉璃廠雜記——〉對此也有相似記錄〔註14〕可見，陳杭成功地在日本拓展了其舊書的銷售事業。

另外，值得一提的是陳杭交往的著名人物極多，如魯迅、鄭振鐸、魏建巧、老舍、傅惜華、趙萬里、胡厚宜、吳曉鈴、徐森玉、王伯祥等中國人，服部宇之吉、狩野直喜、青木正兒等日本人都是其友人兼主顧。

長澤規矩也敘述：

〔註12〕　〔日〕吉川幸次郎：〈來薰閣琴書店〉，《吉川幸次郎全集》第十六卷，筑摩書房，1970 年，第 530 頁。

〔註13〕　參見徐雁：《中國舊書業百年》，科學出版社，2005 年，第 161 頁。

〔註14〕　參見〔日〕吉川幸次郎：〈來薰閣琴書店〉，同見，第 557 頁。據吉川幸次郎先生的記錄，陳杭曾二次來訪日本。在東京、京都、名古屋三地舉辦了展覽會出售古書。

> 來薰閣陳先生原為隆福寺文奎堂的店員，京都大學老師們喜愛
> 他。趁著戲劇小説的風潮，他彙集了文奎堂不屑的這些書籍，馬廉
> （隅卿）等愛好者卻被此吸引。〔註15〕

吉川幸次郎亦有同樣的記述，他曾讚歎「陳杭是一位英雄」〔註16〕以此高度
評價他的業績。

　　第二次世界大戰以後，目加田先生再度訪問來薰閣。他也曾描寫此時書
店的狀況。

> 　　（琉璃廠）已經蕭條了。來薰閣也陳列著《毛澤東全集》等新
> 書。見老闆出來我感懷不已。聽聞現在他的工作是將全國的古舊書
> 收集藏進圖書館。久見面之間，他已有了堂堂的風度。據説，現在
> 他成了人民代表的一員〔註17〕

三、世古堂（老闆張世順）

　　在《日記》中，世古堂的記述比來薰閣更多，達到33次，是被記錄最多
的書店。在《日記》中初次讀見此書店的日期是昭和8年（1933）11月22日，
記述如下：

> 　　桂君介紹之「世古堂」書店（註：指世古堂負責登門推銷書籍
> 的人，下同）來。口音著實難懂，談了近一個小時。

第二日關於此書店也有如下記述：

> 　　晨……「世古堂」書店（張世順）來。……聽聞世古堂（極貧
> 弱之店也）有二十日元的大版《拍案驚奇》，午後至琉璃廠，據稱已
> 售罄。

可見對此書店，目加田先生最初的印象並不好。

　　然而，有關世古堂，僅在〈販書傳薪記〉一篇中提到了店主是曾為文鑒
堂學徒的張世順。〔註18〕《琉璃廠小志》其他章節及《中國舊書業百年》均

〔註15〕 參見〔日〕長澤規矩也：〈收書遍歷十一〉，《長澤規矩也著作集》第六卷，汲
　　　　古書院，1984年，第265頁。
〔註16〕 〔日〕吉川幸次郎：〈琉璃廠後記〉，《吉川幸次郎全集》第十六卷，筑摩書房，
　　　　1970年，第562頁。
〔註17〕 〔日〕目加田誠：〈琉璃廠〉，《隨感　從秋到春》，龍溪書舍，1979年，第77
　　　　頁。
〔註18〕 孫殿起：〈販書傳薪記〉，《琉璃廠小志》，北京古籍出版社，1962年，第236
　　　　頁。

沒有記載。

在這家書店，目加田先生不但購買了《野叟曝言》和《樊山集》，還爲九州大學購買了《納書楹曲譜》。此外，關於世古堂書店的情況，日記中還有很多記錄。

> 「世古堂」來。所持書中《燕居筆記》頗有趣，據稱竟要需四十元。……此不過爲文人消閒之戲作，因覺新奇，商定留二三日再還。
>
> 昭和 8 年（1933）11 月 25 日

> 「世古堂」來。謝絕其以後再來，遂回。
>
> 昭和 8 年（1933）12 月 2 日

> 午後，時隔甚久「世古堂」來。交談近一小時左右。
>
> 昭和 9 年（1934）1 月 14 日

> 「世古堂」來。邀余及幾人、某日本人明日聽戲。不甚樂意，難以推辭，應之。
>
> 昭和 9 年（1934）1 月 23 日

> 午後，因與「世古堂」有約，偕桂君去琉璃廠。……於廣和樓聽戲。著實污濁寒冷，興味漸無，被迫就坐。
>
> 昭和 9 年（1934）1 月 24 日

> 桂君、瀧澤氏來。同爲「世古堂」招待於富源樓。
>
> 昭和 9 年（1934）10 月 24 日

可是，昭和 9 年（1934）10 月 29 日以後，在《日記》裡就未曾再見到關於世古堂的字句了。

當時，北京古書肆市場的競爭非常激烈。長澤規矩也的記述有助於我們理解這一境況：

> 舊書店的變遷比東京更加劇烈。那時候我每年到北京去，僅僅隔了一年，有的書肆盛衰顯著，有的書肆消失不存。〔註19〕

如今消聲滅跡的舊書店，當時的確存在。通過《日記》，世古堂的存在初次得以確認。

───────────

〔註19〕　〔日〕長澤規矩也：〈收書遍歷一一〉，同見，第 262 頁。

四、隆福寺街文奎堂

　　隆福寺位於故宮的東北方的喇嘛廟街（始建於明代）。當時，寺廟的門口大街是僅次於琉璃廠的舊書店街。長澤規矩也在〈中華民國書林一瞥〉記述如下：

　　　　除了琉璃廠外，其次是在內城東四北部的隆福寺街。〔註20〕

　　而文奎堂則是這其中最具規模舊書店之一。光緒 7 年（1881）由王雲瑞開業，民國 16 年（1927）其子王金昌繼承。經業方式是多個掌櫃的合議制。包括來薰閣陳杭，學徒有四十人左右。在《日記》第一次出現的舊書店正是文奎堂，由此可推測其在日本學者間評價極高。

　　　　「文奎堂」來。購《越縵堂日記》〔註21〕。四十五元。在日本
　　時欲求之物也。每日清晨，「文奎堂」攜書而來。

　　　　　　　　　　　　　　　　　　昭和 8 年（1933）10 月 24 日

　　《日記》中，來薰閣、世古堂記錄次數相等，有十八種購書書目，不僅數量多且範圍廣，如《碑傳集補》、《呂晚邨文集》、《小說月報》等等。還有，在昭和 9 年（1934）9 月 27 日有其為九州大學購買《國粹學報》的記錄。文奎堂經辦的書籍不但質量卓越，而且數量龐大。長澤規矩也曾說：

　　　　文奎堂王氏在街的南北店鋪相連，當年與琉璃廠的文友堂一起
　　被稱為平中兩大書肆。〔註22〕

　　在《倉石武四郎中國留學記》〔註 23〕中文奎堂記錄有二十六處，僅次於來薰閣。在吉川幸次郎的著作中上述這些書鋪名也是隨處可見。對於文奎堂，吉川幸次郎曾說：

　　　　文奎堂的掌櫃趙殿成和我是非常要好的朋友。〔註24〕

　　在《琉璃廠小志》裡不見趙殿成之名，同姓者僅見有趙世長、趙明旭、趙廣進，而在《日記》中也同樣沒有趙殿成之名。

　　隆福寺的書肆街直到今日依然存在，而在此的文奎堂已消失不存。同其

〔註20〕〔日〕長澤規矩也：〈中華民國書林一瞥〉，《長澤規矩也著作集》第六卷，汲
　　　　古書院，1984 年，第 7 頁。
〔註21〕清·李慈銘（1829～1894）撰，全五十一冊。記錄的期間是自同治二年（1863）
　　　　至光緒十五年（1889），手稿石印本。
〔註22〕〔日〕長澤規矩也：〈中華民國書林一瞥〉，同見，第 7 頁。
〔註23〕參見〔日〕倉石武四郎：《倉石武四郎留學記》，中華書局，2002 年。
〔註24〕〔日〕吉川幸次郎：〈留學時代——回答詢問〉，同見，第 404 頁。

它舊書店一樣，它被中國書店合併，只在琉璃廠遺留有經辦舊書的商號。現在，它的店鋪存在於琉璃廠西街南區。

結　語

　　以上，以目加田先生留學時期關係密切的書鋪爲中心，追尋了一九三○年代北京古書店的狀況。當時的日本學界成爲北京古書市場的重要顧客，也正是藉助於從這些舊書店購得的古籍，日本的研究者與中國學者們一起開拓了戲劇小說的文學研究新領域。北京的這些舊書店不僅在中日學界，而且對中日兩國在於古舊書籍價值基準的判斷上也產生了積極的影響。

（邵劼·翻譯）

（原載九州大學《中國文學論集》2014 年第 43 號）

（作者單位：九州大學大學院）

濱一衛 1930 年代留學中國考論
——以其觀劇活動及原始資料考察爲中心

中里見敬

〔摘要〕濱一衛（1909～1984）繫日本早期中國戲劇研究者，其研究突破了以往單純依賴文獻的研究模式，開拓出了戲劇舞臺表演史這一嶄新領域。他於 1934 年 6 月至 1936 年 6 月留學北平，從事中國戲劇研究，搜集了大量戲單、唱本等原始戲劇資料。本文主要考察濱一衛在北平時期的觀劇活動及其搜集保存的大量資料，進而探討日本中國戲劇表演史研究在早期日中學者互動中的形成過程。

〔關鍵詞〕濱一衛、周作人、周豐一、京劇、北方崑曲、直隸梆子、評劇、傅芸子、傅惜華、齊如山

　　在日中交流史上，從 19 世紀末到 20 世紀初這一時期，留日學生出身的一批人在中國社會各個領域所做出的貢獻，尤其是對中國現代文學所付出的努力以及取得的成果，可謂空前絕後。那麼，在同一時期，日本人赴中國留學的情況和成果又是怎樣的呢？本文以日本留學生濱一衛（1909～1984）爲研究對象，探討他對日本的中國戲劇表演史研究做出的開創性貢獻，並梳理日中學術交流互動性的具體狀貌。

一、濱一衛留學時期的觀劇活動

　　濱一衛，祖籍日本岡山縣，1909 年出生於大阪，1930 年畢業於（舊制）浪速高等學校（相當於現在的高中和大學本科一、二年級），1933 年畢業於京都帝國大學中國文學專業。同一時期，周作人的兒子周豐一（1912～1997）於 1930 年 10 月來到大阪，開始準備考試，1931 年 4 月考入浪速高等學校。1930 年秋，濱一衛與周豐一經浪速高等學校漢文教授佐藤文四郎的介紹而相識，從此交往甚密。1931 年 9 月九·一八事變爆發後，周豐一和其它兩個中國留學生爲抗議日本而退學，隨即歸國〔註1〕。1934 年 6 月至 1936 年 6 月，濱一衛作爲日本外務省文化事業部留學生在北平留學。因周豐一的關係，濱一衛寄宿於北平八道灣周作人家。濱一衛幼年常跟隨父母觀看日本戲劇，耳濡目染，對戲劇產生了濃厚興趣。但究竟爲何對中國戲劇產生興趣，他並沒有留下任何記載，不過不難推測，與周豐一的密切交往，對他的中國認識是有影響的。與濱一衛同一時期留學北平的目加田誠回憶道：（文中引文未做特別標識的均爲筆者本人翻譯）

　　　　我大概於昭和 10 年（1935 年）11 月左右在北京留學時和濱一衛相識，他比我晚半年來到北京。由於我和來自京都的小川環樹住在一起，便自然而然地跟京都大學畢業的濱一衛交往起來。後來我搬到了家在西城受壁胡同的錢稻孫先生那裡，濱一衛也住到了八道灣周作人先生家，彼此離得不遠，一直相互往來。因爲看戲對他的研究至關重要，所以他頻繁出入戲院。後來他出版了一部載有很多

〔註 1〕周豐一曾撰寫回顧與濱一衛交往的文章，參見〔日〕中里見敬：〈濱一衛の北平留學：周豐一の回想錄による新事實〉《九州大學附屬圖書館研究開發室年報》2014／2015 年。有關濱一衛留學北平的細節，參見〔日〕中里見敬：〈濱一衛の北平留學：外務省文化事業部第三種補給生としての留學の實態〉《言語文化論究》第 35 號，2015 年。

照片、非常漂亮的介紹京劇的書。對於戲劇，無論是中國戲劇還是日本歌舞伎，他都眞心喜愛。這一點，我也並不亞於他，所以兩人一見面就會談起戲劇。在北京時，他特意找我，告訴我大阪的雁次郎去世的消息，他當時那憔悴神傷的樣子，我至今難忘。〔註2〕

（一）京劇、北方崑曲

濱一衛留學時期搜集的戲單，現由九州大學圖書館濱文庫收藏。濱文庫所藏戲單共計 183 張，其中 120 張的時間與濱一衛在北平留學生活的時期一致，因此，這些戲單理應是他觀看戲劇表演後收藏保存下來的。按照留學時間粗略推測，他一周至少去看一次戲。當然也有可能看了戲但並未留下戲單〔註3〕。

通過一系列觀劇活動，他出版了兩部著作。第一部是《北平的中國戲》（與中丸均卿合著，東京：秋豐園，1936 年，共 132 頁），第二部是《支那芝居の話》（東京：弘文堂書房，1944 年，共 268 頁）。後一部書被認爲是瞭解京劇的最佳書籍〔註4〕，目加田誠所稱讚的便是前一部書。下面我們通過濱一衛對京劇演員小翠花以及北方崑曲演員韓世昌的具體描寫，來體味一下他對演員的喜愛之情以及他那富有魅力的文筆。

小翠花（于連泉）

引人注目的大眼睛中閃現著嬌媚、戲弄、多情、妒忌，高高的鼻梁，厚厚的嘴唇似乎想說什麼，但欲言又止；素有嬰寧善笑之稱的雙腮酒窩以及面部輪廓，紅白對照的鮮麗面妝，油亮的黑髮，強烈嬌媚、陽光嫵媚的笑，所有這些都是我從未看到過的。這個化了妝的蟋蟀妖精發出的沙啞嗓音很是嬌豔，令人聯想起已故的梅幸（引用者注：日本歌舞伎旦角演員第六代尾上梅幸），但小翠花身

〔註2〕 〔日〕目加田誠：〈濱さんのこと〉，《中國文學論集》第 4 號，1974 年，第 6 頁。後收於〔日〕濱一衛：《支那芝居の話》，大空社，2000 年，第 6～7 頁。

〔註3〕 參見〔日〕中里見敬：〈濱一衛所見 1930 年代中國戲劇：一個開拓表演史研究的日本學者〉《文化遺產》2014 年第 4 期；〔日〕中里見敬：〈濱一衛の見た一九三〇年代中國藝能：北平、天津〉《九州中國學會報》第 53 號，2015 年。

〔註4〕 〔日〕吉川幸次郎：〈歌舞伎と京劇〉一文中說：「關於京劇等中國近世戲劇的歷史，無論在日本還是在中國，青木正兒博士的《支那近世戲曲史》（弘文堂），都可謂是一部經典性著作。其次則是濱一衛的《支那芝居の話》（弘文堂）。」引自《吉川幸次郎全集》第 16 卷，筑摩書房，1970 年版，第 588 頁。

材更加嬌小，相貌也更加俊俏，三寸金蓮比荀慧生更小的，利落地帶動著全身，充滿活力。飾演〈烏龍院〉的閻惜姣時，被宋江踩在腳下時的波動；飾演〈梅龍鎮〉的鳳姐時，小腳踢飛皇帝欽指的插在頭上的海棠花，都精彩叫絕。而梅蘭芳一雙大腳演出〈梅龍鎮〉，就失去了這一種妖豔。花旦小翠花把老派作風演繹得惟妙惟肖，也許是因為嗓音欠佳、做派嫵媚多情，他全然不用四大名旦在王瑤卿派新劇目中使用的眼目傳情的演技。他總是將自己置身於〈烏龍院〉、〈翠屏山〉、〈站宛城〉、〈海慧寺〉、〈梅龍鎮〉、〈貴妃醉酒〉、〈小放牛〉、〈蝴蝶夢〉等舊世界中，每一個動作都極盡精巧，豔情四溢，這使得他所表演的〈翠屏山〉、〈站宛城〉、〈烏龍院〉勝過荀慧生、芙蓉草，而〈梅龍鎮〉、〈貴妃醉酒〉則勝過梅蘭芳，真是一位難得的古老京劇花旦戲的傳人。〔註5〕

韓世昌

他身材矮小，軀幹較長，屬於典型的東方人體型。大眼睛下面是黑黝黝的、疙裡疙瘩的乾燥的皮膚，即便上了妝也顯粗糙，讓人懷疑他這種形象如何飾演旦角。但只要登上舞臺，對侍女開口叫聲「春香」，他便與春光一般悠揚的笛聲融為一體，使整個舞臺充滿妖豔的氛圍。在〈遊園驚夢〉中，他完全進入藝術的境地，那彷徨在夢境裡的少女，伴隨著笛聲，邊唱邊舞。歌聲和幽雅的身段完美和諧地呈現出瞬間的現實與幻想的渾然交融。沒想到在北平居然可以看到一場能樂！（引用者注：日本傳統藝術之一）在皮黃戲中，除了四平調以及吹腔等幾種形式以外，都缺少這種陶醉感。〔註6〕

《北平的中國戲》和《支那芝居の話》全面介紹了中國戲劇，其中劇種、演員和戲目的介紹佔了大半篇幅，此外還包括臉譜化妝、場面、腔調、道具、戲班、科班等。這兩部書主要介紹了京劇和北方崑曲，但因他在北平有機會觀賞到直隸梆子、評劇和時裝新戲，所以對這些劇種也有部分介紹。

（二）直隸梆子（秦腔）

在《北平的中國戲》這部著作中可以看到對兩個梆子戲演員的評論。

〔註5〕〔日〕濱一衛：《北平的中國戲》，第61～62頁。
〔註6〕〔日〕濱一衛：《北平的中國戲》，第89～91頁。

　　直隸梆子（秦腔）有金鋼鑽和小香水兩個女演員，她們的唱腔撕心裂肺。以前小香水更有名，而現在她已日漸衰頹，敵不過金鋼鑽的彪悍敦實。我聽不慣直隸梆子，一聽就難受，甚至頭疼，其悲壯激昂的做派，實在令我屈服。我認爲其曲調和內容，最適合於推薦給浪花節、詩吟、薩摩琵琶（引用者注：均爲日本曲藝之一）的愛好者以及國民精神文化研究員。演唱中間，二胡和笛子的伴奏戛然而止，只留下清唱這一形式還不錯。觀眾多是帶著蒜味兒的鄉下老大娘，她們觀劇的方式很有情趣，值得一看。〔註7〕

　濱文庫收藏著 1935 年 8 月 7 日哈爾飛戲院的戲單（文末圖 1，濱文庫／集 181／89），這一天的壓軸戲〈新三娘教子〉是由金鋼鑽和小香水上演的。此外，還有 1934 年 11 月 5 日慶樂戲院戲單（濱文庫／集 181／112）和 1935 年 4 月 29 日吉祥大戲院戲單（濱文庫／集 181／99）。前者由李桂雲主演〈一念差〉，筱蘭芬主演〈捉放曹〉，後者由鮮靈芝、胡菊琴主演〈孟姜女〉。濱文庫收藏的直隸梆子唱本有 38 種木刻本以及大量鉛印本。〔註8〕

　濱一衛對直隸梆子迅速衰落的原因做了如下說明：

　　光緒初年，梆子戲之所以如百花吐芳般令北京人瞠目結舌，乃是因爲演員的技藝已達到爐火純青之境。（中略）梆子戲的盛行從開花到凋落發生在同一批人身上。他們原來以北京爲勢力範圍，後因出類拔萃的演員不斷湧現，一下子流行起來，但這些人一旦去世，便又跌入低谷，不復流行。山西派系的名角衰退後，後繼無人，令最爲俗氣的天津梆子勢力大增，從而失去了梆子戲原有的亢爽與精悍，轉而如皮黃那樣追求花腔，失去了梆子戲的本色。值得注意的是，光緒末年開始流行的坤班幾乎都是天津梆子。關於坤班，此處不予詳論，但她們依賴色藝的畸形發展阻礙了梆子戲的健康成長。於是如今在北京的大戲院中再也聽不到梆子戲。但偶而會應山西人要求，打著山西梆子的旗號來上演，或者在天橋歌舞臺那樣的小戲臺上與皮黃合演，殘存的梆子戲班的人們，在那裡竭盡全力扯著嗓

〔註7〕　〔日〕濱一衛：《北平的中國戲》，第 96～97 頁。
〔註8〕　〔日〕中里見敬、山根泰志、戚世雋：〈濱文庫所藏唱本目錄稿（四）〉（《言語科學》第 47 號，2012 年）中著錄了第 9 帙所收梆子戲木刻本 38 冊，此外，鉛字本中也包含梆子戲唱本。

子叫喊，像是臨死前的絕叫。〔註9〕

（三）評劇

1942 年濱一衛發表了一篇題爲〈平戲考〉的論文，該文論述了評劇的迅速發展，恰逢時宜。

> 《杜十娘》、《獨佔花魁》、《珍珠衫》已成爲評劇的經典，最受大眾歡迎。但其詞句俚俗，表演淫猥，不合高檔次聽眾的胃口。如此發展下去，無法成爲一流劇曲。（中略）如能進一步改善劇本，讓表演適當高雅化，則評劇前途無量。（中略）說起評劇，一般認爲臺詞低劣，表演淫蕩，在多種腔調中檔次最低，算不上藝術。民國 24年，白玉霜因表演淫猥被北平市長袁良驅逐出境。（其後，她到上海，甚受歡迎。）評劇過於迎合觀眾，表演越來越低俗。崑曲《連環計》的「只知有君有主」的貂蟬，在評劇中變成了三等歌伎。這樣下去，評劇前途堪憂。（中略）喜彩蓮的出現改變了這一狀況。評劇開始變得劇情清晰、臺詞平易、票價低廉，並且上演的是整齣戲，評劇的這種通俗性對一般大眾確實有很大魅力。與評劇相比，過去一直受到卑俗之誹謗的京劇已遙遙在上，當下評劇該走的道路也就在這裡。喜彩蓮在劇本方面上演歐陽予倩所編的曲子，也常改編梆子和皮黃；在表演方面，則盡量避免從前那種不堪入目的作風，力求在留住老觀眾的同時又能獲得新觀眾，取得了相當的效果。（中略）民國 28 年的十個月中，喜彩蓮演出的次數晝夜場合計達 514 次，除了在華北戲院固定上演外，還在吉祥、新新、長安、廣和、廣德、慶樂等城內外一流戲院登臺上演。據民國 29 年的統計，喜彩蓮的戲班上演次數很多，據第二位。去年 9 月白玉霜和喜彩蓮在新新大戲院演出《和睦家庭》時，前排票價竟達 1 元 5 角，可見觀眾階層的提高。〔註10〕

他以京劇從低俗逐漸走向高雅爲例證，對評劇的發展給予了高度評價。他對喜彩蓮的評價遠高於以妖豔表演獲得追捧的白玉霜，可謂獨具慧眼。濱

〔註 9〕〔日〕濱一衛：〈北京に於ける梆子腔について〉《支那學》第 10 卷第 4 號，1942 年，第 147～148 頁。

〔註10〕〔日〕濱一衛：〈平戲考〉《松山高商論集》第 4 號，1942 年，第 143～146頁。

文庫收藏的評劇戲單有兩張；1934 年 11 月 15 日三慶戲院戲單上有李銀順的〈左連城告狀〉、李小順的〈三賢博〉（文末圖 2，濱文庫／集 181／30）；1935 年 5 月 31 日奉天共益舞臺戲單上有白玉霜的〈全本珠簾寨〉（文末圖 3，濱文庫／集 181／35）。後一張戲單顯示白玉霜 1934 年被北京市長驅逐後，曾在奉天（現瀋陽）以「兩下鍋」的演出形式和京劇合演，直到 1935 年 8 月才在上海開始演出評劇，並受到熱烈歡迎。〔註 11〕

（四）濱一衛的有關中國戲劇的其它著述

此外，濱一衛還在開封觀看河南墜子（曲藝）與河南梆子（豫劇），在吳興南潯鎮觀賞蘇州文全福的崑曲表演，均留下觀劇記錄。作爲記錄當時地方戲表演的原始資料，他的文章頗有價值。關於這個問題，筆者曾發表過題爲〈濱一衛所見 1930 年代中國戲劇：一個開拓表演史研究的日本學者〉的論文，在此不再詳論〔註 12〕。下面是濱一衛對在吳興觀看的南方崑曲與北方崑曲進行的比較。

> 1936 年 5 月 6 日，我滯留在劉氏嘉業堂，恰逢「文全福」在當地上演，承蒙嘉業堂的好意，我在前三排的好座位觀看了此戲。戲院雖叫做「民眾教育館」，但實際上是張王廟的舞臺，頗似北京廣和樓。順便提一下票價：特等 4 角，一等 3 角，二等 500 文，三等 250 文。暗淡的燈光和陳舊的衣裳顯得有些淒涼，但舞臺上倒是演得紅紅火火，頗有看頭。戲院裡擠滿看客，似乎大部分是農民，大家看得津津有味，眞不愧是崑曲發源地。與此相反，當時北京韓世昌的戲班演出北崑時只有二、三十位觀眾。〔註 13〕

濱一衛有關中國戲劇的論文，探討了每個劇種的發展演變，並論及當時的表演，開拓了表演史研究這一新領域。筆者認爲，在中國齊如山、周貽白等人開創了表演史研究之先河〔註 14〕，而在日本的同一研究領域，濱一衛可

〔註 11〕關於奉天共益舞臺戲單所載劇種，得到神戶學院大學森平崇平先生的指教。有關評劇在上海的流行情況，參見〔日〕森平崇文：〈上海における評劇（1935～1937）〉《第二回日中傳統藝能研究交流會報告書：都市メディアの空間と傳統藝能》大阪市立大學文學研究科都市文化研究センター，2012 年（http://www.lit.osaka-cu.ac.jp/zuno/research/20120310research.pdf）。

〔註 12〕收於《文化遺產》2014 年第 4 期。

〔註 13〕〔日〕濱一衛：〈南崑の變遷〉《文學論輯》第 4 號，1956 年，第 14～16 頁。

〔註 14〕濱一衛還嘗試翻譯了周貽白《中國戲劇史》，但未能完成。未完譯稿現收藏於九州大學圖書館濱文庫（濱文庫／日文戲曲／23）。

謂是當之無愧的先驅者。

二、濱一衛留學時期搜集到的資料

濱一衛 1949 年至 1973 年曾任教於九州大學，1984 年因病逝世。東京大學的田仲一成教授和九州大學的合山究教授爲保存濱一衛收集的中國戲劇資料做了大量工作，經過他們的不懈努力，1986 年九州大學圖書館設立了濱文庫。據《濱文庫（中國戲劇關係資料）目錄》第二版（福岡：九州大學附屬圖書館教養部分館，1988 年），文庫收藏：古籍 226 種，新學 508 種，期刊 45 種，日文書 78 種，補遺 82 種。此外，《濱文庫 2008 年追加目錄》（內部資料，福岡：九州大學附屬圖書館，2008 年）還收錄了 52 種較爲零散的資料。濱文庫享有 1930 年代中國戲劇資料寶庫的盛譽，受到國內外專家的重視。其中，文庫收藏保存的中國戲劇的原始資料有如下：

戲單：1930 年代以北平爲主的戲單 183 張

唱片：解放前後的 131 張

剪報：1934 年至 1980 年有關戲劇的中國報紙（包括部分日本報紙）

戲劇期刊：1930～40 年代的期刊 45 種

唱本：光緒至民國時期的 1125 冊

民國時期戲劇方面的書籍

濱文庫所藏《中國古典戲劇劇本小冊子》共有 18 帙 1053 冊。此外還有《中國古典戲劇刪節本》17 冊、《新印京調合編》23 冊、《民眾小說戲曲讀本》32 冊，共計 1125 冊。濱文庫所藏唱本中北京的唱本占多數，同時還收藏了鄭州、洛陽、西安、青島、煙臺、蘇州、上海等地的唱本。這些反映地方戲劇和曲藝的唱本，現流傳不多，彌足珍貴〔註15〕。

日本收藏唱本最有名的當數早稻田大學圖書館風陵文庫，該文庫由澤田瑞穗（1912～2002）舊藏建立。澤田瑞穗較早就開始研究寶卷、唱本等民間文學，且該文庫有詳細完整的目錄〔註16〕。其次是長澤規矩也（1902～1980）舊藏唱本，現由東京大學東洋文化研究所雙紅堂文庫收藏。該文庫由黃仕忠

〔註15〕 參見〔日〕中里見敬、戚世儁、中尾友香梨、山根泰志、李麗君：《濱文庫所藏唱本目錄》花書院，2015 年。

〔註16〕 參見〔日〕《風陵文庫目錄》早稻田大學圖書館，1999 年。〔日〕澤田瑞穗：《中國の庶民文藝：歌謠、説唱、演劇》，東方書店，1986 年。

教授進行調查，並編寫了目錄〔註17〕。

　　長澤規矩也於 1927 年至 1932 年間多次訪華購書〔註18〕，濱一衛從 1934 年至 1936 年留學北平，澤田瑞穗從 1940 至 1946 年分別兩次滯留中國〔註19〕。應該指出，他們的訪華、留學、購書，和當時以劉復（1891～1934）爲主的中國學者提倡研究民間文學的風氣是一脈相承的。1920 年劉復、周作人等人成立北京大學歌謠研究會，1932 年劉復、劉家瑞編著的《中國俗曲總目稿》出版，1933 年李家瑞編著的《北平俗曲略》出版。這三個日本青年學者積極搜集唱本之舉，與他們對中國新興民間文學熱潮所產生的共鳴是分不開的。

三、濱一衛周圍的中國學者

　　上述濱一衛留學時期的成果，如果沒有諸多中國學者的幫助，是無法做到的。其中以下幾位中國學者的功績是不可忽略的。

　　濱一衛在京都帝國大學讀書時，恰逢傅芸子（1902～1948）滯留京都。傅芸子從 1932 年至 1942 年在東方文化學院京都研究所（1938 年改爲東方文化研究所）研究奈良正倉院所藏唐代文物，並在京都帝國大學文學部兼任漢語教學工作。不難推測，濱一衛很可能跟他學過中文，從而得到了中國戲劇方面的有關知識〔註20〕。傅芸子曾與梅蘭芳、余叔岩、齊如山等創立北平國

〔註17〕　參見黃仕忠：〈雙紅堂文庫藏清末四川「唱本」目錄〉《東洋文化研究所紀要》第 148 冊，2005 年；〈雙紅堂文庫藏清末民初北京木刻、石印本「唱本」目錄〉《東洋文化研究所紀要》第 150 冊，2007 年；〈雙紅堂文庫藏北京排印本唱本目錄〉《東洋文化研究所紀要》第 151 冊，2007 年。

〔註18〕　參見〔日〕長澤規矩也：〈わが搜書の歷史の一斑：戲曲小說書を中心に〉《東京大學東洋文化研究所藏雙紅堂文庫分類目錄》，東京大學東洋文化研究所，1961 年。

〔註19〕　從 1940 年 2 月到 1942 年 8 月，澤田瑞穗以駐中國日本大使館特約職員的身份首次訪問北京。1944 年 5 月，他又作爲東亞交通公社華北支社附屬傳習所主任講師重赴北京。參見〔日〕〈澤田瑞穗教授著作類別目錄、枕簞自語〉，《天理大學學報》第 24 卷第 5 期，1973 年。澤田瑞穗在北京購書的情況，可參見〔日〕澤田瑞穗：〈北京往日抄：昭和十七年・夏より秋へ〉《野草》第 27 期，1981 年。

〔註20〕　參見〔日〕倉石武四郎：〈序文〉，傅芸子著《支那語會話篇：一名〈小北京人〉》弘文堂書房，1938 年，第 1 頁。〔日〕倉石武四郎：《中國語五十年》岩波書店，1973 年，第 43～44 頁提到：「傅先生上任後，總是跟京都大學的學生們在一起，所以在學生中掀起了學習現代漢語的熱潮，學生們時刻追隨傅先生左右。故而，對中國感興趣的學生不斷增加，學生們想去中國旅行，想跟中國人交流，成立了「苔岑會」等等，呈現出一派生機勃勃的景象。」

劇學會，在戲劇方面頗有造詣。他和周作人也過從甚密，1942 年歸國後，由周作人舉薦，傅芸子就任北京圖書館編目部主任，也曾執教於北京大學文學院。如此看來，濱一衛寄宿周作人家，除濱一衛和周豐一的同學關係外，傅芸子也應該起了不少作用。傅芸子曾研究中國流傳到日本的古物舊籍，撰述《正倉院考古記》、《白川集》〔註 21〕，他的研究對濱一衛後來的日中文化交流史研究有著重大影響。濱一衛 1968 年出版了《日本藝能の源流：散樂考》（角川書店），並以該研究成果獲得博士學位（1962 年）。

濱一衛到北平留學，還曾得到傅芸子的弟弟、戲曲學家傅惜華的照顧。他在《北平的中國戲》序文中說：

> 爲使這本書更加精美，我請求北平國劇學會齊如山先生允許我使用他著作中的插圖和照片，齊先生欣然允諾；該學會的傅惜華先生對每一張照片的戲目都一一賜教。在此謹對兩位先生深表感謝。〔註 22〕

一個年僅 25 歲的留學生在北平受到周作人、齊如山、傅惜華等一流學者的厚待，濱一衛訪問吳興劉承幹（1882～1963）的嘉業堂時，董康（1867～1947）還寫了介紹信。1969 年濱一衛曾寫過〈劉氏の嘉業堂〉一文〔註 23〕，對當年董康、劉承幹和藏書樓主任施維藩（號韻秋，1897～1944）的厚待感念不已。濱一衛沒有留下懷念周作人的文章，但據他的女兒藤本康子回憶，濱一衛因歸國後未能再見到周作人、未能報恩而深感遺憾，他常說：「我很想在有生之年，重訪北京，拜望周先生」。〔註 24〕

〔註21〕 傅芸子：《正倉院考古記》文求堂，1941 年；《白川集》文求堂，1943 年。現有《正倉院考古記・白川集》，遼寧教育出版社，2000 年。《正倉院考古記》序文由狩野直喜、松本文三郎、杉榮三郎、周作人撰寫，《白川集》序文由青木正兒、周作人撰寫，可見當時的一流學者對傅芸子極其重視。

〔註22〕 〔日〕濱一衛：《北平的中國戲》，第 2 頁。

〔註23〕 參見〔日〕濱一衛：〈劉氏の嘉業堂〉《圖書館情報：九州大學附屬圖書館月報》vol. 5, no. 7／8，1969 年；〔日〕中里見敬〈濱文庫に所藏される南潯戲單の由來について──附：濱一衛著〈劉氏の嘉業堂〉〉《九州大學附屬圖書館研究開發室年報》2012／2013 年。

〔註24〕 2010 年 4 月藤本康子致筆者信。恩師村上哲見先生 2009 年 6 月曾對筆者說，濱一衛任教於松山高商時，他曾去濱先生家求教漢語，看到家裏掛著周作人給濱一衛親筆寫下的一幅字。可見濱一衛非常敬佩周作人。當時恩師還是松山高等學校的學生，他遵從濱一衛的意見考取了京都大學，後來成爲著名的宋詞研究家。

圖1

1935 年 8 月 7 日　北平哈爾飛戲院戲單
（濱文庫／集 181／89）

圖2

1934 年 11 月 15 日　北平三慶戲院戲單
（濱文庫／集 181／30）

圖3

1935 年 5 月 31 日　奉天共益舞臺戲單（濱文庫／集 181／35）

（文中所用戲單均爲九州大學圖書館濱文庫所藏，
今得到該圖書館的使用許可。）
（作者單位：九州大學語言文化研究院）

資料／照片

3 月 25 日　開幕式後全體合影（於九州大學西新會議廳）

3 月 25 日　會後聯歡會（於西南學院大學餐廳）

3 月 26 日　探訪郭沫若文學遺迹。圖爲郭沫若舊居（詳細地址不明）附近的箱崎海岸，俗叫「千代松原」。紅色牌樓後邊爲箱崎神社（正名爲「筥崎宮」），前邊爲博多灣。郭沫若曾於 1918 年 8 月在這裡與張資平邂逅相遇，談論文學社團的構思，《女神》一書歌詠的不少風景、事物也遍佈此地。

3 月 26 日　參觀太宰府神社。太宰府在福岡郊區，是全國著名的神社。郭沫若 1920 年 1 月末曾來這裡作詩（《登臨——一名〈獨遊太宰府〉》），3 月陪田漢再來，作詩《梅花樹下醉歌》。圖爲太宰府神社大門前的街道。

3 月 26 日　歡送晚宴（於福岡著名的日式飯莊「觀山莊」）

「清末民初期赴日中國留學生與中國現代文學」日中學術研討會
——邀請函

尊敬的　先生／女士

　　您好！

　　郭沫若曾說過「中國文壇大半是日本留學生建築成的。」正如郭沫若所說，在建設中國現代文學歷程中，清末民初赴日中國留學生發揮了極其重要的作用。他們做的貢獻之大誰都不能否定。但是有關他們留學和留學時期的細節，不能說已經充分解明了。日本郭沫若研究會在日本九州大學語言文化研究院和日本現代中國學會西日本分會的協助下，為了進一步推進有關此問題的研究，邀請國內外學者，將舉辦以「清末民初期赴日中國留學生與中國現代文學」為主題的學術研討會。研討會定於 2015 年 3 月 24 日至 3 月 27 日在日本九州大學召開。您是在這學術領域裡有著出色成績的著名學者，我們竭誠邀請您撥冗與會。會議有關事宜如下：

會議議題：

     1. 清末民初日本留學生政策，教育制度

     2. 給中國留學生影響的同時帶日本文化，思想

     3. 赴日中國留學生與同時代日本文化，思想

     4. 赴華日本學者與中國現代文學

     5. 有關會議主題的其它問題

會議地點：日本九州大學西新 PLAZA 會議大廳

會議時間：2015 年 3 月 24 日至 3 月 27 日

報到時間：2015 年 3 月 24 日

報到地點：日本國福岡市天神　西鐵 IN 福岡（Nishitetsu IN Fukuoka Hotel）

會議參加費（包括會議期間住宿，交通等費用）：1300 元人民幣（等值外幣亦
　　　　可）

住宿地點：西鐵 IN 福岡

會議發言稿：與會學者請在 3 月 1 日之前以 E-mail 的形式向會務組提交 400
　　　　字以內的論文提要。

通訊地址：日本郭沫若研究會事務局

　　　　日本國福岡市中央區谷 2-20-8-311

　　　　iwasa.yanzuo@gmail.com

　　　　傳眞：81-92-715-2554

　　　　　　　　　日本郭沫若研究會會長　岩佐昌暲（簽名）

　　　　　　　　　　　　　　　　2014 年 12 月 22 日

「清末民初期赴日中國留學生與中國現代文學」日中學術研討會
——日程·會議程序

3月24日　來會中國學者入境
　　　　　福岡市天神·西鐵 IN 福岡飯店住進
　　　　　晚餐（報銷）·參觀夜市

3月25日
9：00～9：20　報到（九州大學西新 PLAZA）
9：20～9：40　開幕式，合影（大會議室）
開幕詞　　　　　日本現代中國學會西日本分會代表·熊本學園大學準教授
　　　　　　　　　　　　　　　　　　　　　　　　　　　　大澤武司
　　　　　　　日本郭沫若研究會會長·九州大學名譽教授　岩佐昌暲

9：40～12：00　上午　大會報告（大會議室，每人 15 分鐘）
留學與異文化認識……………………………國士館大學教授　藤田梨那
東文學堂與清末民初文學………………西華大學人文學院副教授　王學東
日本經驗與中國近代學堂樂歌的發生………西華師範大學文學院教授　傅宗洪
騷動的「松」與「梅」——留日郭沫若的自然視野
　　　　　　　　　　　………………………北京師範大學文學院教授　李怡

1930 年代北京的學術交流──目加田誠《北平日記》簡介
....九州大學準教授　靜永健
一九三〇年代的北京舊書店──從目加田誠留學日記《北平日記》開始追述
....九州大學碩士生　稻森雅子、邵劼
濱一衛 1930 年代留學中國考論──以其觀劇活動及其原始資料考察爲中心
....九州大學準教授　中里見敬
講評..北京師範大學文學院教授　李怡

12：00～13：00　**午餐**

13：00～15：00　**下午第一場　大會報告（大會議室，每人 12 分鐘）**
中國現代新詩與日本文化..................................北京師範大學博士生　李俊傑
從東京回到武漢──革命文學興起的大革命背景與日本因素辨析
....西南大學文學院教授　張武軍
中國的「革命文學」與日本普羅文學──《小說月報》《語絲》考察
....福岡大學非常勤講師　王雲燕
比較視域下的中日「武俠」因緣..................西華師範大學文學院講師　吳雙
傅抱石の留日學業──傅の師金原省吾の美術論
....大東文化大學人文科學研究所研究員　成家徹郎
以東京美術學校畢業生劉錦堂（王悅之）爲例看中臺日近代藝術之關係
....九州大學、福岡大學非常勤講師　呂采芷
春柳社研究的幾個問題..................................攝南大學教授　瀨戶宏
留日學生與日本新劇界──在築地小劇場實習的張維賢的戲劇實踐
....福岡大學副教授　間扶桑子
有關夏衍五幕話劇《法西斯細菌》的史料考察
　──兼作品主人公人物原型考辨..................福岡女子大學教授　武繼平

15：00～15：20　**會間休息（中會議室）**

15：20～17：00　**下午第二場　大會報告（每人 12 分鐘）**
周作人譯介武者小路實篤《久米仙人》考論
　──以趣味性、人情論與重譯觀爲中心............武漢大學文學院講師　裴亮

周作人、錢稻孫與九州學者……………………九州產業大學教授　吳紅華
「有學問的革命家」──留日時期魯迅與章炳麟的師弟關係再考察
　……………………………社會科學院文學研究所助理研究員　李哲
地方和他鄉：李劼人的省城革命史…（澳大利亞）新南威爾士大學教授　鄭怡
清末早期的留日政策與郭開文的日本留學──兼論郭沫若兄弟日本留學研究
　中所遇到的幾個問題………………………日本大學非常勤講師　劉建雲
家庭敘事與郭沫若早期小說研究………………貴州師範大學文學院教授　顏同林
論郭沫若對聞一多的政治評價和學術論定………大同大學文學院教授　劉殿祥
中國高等教育現代化進程中教育交流的初始意義
　──以清末民初中日教育交流爲主要參考……華北科技學院副教授　錢曉宇

17：10～17：20　閉幕式（大會議室）
會議總結‧閉幕詞………………………………………………岩佐昌暲
18：00～20：00　晚餐「懇親會」（西南學院大學餐廳 CROSS PLAZA）

3月26日

8：30～12：30　探訪郭沫若文學故址
8：30　飯店停車場出發。九州大學醫學部，箱崎神社，博多彎，箱崎海岸，
　　　東公園，太宰府天滿宮
12：30　回到飯店
　　　中餐（報銷）。
　　　自由活動。

18：30～21：00　宴請　「會席料理」（正統日本菜：大觀莊餐館）
21：00　宣佈會議全部日程結束

3月27日

10：00　退房
　　　去福岡機場，離境

參加者名簿

	姓　名	所　　　　　屬
1	范智紅	社科院文學所研究員
2	傅宗洪	西華師大文學院教授
3	李俊傑	北京師大博士生
4	劉殿祥	大同大學教授
5	劉福春	社科院文學所研究員
6	李　怡	北京師大文學院教授
7	李　哲	社科院文學所助理研究員
8	裴　亮	武漢大學文學院講師
9	錢曉宇	華北科技學院副教授
10	王學東	西華大學人文學院副教授
11	吳　雙	西華師大文學院講師
12	顏同林	貴州師大文學院教授
13	張武軍	西南大學文學院教授
14	鄭　怡	澳大利亞新南威爾士大學教授
15	間ふさ子	（福岡）福岡大學副教授
16	稻森雅子	（福岡）九州大學碩士生
17	岩佐昌暲	（福岡）九州大學名譽教授
18	王雲燕	（福岡）福岡大學非常勤講師
19	大澤武司	（熊本）熊本學園大學副教授・日本現代中國學會西日本分會代表
20	川中敬一	（東京）日本大學綜合科學研究所教授
21	顧　雯	（熊本）東海大學教授

22	吳紅華	（福岡）九州產業大學教授
23	靜永健	（福岡）九州大學副教授
24	邵　劼	（福岡）九州大學碩士生
25	新谷秀明	（福岡）西南學院大學教授
26	瀨戶宏	（大阪）攝南大學教授
27	中里見敬	（福岡）九州大學副教授
28	中村碧	（東京）早稻田大學副教授
29	成家徹郎	（東京）大東文化大學人文科學研究所・研究員
30	呂采芷 （羽田 Jessica）	（福岡）九州大學非常勤講師
31	藤田梨那	（東京）國士館大學教授
32	武繼平	（福岡）福岡女子大學教授
33	藤井隆	（廣島）修道大學教授
34	宮下尚子	（熊本）熊本大學非常勤講師
35	三輪雅人	（大阪）關西外國語大學副教授
36	橫澤泰夫	（熊本）原熊本學園大學教授
37	劉建雲	（東京）日本大學非常勤講師
38	吳　帥	（熊本）熊本大學碩士生
39	劉　群	（熊本）熊本大學碩士生
40	太田一昭	（福岡）九州大學教授・大學院語言文化院長
41	柴田幹夫	（新潟）新潟大學國際中心教授
42	王　鼎	（新潟）新潟大學碩士生
43	魏　瑾	（新潟）新潟大學碩士生
44	樂　洵	（新潟）新潟大學碩士生
45	西原曉子	（福岡）九州大學國際交流科
46	白土悟	（福岡）九州大學留學生中心副教授
47	潘　超	（福岡）九州大學大學院
48	查屏球	（福岡）九州大學外國人教師
49	蒙顯鵬	（福岡）九州大學研究生
50	李　由	（福岡）九州大學研究生
51	何中夏	（福岡）九州大學研究生

後 記

岩佐昌暲

　　本書由 2015 年春於日本福岡召開的日中學術研討會參會者提交的論文結集而成。會議名稱爲「〈清末民初赴日中國留學生與中國現代文學〉日中學術研討會」（以下略稱「研討會」）。會議由日本郭沫若研究會、日本現代中國學會西日本分會、九州大學語言文化研究院三個單位聯合舉辦，會期 3 日，於 2015 年 3 月 24 日至 26 日在郭沫若曾經留學學醫的母校——位於日本福岡市的九州大學西新學術會議廳召開。遠道來自中國的與會者們 24 日抵達福岡簽到，并下榻西鐵福岡酒店。25 日研討會在九州大學西新會議廳隆重揭開帷幕。26 日大會組織參觀了有關郭沫若的部分重要史蹟（九州大學醫學系，東公園，箱崎宮，太宰府等），并安排了自由活動——舞鶴公園賞櫻花，在和式酒家觀山莊舉辦了歡送宴會。大會上展開的學術研討活動，實際上都集中在 25 日一天。

　　與會者們爲大會提交了 27 篇論文，會議結束後幾經修改和篩選，最終定下 24 個篇論文結集出版。這批論文裡面，除了參會并做發表的論文之外，還包括雖做了發表但因故直至後來才補交的論文，和事後提交的與發表的論文內容不盡相同的文章以及因爲日程變更未能參會的一部分學者的論文。因此，會議舉辦期間的報告文集和本書在內容上並不一致。（有關報告文集的內容請參照資料）。

　　本書根據上述論文的內容，大致按照六大主題進行了分類。即，《總論》、《清末民初日中留學政策／制度》、《郭沫若的留日影響》、《中國現代文學作品中的日本因素》、《中國近代藝術中的日本因素》、《日本現代漢學的成立與留學——以九州帝國大學教授們爲例》需要說明的是，這種分類實際上只是

基於編者主觀判斷的權宜性分類，實際上有些論文在內容上涉及到兩個主題或者更多。另外一點需要說明的是，學術研討會主題的時間段雖然定在「清末民初」，但實際上提交的論文論述的對象卻未見得皆受此局限，事實上最晚的甚至涉及到了 20 世紀 30 年代的文藝狀況。現在想來，說「清末民初」，還不如「晚清、民國」更顯貼切。

此次研討會學術意義甚多，但在此我只想提出以下兩點。

第一，大多數論文都或多或少渴望探求並力圖闡明這樣一種史實：即中國留學生留學日本期間受到的異文化衝擊，對他們後來的文學和藝術活動帶來了怎樣的影響（也就是文學批評中提到的所謂「日本影響」及「日本因素本源」）。而且，此類探源性考察的對象，從中國大陸的留學生擴展伸延到臺灣留日學生。考察的視野不僅僅局限於文學領域，甚至涉及到了音樂和美術等更多領域。從某種意義上講，這一特點無疑賦予了本次研討會更加深遠的學術意義。

第二，本次會議還探討了當年在日本學術界剛嶄露頭角的中國學研究新秀的中國留學之行。這批人中間很多都是東京帝國大學和京都帝國大學的畢業生，當時作為日本文部省國費留學生被派遣到中國，他們肩負著學成後成為專家在日本建立起學院派中國學的國家期待。此次探討的只不過是九州帝國大學教授們的個案罷了。不過，他們的留學經驗給拓荒期的日本學院派中國學的建設帶來的影響（可以說「中國因素」），也許正好跟中國的學院派現代文學研究的「日本因素」構成某種互為參照系的研究對象。在中國研究機構裡怎樣建設中國文學學科，這兩個因素的對比性思考將來興許會成為非常重要的研究課題。我期望此次研討會在這方面做出零的突破。

本書書名《桌子的跳舞》源自郭沫若同名文學批評文章〔註1〕。記得當時李怡教授聞此書名即刻猜到我的用意，并指出「桌子的跳舞，不僅文學趣味濃厚，而且讓人回到了創造社當年的文化語境！」

正如郭沫若在文章裡指出「中國文壇大半是日本留學生建築成的。創造社的主要作家是日本留學生，語絲派的也是一樣」，「中國的新文藝深受了日本的洗禮。而日本文壇的毒害也就盡量的流到中國來了」。郭沫若的這番話，無疑揭示了一個非常重要的問題，即當年赴日中國留學生對中國現代文學所

〔註 1〕 郭沫若：〈桌子的跳舞〉，《郭沫若全集》文學編第 16 卷，人民文學出版社，1989 年，第 53～54 頁。

起到的是正反兩方面的作用。這可以說正是我們本次國際會議渴望探討的中心命題。再則，郭沫若吐露他寫〈桌子的跳舞〉「目的就在鼓舞靜止著的別人」。學者蔡震把此話闡釋爲「爲的是在國民革命遭受挫折之後呼籲中國文學界掀起」無產階級革命文學運動〔註2〕。

　　如今我們借用郭沫若此文題目當作書名無非有兩個意圖。一是回溯到歷史語境之中，圍繞當年赴日留學生對中國現代文學所起的作用這一課題的文學史意義，從不同層面和不同角度全面啓動實證性研究，並進一步充實中國現代文學史的書寫。另一個意圖則是寄予一種希望，讓這本書多少起到對民國時期文學創新研究的促進作用。正像郭沫若那篇文章裡最後幾句所說的那樣，「中國老年人已經就在跳舞了。／桌子也在跳舞了。／朋友們，大家起來吧！跳舞！跳舞！跳舞！」。

　　本次研討會中國方面由北京師範大學李怡教授領銜組織，日本方面由我主持會務。不過，整個研討會從策劃到會議的召開、以及會期三天的實際營運，善後工作等等，無論鉅細都得到了眾多學者研究家的合作。最後請允許我在此記下他們的名字，表示我們作爲大會主辦方的誠摯謝意。

　　本次學術研討會從策劃到召開，除了得到了中方李怡教授的全面合作之外，還得到了共同主辦單位同仁的許多幫助。他們是日本現代中國學會西日本分會代表・熊本學園大學外語系大澤武司準教授，九州大學語言文化研究院長太田昭一教授，語言文化研究院的中里見敬教授，西山猛教授以及研究院事務長大賀豐滿先生。尤其值得一提的是太田和中里見二位先生。太田教授作爲共同主辦單位一方的研究院長爲中方全部與會者做了身份保證人和邀請人，爲本次大會的順利召開提供了方便。中里見先生從研討會策劃階段就是我的可靠助手，承擔了大量繁雜的會務工作，可以說爲本次大會的成功舉辦付出最多。

　　總而言之，多虧各方朋友、同行以及學生們的通力合作，才使得本次學術研討大會獲得了圓滿成功。在此，藉此機會謹向他們表示由衷的感謝！

岩佐昌暲

2016 年 1 月 15 日於日本福岡

（武繼平譯）

〔註2〕參見蔡震：《郭沫若家事》，中國華僑出版社，2009 年，第 122 頁。